Gerda Mehta und Klaus Rückert (Hrsg.)

Streiten Kulturen?

Konzepte und Methoden einer kultursensitiven Mediation

SpringerWienNewYork

Dr. Gerda Mehta
Dr. Klaus Rückert
Wien, Österreich

Gedruckt mit Unterstützung des Bundesministeriums für Bildung, Wissenschaft und Kultur und der Kulturabteilung der Stadt Wien, Wissenschafts- und Forschungs-förderung

© 2004 Springer-Verlag/Wien
Printed in Austria
Springer-Verlag Wien New York ist ein Unternehmen von
Springer Science + Business Media
springer.at

Typografische Gestaltung, Satz: typic®/wolf
Titelbild: Getty Images/„Paper Cut-Outs"/Lisa Zador
Druck und Bindearbeiten: Grasl Druck & Neue Medien, A-2540 Bad Vöslau

Gedruckt auf säurefreiem, chlorfrei gebleichtem Papier – TCF
SPIN: 10990100

Bibliografische Information Der Deutschen Bibliothek
Die Deutsche Bibliothek verzeichnet diese Publikation in der
Deutschen Nationalbibliografie; detaillierte bibliografische Daten sind im Internet
über <http://dnb.ddb.de> abrufbar.

Mit 9 Abbildungen

ISBN 3-211-21104-7 Springer-Verlag Wien New York

Vorwort

Culture meets culture

Gestatten Sie uns, Sie zu einem kleinen Experiment einzuladen: versuchen Sie, etwas Allgemeingültiges, Objektives, Vernünftiges über „Kultur" auszusagen! Sie werden sehen, dass Sie Ihre Überlegungen bald anzuzweifeln beginnen, sich in Widersprüche verstricken und letztlich unweigerlich und mit Gefühlen der Verunsicherung bei sich selbst landen.

Im Versuch „Kultur", oder noch schwieriger, „eine fremde Kultur", zu begreifen, sind wir auf die Werkzeuge der Projektion und der Bewertung auf Grund unserer bisherigen kulturellen Erfahrungen reduziert. So drehen wir uns im Kreis und kommen kaum über unsere Gedanken hinaus (mündliche Mitteilung von Christoph Oberhuber, Künstler).

Das Sprechen über Kultur ist ein schwieriges Unterfangen. Was kann ein Wassertropfen, schwimmend in einem Strom auf dem Weg zum Meer Objektives aussagen über seine vielen Nachbarn, die Gesetze der Schwerkraft, den Grund des Fließens, über die Ufer, Berge, Wolken, Sonne und Mond, die Lebewesen, etc.?

Jeder Wassertropfen hat subjektive Erfahrungen mit den Erd- und Himmelsverhältnissen; gleichzeitig unterliegen alle Wassertropfen gemeinsam denselben Kräften und Gesetzmäßigkeiten. Auf der Suche nach objektiven Aussagen kämen sie in dasselbe Dilemma wie wir Menschen mit der Kultur. Wir Menschen sind auch Wassertropfen.

Ethnologen und Ethnologinnen und Ethnopsychoanalytiker und Ethnopsychoanalytikerinnen wissen um dieses Problem schon lange und sie empfehlen uns als Lösungsversuch möglichst reale, offene Begegnungen mit Angehörigen fremder Kulturen, ein sich Aussetzen unter Wegfall sichernder Schutzhaltungen. Der Liedermacher Hermann van Veen empfiehlt Ähnliches für Liebende, nämlich die Fähigkeit zum „wehrlosen Lieben".

In der Begegnung mit fremden Kulturen schauen Ethnologen vorerst auf ihre eigenen Empfindungen und Wahrnehmungen von sich selbst, weil diese noch am ehesten Informationen über die fremde Kultur beinhalten.

Interesse an Fremden

Lernen wir zuhause im Rahmen unserer (west)europäischen Kultur, befinden wir uns auf sicherem Boden. Wir haben vertraute Codes, unausgesprochene Erwartungs- und Werthaltungen, Bedeutungsmuster und Interpretationen von Wirklichkeit um uns. Genau diese Sicherheit führt aber auch zur Beschränkung von Wahrnehmung und Erkenntnis.

Setzen wir uns fremden Kulturen und fremden Menschen aus, entsteht eine Spannung zwischen dem Vertrauten und Bekannten und dem Fremden und Unbekannten, wodurch unsere Lernpotentiale aktiviert werden. Im *Anderen als Spiegel* erkenne ich mich selbst. Denn wenn ich verstehe, wie „Du" bist, verstehe ich auch etwas von mir (besser).

Allgemein ist zu beobachten, dass das Interesse und die Neugier an fremden Kulturen steigen und die Wahrnehmung und das Bewusstsein für fremde Lebensweisen zunehmen. Die Welt ist kleiner geworden, wir sind abhängig voneinander und müssen globale Verantwortung übernehmen. Es gibt auch kaum etwas Interessanteres als zu erfahren, wie Menschen in anderen Kulturen leben und welche Antworten sie auf die Herausforderungen des Lebens wie z. B. Formen des Zusammenlebens, Regeln in Gemeinschaften, Menschenrechte, Geburt, Tod, etc. gefunden haben.

Konflikte entstehen aus Angst und darauf folgender Abgrenzung, die bis zur Zerstörung gehen kann.

Alle Beziehungen, von privaten bis zu Beziehungen zwischen Völkern, sind Begegnungen vor dem Hintergrund kultureller Erfahrungen. Folglich sind alle Konflikte Kulturkonflikte.

„Kultur" ist ein Thema ohne Ende, weil Kultur nie endet oder endgültig ist und weil wir selbst ständig wandelnde Kultur sind.

Gegensätze und Ansprüche, Fremdes und Befremdliches

„Mit Komplexität leben zu lernen – das ist vielleicht die größte Aufgabe demokratischer politischer Bildung… Das Leben ist nun einmal kompliziert, und Schritte in die richtige Richtung sind oft das Einzige, was wir ernsthaft erhoffen können. … Komplizierte Zusammenhänge verständlich zu erklären ist eine Hauptaufgabe demokratischer politischer Führer", meint Lord Dahrendorf in seinen „Acht Anmerkungen zum Populismus." (2003, 79: 24)

Die Förderung von individuellen Menschenrechten im westlichen Sinn und der seit 15 Jahren weltweit anerkannten Kinderrechte hat die Orientierung an der Individualität, aber auch an der Autonomie und Selbstverantwortung jedes Einzelnen gestärkt.

Geringer sozialer Druck in Richtung Bemühen um Verständnis und Akzeptanz, Aushandeln und wieder Einlenken ist auf der einen Seite befreiend, aber auf der anderen Seite belastet es das soziale Gefüge langfristig empfindlich. Toleranz, gegenseitige Unterstützung, Vermittlung und Ausgleich suchen, die Bereitschaft zur – wenn auch schwierigen – Auseinandersetzung, Aussprache und Suche nach Überwindung des Trennenden bis hin zum Versöhnlichen bleibt in einer Gesellschaft, in der Selbständigkeit, Ausweichen und Auseinandergehen leicht geworden sind, auf der Strecke. Die Bedeutung der gewachsenen Strukturen und bewährten Traditionen mit ihren Toleranzräumen, mehr oder minder friedlichen Koexistenzen und gegenseitigen Rücksichtnahmen werden zunehmend brüchig und unverlässlich.

Angespannte Zeiten?

Die Zeiten sind angespannt, und damit auch die Menschen. Wir leben in einer Periode des merklichen Umbruchs. Anders denkende und handelnde Menschen, Menschen mit anderen Traditionen, Herkunft, Religionen, Überzeugungen und Hoffnungen, Gesetze, Ansprüche, aber auch nicht vereinbarbare konkrete Beobachtungen, Wahrheiten und soziale Realitäten prallen aufeinander. Das verunsichert. Extreme werden sichtbar und spürbar – je nach Kontext, je nach Umfeld, je nach Selbstverständnis, Macht, Ressourcen, je nach Vernetzung, Bedeutung, Bekanntschaft und Tradition und – je nach Glück.

Während das selbst gesuchte Fremde anregend und bereichernd erscheint (etwa kulinarische Genüsse, kulturelle Riten und Feste, Reisen in fremde Länder und Kulturen), ja sogar große Strapazen auf sich genommen und Organisationsformen entwickelt werden, um einem das Fremde in der Fremde mit aller Vorsicht und gewohnten Sicherheit näher bringen zu können, wird Fremdes, wenn es von sich aus auftaucht, ungelegen, ungebeten und zu nahe kommt, lästig, verwerflich, ja auch bedrohlich erlebt. Allzu sehr verweist Fremdes darauf, dass vieles prinzipiell auch anders ginge, sein sollte und sein muss oder es deutet darauf hin, dass ich mich selber auch noch in Frage zu stellen, zu ändern oder anzupassen hätte!

Es ist mühsam, seine Wahrnehmungen und Erfahrungen in „fremde" Umwelten einzubringen, sie und die Reaktionen darauf mitzubedenken und vor allem damit zurechtzukommen. Dies verlangt, dass man/frau auch mit anderen Menschen und deren Haltungen, Absichten und Grenzen respektvoll umgeht. Es bedarf dann mitunter langwierig erscheinender Dialoge in einer schnelllebigen Zeit. Und wer hat die schon?

Wer ist bereit, sich mit Unsicherheiten, Ängsten, Hoffnungen, Wünschen und Überzeugungen – mit den eigenen und auch mit denen von Menschen um einem herum – auseinanderzusetzen und eine Orientierung für sich und seine Nächsten in Abstimmung und Koexistenz mit seinem Umfeld und in eine Tradition passend zu finden?

Es entstehen Kluften zwischen Menschen und deren Überzeugungen, die nur schwer zu überbrücken sind. Dafür bilden sich immer mehr Inseln, Interessensgruppen, ja eine neue Ära des Biedermeiers scheint sich fast anzudeuten. Man ist wieder mehr unter sich: zwischen Hoffnung und Resignation, zwischen Katastrophenerwartung und traumatisierenden Erfahrungen mit anderen und in Interessensgemeinschaften von Erfolgsgeschichten. Rückzug ins Private ist in einer überflutenden Zeit eine willkommene Erholung und eine Schutz bietende Insel.

Sind Konflikte einmal eskaliert oder versteinert, sind sie nur schwer aufzulösen. Der Schritt auf den anderen zu braucht mitunter große Überwindung. Konflikt ist eine treibende Kraft, ist Sprengstoff. Konflikt mobilisiert. Konflikt lässt uns erkennen, was wir wollen und was wir eben nicht wollen, wofür es sich lohnt, aktiv zu werden und in welche Richtung was bewirkt werden sollte.

Wenn nicht Bewegungsraum und Gestaltungsmöglichkeiten des Zwischenmenschlichen, sondern Konflikte, beinahe Gefängnismauern gleich, zwischen Menschen stehen, dann braucht es Menschen, die helfen, wieder mehr Zwischenraum zu schaffen, die wieder Voraussetzungen für Bewegung und Gestaltung schaffen. Mediation ist ein wichtiges Hilfsmittel zum Erhalt von sozialem Frieden, denn Zerwürfnisse und Kränkungen liegen wie gefährliche Zeitbomben in Lebensbiographien und zwischen sozialen Begegnungen. Bei wichtigen Entscheidungsprozessen und einschneidenden, folgenreichen Lebensereignissen werden Worte und Taten des anderen mitunter auf die Goldwaage gelegt. Die Möglichkeit des Vorliegens von unterschiedlichen Wahrnehmungen, Unterstellungen und Vorstellungen werden bald nicht mehr mitbedacht. Der andere wird zum Feind, zum Provokateur, zum Schadenden.

Brücken bauen zwischen Menschen und Kulturen – mit Mediation

Mediation ist bereits als professionelles Angebot zur Überwindung von Entzweiendem und Konflikten allgemein bekannt. Mediation ist zu einer Basisbewegung geworden, die alternative Konfliktlösungswege zum Gericht, zur rechtlichen Vertretung, zur Begutachtung, Psychotherapie, zum Kampf, Ignorieren, Unterdrückung, Feindschaft und dergleichen aufzeigt und Menschen beim Finden alternativer Konfliktregelungen begleitet. Manche Freunde der Mediation, wie Johan Galtung, sprechen sogar von einer generellen, für alle Menschen hilfreichen, in den Alltag integrierbaren mediativen Haltung, mit der man an allerlei Konflikte des täglichen Lebens herangehen kann.

Die Öffentlichkeit ist über Mediation informiert. Eine ständig wachsende Literatur ermöglicht Einsicht in mediative Auflösungsprozesse und ins professionelle Knowhow. Zugänge zur Inanspruchnahme von Mediation wurden entwickelt, Interessensgemeinschaften organisiert, professionell strukturiert. Es ist auch bereits eine gewisse Qualitätssicherung der Leistungen vorhanden. Mediation kann durch Mediatorinnen und Mediatoren in Freier

Praxis, als besondere Qualifikation von verschiedenen Berufsgruppen in Beratungs- und Dienstleistungsstellen und durch Überweisung in Anspruch genommen werden. Berufsverbände für Mediatorinnen und Mediatoren wurden gegründet. Ausbildungsinstitute boomen, und die Verankerung der Mediation im Gesetz und im öffentlichen Raum – zumindest in Österreich – ist bereits geschehen. Die Europäische Union fördert Mediation.

Ihre übersichtliche, relativ einfach zu lernende Methodik und ihre spezielle Haltung hat der Mediation zum Siegeszug verholfen. Die konkrete Anwendung der Mediationsprinzipien im Konflikt bei der Begleitung von Menschen nach eskalierten Auseinandersetzungen in ihrer Suche nach oft kaum noch erwarteten, aber dennoch erhofften und für sie doch so wichtigen Lösungen ist die Kunst, die erfahrene Mediatorinnen und Mediatoren einfühlsam und unerschrocken beherrschen. Dies ist eine Kunst, die allerdings in der Praxis nicht so leicht umzusetzen ist, wie sie scheint. Denn Konflikte sind immer komplexe verdichtete Momente, in denen viele Kräfte zur Wirkung kommen. Die intensive Dynamik und vor allem die destruktiven Elemente dabei unter Kontrolle zu bekommen und wieder vertrauensbildende Erfahrungen zu schaffen kann ein neues Fundament für ein zukünftiges Vertrauen in umsetzbare und lebbare Vereinbarungen werden.

Was Mediatorinnen und Mediatoren für ihre Praxis brauchen, ist eine differenzierte Erweiterung des methodischen Repertoires, das die (Vor)geschichte, die unsichtbaren (Vor)annahmen, die Überzeugungen und Werte, die ungeahnten und unausgesprochenen Vorurteile und Ängste im Prozess der Aushandlung mit berücksichtigen hilft. Denn Konflikte können leichter Akzeptanz und (Auf)Lösungen zugeführt werden, wenn die jeweiligen Traditionen, die zentralen Überzeugungen und Lebensgeschichten, die die Identitäten und Zugehörigkeiten von Menschen prägen, ihre notwendige Würdigung und dementsprechende Berücksichtigung erfahren.

Denn Kultur und Herkunft, Tradition und Geschichte prägen Menschen. Sie prägen auch ihr Potential zur Auseinandersetzung, ihre Streitstile, ihren Respekt vor anderen und Andersartigkeit, Toleranz und Flexibilität, ihre Unerschrockenheit und Ängstlichkeit, ihre Rigidität und ihre Stigmatisierungen von anderen und ihre Motivationen zu streiten, miteinander auszukommen und Bereitschaften Verletzungen, Feindschaften und Ärgernisse überwinden zu wollen. Kultur und Herkunft prägt auch, wie Menschen mit Unterschiedlichkeiten zurechtkommen und wie sie ihnen Ausdruck und Platz verleihen.

Kulturen sehen bestimmte Räume für Aushandlungen vor. Kulturen entwickeln auch Streitkulturen. Mediation trägt zu einer bestimmten Streitkultur bei.

Zu diesem Buch

In diesem Buch haben erfahrene Mediatorinnen und Mediatoren praxisnah und konkret aufgezeigt, wie es gelingen kann, unterschiedlichen Überzeugungen, Traditionen und Vorlieben von Menschen auf die Spur zu kommen und wie sie mit Hilfe der Mediation Menschen im Konflikt gerade aufgrund ihrer unterschiedlichen kulturellen Prägungen zu Überwindungen und neuen Arrangements des Miteinanders begleiten. Fragen der Gerechtigkeit, der Macht, des Dilemmas mit dem Verbindenden wie auch des Trennenden und des Missverstehens und auch gar nicht verstehen Könnens des anderen wird ebenso nachgegangen, wie dem Aufzeigen von methodischen Herangehensweisen, um dem zugrunde liegenden, dem oft nicht, nicht genügend, falsch oder missverstandenen „Kulturellen" auf die Spur zu kommen.

Denn die eigene Kultur scheint so oft zu einer Art Natur, zu etwas so Selbstverständlichem zu werden, dass es als Unhinterfragtes – ja oft sogar als unhinterfragbar Geltendes – ungeniert Entzweiungen provoziert.

Die Beiträge im Buch sind eine wichtige Ergänzung im Methodenkanon der Mediation. Denn zum Verhandeln Verhandeln gehört auch Kulturelles, Hintergründiges, Gewachsenes, Selbstverständliches im Mediationsprozess zu entdecken, zu respektieren, zu würdigen und damit umgehen zu lernen.

Denn:

– *Kultur in der Mediation heißt kulturelle Vielfalt mit bedenken und zulassen*
– *Mediationskultur ist Anerkennung von Vielfalt ohne Beliebigkeit*
– *Die in der Mediation bisher bewährte Vermittlungstechnik und -haltung ist nur eine, die nicht notwendigerweise allen Kulturen entspricht, wie anhand beeindruckender Beispiele (in diesem Buch vor allem aus Afrika) sichtbar wird*

Das Buch entstand im Anschluss an die 3. Wiener Konferenz für Mediation in Wien mit dem Titel „Culture meets Culture", die im September 2003 mit großem Engagement vieler Referentinnen und Referenten und unter reger Beteiligung der Teilnehmerinnen und Teilnehmer eine wichtige Arbeitstagung wurde. Mediatorinnen und Mediatoren und der Mediation Nahestehende setzten sich Begegnungen mit dem Kulturellen aus, auch auf die Gefahr hin, eigene Selbstverständlichkeiten und Positionen zu erschüttern, ja mitunter sie auch zu verlieren. Einblick in das Leben und die Konfliktkultur fremder Kulturen zog besonders viele in den Bann. Der Veranstalter, die ARGE Bildungsmanagement, wird seine nächste Mediationskonferenz im Mai 2006 erneut dem Schwerpunkt Kultur widmen. (Informationen finden Sie unter www.bildungsmanagement.at).

Wir wünschen Ihnen, liebe Leserin, lieber Leser, das eine oder andere, aber insgeheim am liebsten möglichst viele AHA-Erlebnisse beim Lesen – sei es im Einklang, im Widerspruch oder als Anstoß zum Weiterdenken und Dialogisieren. Auf alle wünschen wir Ihnen viele anregende Weitergedanken und Begegnungen mit Fremden und Fremdem.

Wien, im März 2004   *Gerda Mehta, Klaus Rückert*

Literatur

Lord Dahrendorf L (2003) Acht Anmerkungen zum Populismus. IWM Newsletter 79: 24, Wien

Galtung J (2003) Demokratisierung der Mediation als Beitrag zu einer Friedenskultur und: Hintergründiges zum 11. September. In: Mehta g, Rückert K (Hrsg) Mediation und Demokratie. Carl-Auer-Systeme Verlag, Heidelberg, S 90–100

Mehta G, Rückert K (2002) Psychologische Beiträge zur friedlich(er)en Koexistenz in einer Civil Society. Psychologie in Österreich 22: (5) 193–203

Inhaltsverzeichnis

Aus der Praxis der kultursensitiven Mediation

Autorenverzeichnis

Charlotte Annerl
Studium der Philosophie, frei publizierende Philosophin und Übersetzerin in Wien, fallweise Lehrbeauftragte. Veröffentlichungen auf den Gebieten Geschlechterforschung, Sozialphilosophie, Philosophie der Psychologie, und Konflikttheorie.

Leah Carola Czollek
Geboren in Berlin/Ost, lebt derzeit in Wien und Berlin, hat Jura studiert, ist Mediatorin, freie Wissenschaftlerin, externe Lehrbeauftragte, stellvertretende Frauenbeauftragte der Alice-Salomon-Hochschule. Sie hat das czollek consult. interkulturelle dialoge begründet, und sie ist Redaktionsmitglied der Zeitschrift Quer. Denken. Lesen. Schreiben der ASFH. Vorträge und Seminare zu den Themenschwerpunkten: interkulturelle Mediation, Dialog, Interkulturalität, Rassismus, Antisemitismus, Social Justice Training und Gender-Training.

Bettina J. Dutt
Studien der Rechtswissenschaften, Philosophie, Vergleichenden Literaturwissenschaften und Romanistik, heute als Rechtsanwältin und Mediatorin gemeinsam mit Andrea Engel in München Leiterin einer Anwaltskanzlei und der Firma KONFLIKTFREIRAUM, die Streitigkeiten und Konflikte mit rechtlichem Kontext komplementär zur juristischen Bearbeitung mediativ transformiert.

Joseph Duss-von Werdt
Studium der Philosophie und Psychologie in Belgien, Theologie in München. 1967 Mitbegründer und Leiter des Instituts für Ehe und Familie in Zürich. 1975 Mitherausgeber und Schriftleiter der Zeitschrift „Familiendynamik" (Klett-Cotta). Bis 1996 Honorarprofessor an der Universität Fribourg (Schweiz). Ab 1998 Mitarbeit in verschiedenen Funktionen an der Rechtswissenschaft (Mediation) der FernUniversität Hagen. Im Wissenschaftlichen

Beirat des gemeinsamen Masterprogramms in Mediation von neun europäischen Universitäten. Zahlreiche Veröffentlichungen zur Systemtheorie und Mediation.

Andrea Engel
Studien der Rechtswissenschaften, Philosophie, Vergleichenden Literaturwissenschaften und Romanistik, heute als Rechtsanwältin und Mediatorin gemeinsam mit Bettina Dutt in München Leiterin einer Anwaltskanzlei und der Firma KONFLIKTFREIRAUM, die Streitigkeiten und Konflikte mit rechtlichem Kontext komplementär zur juristischen Bearbeitung mediativ transformiert.

Marcus Hehn
Studium der Rechtswissenschaften in Köln sowie Politikwissenschaften, Wirtschaftswissenschaften und Soziologie in Siegen. Mediator, Rechtsanwalt, Politikwissenschaftler, Trainer, Vorsitzender des Geschäftsführenden Ausschusses der Arbeitsgemeinschaft Mediation im Deutschen Anwaltsverein und stellvertretender Vorsitzender des Fördervereins Mediation im öffentlichen Bereich. Justitiar beim Bauern- und Winzerverband Rheinland-Nassau (Koblenz), Lehrbeauftragter an der Universität Siegen, Dozent an der Universität Oldenburg

Peter Heintel
Professor für Philosophie und Gruppendynamik am Institut für Philosophie der Universität Klagenfurt; 1974–1977 Rektor der Universität Klagenfurt; Lehrbeauftragter an der Universität Graz; Gastprofessor an der Universität Hamburg; Vortragender und Seminarleiter an der Bundesverwaltungsakademie Bad Godesberg, der österr. Bundesverwaltungsakademie Wien und des EPA Bern; Mitglied der wissenschaftlichen Fakultät des Gottlieb Duttweiler Institutes Zürich und des Hernstein International Management Institutes Wien; Tätigkeit als Organisationsberater in zahlreichen in- und ausländischen Institutionen, Organisationen, Unternehmungen. Seit 2003 Vorsitzender des Senats der Universität Klagenfurt.

Christine Hubka
Mag., Evangelische Pfarrerin derzeit in Wien-Landstraße, von 1983 bis 1993 war sie Pfarrerin der Evang. Pfarrgemeinde Traiskirchen. Dort hat sie den Evangelischen Flüchtlingsdienst gegründet. 1996 war sie Preisträgerin der Dr. Bruno Kreisky Stiftung.
   Ein Schwerpunkt ihrer Arbeit ist die Religionspädagogik. 1993–1996 war sie Schulamtsleiterin und Fachinspektorin für den Evang. Religionsunterricht an allen Schultypen in Niederösterreich. Aus der religionspädagogischen Arbeit sind zwei Bilderbücher („Jesus, ein Kind wie Lisa und Benjamin" (2001, Tyrolia) und „Wo die Toten zu Hause sind" (2004, Tyrolia) sowie ein religionspädagogisches Werkbuch („Der Christbaum ist im Paradies gewachsen", 2001, Lahn) erwachsen. Seit vielen Jahren gestaltet sie Sendun-

gen im ORF (Ö1, Ö2, Ö3) und Fernsehsendungen zu religiösen und theologischen Themen und ist fixe Mitarbeiterin der evang. Kirchenzeitung die SAAT.

Aniko Kaposvari
Geboren in Budapest, Studium der Sozialarbeit, Sozialpolitik, Psychodrama-Leiterin, 10 Jahre Mitglied des Budapester Playback-Theaters, Trainerin und Mediatorin mit Schwerpunkt Interkulturellem Bereich, Diversity-Management, Seefahrerin.

Stefan Kessen
M. A., seit 1993 als Mediator und Konfliktmanager in der Wirtschaft und im öffentlichen Bereich tätig. Darüber hinaus ist er Ausbildner in Mediation und führt zahlreiche Trainings in Unternehmen und Organisationen zu den Themen Mediation, Konfliktmanagement und Kommunikation durch. Stefan Kessen ist geschäftsführender Gesellschafter der MEDIATOR – Zentrum für Konfliktmanagement und -forschung GmbH.

Joachim Koch
Studium der Philosophie und Psychologie (M. A.), Pädagogik und Soziologie (Diplom). Mitbegründer der Philosophischen Praxis in Deutschland, Lebens- und Unternehmensberatung, 12 Jahre für die Markenartikelindustrie und namhafte Werbefirmen.

Leitung der Philosophieredaktion der Zeitschrift „Wechselwirkung", Lehraufträge an der Fachhochschule bzw. der Universität Regensburg sowie die Herausgabe und Verbreitung des Portals http://www.philosophers-today.com, mit 30 000 Besuchern im Monat – einer der erfolgreichsten Philosophieführer im deutschsprachigen Web.

Larissa Krainer
Geboren 1967 in Klagenfurt/Celovec, Studium der Philosophie und Kommunikationswissenschaften an der Universität Klagenfurt. Seit 1986 journalistische Tätigkeit bei verschiedenen regionalen und nationalen, kommerziellen, nichtkommerziellen und öffentlich-rechtlichen Medien in Österreich. 1995–1997 Landesgeschäftsführerin bei amnesty international Kärnten. Leiterin der IFF-Abteilung für Weiterbildung und systemische Interventionsforschung. Habilitation zum Thema: Medien und Ethik. Zur Organisation medienethischer Entscheidungsprozesse.

Christine Mattl
lehrt und forscht an der IVM, Wirtschaftsuniversität Wien (http://www.wu-wien.ac.at/inst/ivm/local.htm) zu den Themen Gruppen in Organisationen, Interkulturelles, Diversity Management sowie Konfliktmanagement insb. Mediation, arbeitet als Wirtschaftsmediatorin und Trainerin in der ARGE Wirtschaftsmediation (www.arge-wirtschaftsmediation.at), ist Vorstandsmitglied des forum wirtschaftsmediation (www.wirtschaftsmediation.at) und initiierte

„AMIKo" den Arbeitkreis für Mediation und Interkulturelle Konfliktberatung (http://members.chello.at/amiko-mediation/).

Andreas Novak

Studium der Sinologie und Promotion in Ethnologie (Organisationsethnologie). Seit zehn Jahren freiberuflich tätig, meist im Management von Unternehmen in den Feldern Organisationsentwicklung, Mediation, Kreativitäts- und Verhandlungstraining sowie Innovationsmanagement. Lehrbeauftragter an verschiedenen Fachhochschulen und der Universität Osnabrück.

Consolata Peyron

Dipl. Politologin, European Master in Mediation (CH)

Konfliktberaterin, Mediatorin, Ausbilderin für Mediation und Konfliktmanagement, Schwerpunkt soziale Mediation und interkulturelle Mediation. Lehrbeauftragte an verschiedenen Institutionen. In Deutschland, Italien und Schweiz tätig.

Johannes W. Raum

Geboren in Ostafrika, aufgewachsen in London und KwaZulu-Natal, Südafrika. Studium der Geschichte und Germanistik an der Universität Kapstadt, sowie der Pädagogik und Neueren Geschichte an der Universität München. Habilitation in Völkerkunde/Ethnologie. Seit 1963 an der Universität München, zuerst als wissenschaftlicher Assistent, später als Universitätsprofessor und stellvertretender Direktor des Instituts für Ethnologie und Afrikanistik. Mitglied der Forschungsgruppe „Recht und Sozialwissenschaften" am Zentrum für Interdisziplinäre Forschung der Universität Bielefeld. Hauptforschungs- und Interessensgebiete: Evolutionstheorien in der Kulturanthropologie und Ethnologie, Ethnographie und Geschichte des südlichen Afrika, Rechtsethnologie.

Elisabeth Reif

Mag., Dr., Psychologin, Ethnologin und Mediatorin, Bildungsreferentin und Forschungstätigkeiten bei Südwind NÖ Süd, frühere Tätigkeiten beim Wiener Integrationsfonds (Interkulturelle Paarberatungstelle) und bei der Gesellschaft für bedrohte Völker – Österreich (Antirassismusarbeit); *Arbeitsschwerpunkte:* Interkulturelle Kommunikation, Konfliktforschung, Ethnopsychoanalyse, Fremdenfeindlichkeit/Rassismus, Islam (Gender)

Michael Wandrey

Diplompädagoge, Mediator (BM) und Ausbilder für Mediation (BM), von 1990 bis 1994 Ausbildungsleiter des Servicebüros für Täter-Opfer-Ausgleich und Konfliktschlichtung in Bonn. Langjährige Erfahrung als Begleitforscher, Vermittler, Trainer und Projektberater. Lehrbeauftragter für Konflikthilfe und Mediation in der Sozialen Arbeit an der Universität Tübingen. Seit 1995 Gesamtleiter des Vereins Hilfe zur Selbsthilfe e.V. in Reutlingen

Ed Watzke
Poet, Seefahrer, Sozionaut, Soziologe, Sozialarbeiter, Psychotherapeut und
Mediator. Seit vielen Jahren Trainer im Bereich Mediation, Kreativität etc.

Herausgeberin und Herausgeber

Gerda Mehta
Mediatorin, Psychologin, Systemische Familientherapeutin. Studium in Salz-
burg, Memphis, Tenn, Wien, Houston. Langjährig tätig im Amt für Jugend
und Familie in Wien, lehrte hauptsächlich Mediation, Traumatologie und
Systemische Familientherapie in Österreich, Italien, Serbien, Moskau, Sibi-
rien, Indien. Verheiratet mit einem Inder kanadischer Staatsbürgerschaft,
beide leben in Österreich. Interesse an dem, wie Menschen miteinander tun
und tun wollen oder leichter miteinander tun könnten.

Klaus Rückert
Psychoanalytiker, Psychologe, Bildungsmanager, Zukunftsforscher.
    Studium in Wien, Salzburg und London. Leiter des Instituts für Sozial-
pädagogik in Wien, Leiter der ARGE Bildungsmanagement.
    Veranstalter von zahlreichen Lehrgängen und wissenschaftlichen Kon-
gressen.
    Motivator für Menschen, ihr Leben selbst zu gestalten.

Warum sich Mediatorinnen und Mediatoren mit Kultur(en) auseinandersetzen sollen

JOACHIM KOCH

Das dynamische Taxi

Ein leitender Manager macht Urlaub auf einer hübschen Insel. Er kennt sie noch nicht gut. Aber es scheint sich tatsächlich um ein kleines Paradies zu handeln. Die Landschaft, das Klima, das Hotel, das Freizeitangebot, die Küche …, alles ist wunderbar. Und die Menschen auf dieser Insel sind ausnehmend freundlich.

Mitten in diese erholsamen Tage hinein erreicht ihn ein dringender Anruf. Er soll seinen Urlaub unterbrechen, um auf dem nahe gelegenen Festland einen Geschäftsabschluss vorzunehmen. Man sagt ihm, wenn die Sache gut verlaufe, könne er auf Kosten der Firma zwei Wochen länger bleiben; wenn es zu keinem erfolgreichen Abschluss komme, müsse er umgehend zurückkehren. Krisensitzung.

Verständlicherweise ist der Mann hinreichend motiviert. Sofort erkundigt er sich im Hotel, wie er am besten aufs Festland komme. Man sagt ihm, dass am Hafen ständig Bootstaxen seien, mit denen man übersetzen könne. Beruhigt über die Auskunft entschließt er sich, am nächsten Morgen rechtzeitig zum Hafen zu gehen und den verbleibenden Abend auf seiner Insel zu genießen. Hier hat er am meisten Muße, sich auf den wichtigen Termin vorzubereiten.

Am nächsten Morgen begibt er sich zum Hafen. Es ist kein Taxi zu sehen. Nachdem er ein paar Minuten geduldig Ausschau gehalten hat, fragt er einen Passanten. Der teilt ihm mit, dass sich die Abfahrtsstelle immer wieder ändere. Umgehend wird der leitende Manager nervös. Er ärgert sich darüber, wie miserabel organisiert der öffentliche Verkehr auf dieser Insel ist. Er fragt Arbeiter, Vorübergehende, Ladenbesitzer, ob sie wüssten, wo heute die Boote abfahren. Er bietet Fischern Geld an, wenn sie ihn nur mitnähmen.

Aber weil er nun schon so aufgeregt und auch ein wenig aggressiv geworden ist, will sich keiner so recht auf ihn einlassen. Es ist eine Eigenart der Inselbewohner, keine Antwort mehr zu geben, sobald sie jemand mit einem gewissen Drängen, das dem Nervösen nun mal zu Eigen ist, befragt. Sie fühlen sich sofort unter Druck gesetzt und weichen aus. Naheliegenderweise wird der Manager dadurch noch nervöser. Schließlich hat er einen Termin. Außerdem funktionieren die ihm vertrauten Problemlösungsmechanismen nicht mehr.

Glücklicherweise ist er aber ein leitender Manager, der nicht umsonst diesen Posten innehat. Er ist in der Lage, auch in kritischen Situationen Auswege zu finden. Das weiß er. Deshalb sagt er sich: „Ich komme nicht zum Festland, wenn ich mich verrückt machen lasse."

Er befiehlt sich: „Ruhe bewahren, neuen Problemlösungsmechanismus entwickeln, noch einmal von vorne anfangen." Er überlegt, wie das die Tage über war, und erinnert sich, dass die Leute alle sehr freundlich und hilfsbereit waren und sich nur heute so eigenartig verhalten. Er schlussfolgert daraus, dass er den Leuten so zu begegnen habe, wie er es all die Tage über handhabe. Er entschließt sich, eine Beziehung zu knüpfen.

Der Einfachheit halber geht er in eine Bar am Hafen und beginnt, mit dem Wirt zu plaudern. Die Zeit vergeht. Sie sprechen darüber, wie schön diese Insel sei, er sagt, wie wohl er sich hier fühle, der Wirt erzählt, dass er als junger Mann gedacht habe, er müsse auch anderes von der Welt sehen und deshalb hier und dort gearbeitet hätte, und wie gerne er am Ende zurückgekehrt sei. Der Wirt erzählte, er habe nie verstanden, warum es anderswo so viel hektischer zugehe.

Die beiden reden natürlich auch über das Wetter, und vom Wetter kommen sie auf den Wein zu sprechen, der, wie der Wirt vermutet, dieses Jahr besonders gut werden wird. Vom Wein kommen Sie dann aufs Essen und dann auf den Fisch, der eine Spezialität dieser Insel ist. Der Wirt erzählt, er fahre selbst oft aufs Meer hinaus, um den Fisch zu fangen. Sie sprechen über Boote, und ganz beiläufig erwähnt der Manager, dass er bald einen Sprung aufs Festland machen müsse.

Der Wirt fragt, ob der Urlaub denn schon zu Ende sei. Der Manager antwortet, es handle sich um einen Termin. Natürlich wird der Wirt neugierig und will wissen, worum es gehe. Der Manager erzählt ein wenig, aber vor allem sagt er, dass er weiter bleiben könne, wenn alles gut laufe, und abreisen müsse, wenn die Sache schief gehe. Jetzt will der Wirt freilich wissen, was, und mit wem und wann …, woraufhin der Manager auf die Uhr blickt und antwortet: „In einer Stunde".

„In einer Stunde!", wiederholt der Wirt erstaunt. „Dann ist es aber höchste Zeit!"

Das weiß der Manager natürlich auch. Aber glücklicherweise ist der Wirt kein Dummer, sagt jetzt, er solle schleunigst kommen, und setzt ihn mit seinem Boot über. Unterwegs vereinbaren sie, den Abend miteinander zu feiern, denn wer von den beiden würde an einem erfolgreichen Abschluss des Geschäftes jetzt noch zweifeln?

Schließlich fragt der Manager, wie das denn eigentlich mit den Taxen sei. (Er kann jetzt ohne weiteres fragen, denn er sitzt in einem Boot.) Und so erfährt er vom Wirt, dass es überhaupt keine Taxen gäbe oder nur Taxen – je nachdem. Es sei nämlich, sagt er, „verlorene Zeit und hinausgeschmissenes Geld, den ganzen Tag mit dem Boot zu warten, bis einer mal kommt und übergesetzt werden möchte." Er sagt, „die Erfahrung habe gezeigt, dass der Markt in dem Augenblick entsteht, in dem einer ein Boot braucht. Und sobald er ein Boot gefunden hat, ist der Markt auch schon wieder verschwunden."

Zuerst erscheint das dem Manager eine abstruse just-in-time-Ökonomie zu sein. Der Wirt sieht ihm seine Zweifel an und fügt deshalb erklärend hinzu: „Jedes Geschäft ist ein Geschäft mit der Zeit."

Tags darauf sitzt der Manager auf der Terrasse seines Hotels und freut sich über den erfolgreichen Geschäftsabschluss, die neue Freundschaft mit dem Wirt, die sie bis spät in die Nacht ausgiebig gefeiert hatten, und die nun bevorstehenden Urlaubswochen auf Kosten der Firma. Bevor er sich ausschließlich ihnen zuwendet, notiert er abschließend in sein Notizbuch:

- Je mehr die Realität sich als veränderlich herausstellt, um so wichtiger ist es zu wissen, mit welcher Realität man gerade konfrontiert ist.
- Je weniger festgefügte Ordnungsstrukturen in einer Realität vorhanden sind, umso geringer ist die Effizienz der Zweck-Rationalität und um so größer die Bedeutung der individuellen Konditionen und Handlungen, die eine Realität definieren.
- Je geringer die Stabilität eines Marktes ist, desto entscheidender ist sein Raum-Zeit-Kontinuum.

Literatur

Joachim Koch: www.philosophers-today.com
Joachim Koch (2001) Weder-Noch. Das Freiheitsversprechen der Ökonomie. Büchergilde Gutenberg
Joachim Koch (2002) Megaphilosophie. Das Freiheitsversprechen der Ökonomie. Taschenbuch Steidl-Verlag

C H R I S T I N E   M A T T L

Zum Verständnis interkultureller interpersonaler Konflikte in der Mediation (unter besonderer Berücksichtigung der Ergebnisse aus der empirischen kulturvergleichenden und interkulturellen Konfliktforschung)

Einleitung

Warum könnte es für MediatorInnen und für andere an Konfliktlösung interessierte Personen nützlich sein, sich mit dem schwierigen Konstrukt Kultur und den möglichen Unterschieden zwischen intra- und interkulturellen Konflikten auseinanderzusetzen?

Die zunehmende Vielfalt („diversity") unserer Bevölkerung besonders in den Dimensionen der kulturellen und ethnischen Herkunft und der vermehrte Kontakt mit „Fremden" von großen Teilen der Weltbevölkerung erhöhen die Wahrscheinlichkeit, dass jede/r als Beteiligte/r oder als MediatorIn mit einem Konflikt zu tun hat, an dem RepräsentantInnen verschiedener Kulturen beteiligt sind.

Das Konstrukt „Konflikt" ist an sich bereits eine kulturelle Konstruktion mit unterschiedlichen Bedeutungen in verschiedenen Kulturen (Gelfand et al., 2001: 1059).

(Interkulturelle) Konflikte beinhalten kulturspezifische und universelle Elemente. Daraus ergeben sich Konsequenzen für die Planung eines Mediationsprozesses, vom geeigneten Setting bis zur Entscheidung, ob bestimmte Interventionen passend sind oder eben nicht. Deshalb kann es hilfreich sein, für sich, als MediatorIn oder sonst mit Konflikten zu tun Habende/r folgende Fragen zu klären:
- Welche Rolle/n kann Kultur im jeweiligen Konflikt spielen?
- Was sind interkulturelle interpersonale Konflikte?
- Wodurch unterscheiden sich interkulturelle interpersonale Konflikte von intrakulturellen interpersonalen Konflikten?

Um über diese Fragen nachdenken zu können, braucht es eine Art Grundverständnis von Kultur. Dafür eigenen sich besonders drei Wege zum Verstehen von Kultur.

Drei Ansätze von Kultur

Hier sollen nun Ansätze aus einer sozialpsychologischen, einer kognitionswissenschaftlichen sowie einer anthropologisch-semiotischen Perspektive kurz angeführt werden, da sie den Rahmen für wissenschaftliche Forschung zum Thema Kultur und Konflikt, der sich auch in den empirischen Studien wieder findet, darstellen.

Als erstes wäre der, in der Konfliktforschung, gängigste Zugang zu erwähnen, der *„Cultural Variability"* (vgl. u.a. Gudykunst, 1989) Ansatz (hier in der Folge Kulturansatz 1 genannt). Dieser versucht, basierend auf Wertestudien, Kulturen anhand von allgemeingültigen Werten zu beschreiben, zu erklären und zu vergleichen. Aus dieser Perspektive sind die ForscherInnen bemüht, absolute und universelle Ordnungsgesichtspunkte zu schaffen (vgl. dazu u. a. Gudykunst und Ting-Toomey, 1996). Es gibt eine längere Tradition kulturvergleichender Wertestudien auf individueller Ebene (Rokeach, 1973; Schwartz, 1992) sowie auf kollektiver Ebene (Kluckhohn und Strodtbeck, 1961), (Hofstede, 1980 und Bond 1987; Rokeach, 1973 und Feather 1986; Schwartz, 1994; Trompenaars, 1993). Die bekannteste Darstellungsform ist das sogenannte Eisbergmodell mit drei verschiedenen Schichten, bei dem die Artefakte als sichtbarer aber interpretationsbedürftiger Teil der Kultur aus dem Wasser herausragen, während die Werte teils sichtbar, teils unbewusst sind und die Grundannahmen zur Gänze unter dem Wasser verborgen bleiben (Für die Organisationskultur gilt das entsprechende 3 Ebenen Modell von Schein (Schein, 1995)).

Gerade in der kulturvergleichenden Konfliktforschung (Brew und Cairns, 2002; Brew et al., 2001; Gelfand et al., 2001; Kozan und Ergin, 1999; Pearson und Stephan, 1998; Smith et al., 1998; Ting-Toomey, 1985; 1988; 1992; 1993; 1994; 1999; Ting-Toomey und Kurogi, 1998; Ting-Toomey und Oetzel, 2001; Triandis et al., 2001; Triandis und Singelis, 1998; Trubisky et al., 1991; Zhenzhong und al., 2002) wird meistens entlang der Dimension Individualismus-Kollektivismus gearbeitet. Diese Dimension unterscheidet, ob die Mitglieder einer Gesellschaft für sich und ihre nächsten Verwandten sorgen und dabei das „Ich" (Markus und Kitayama, 1991) als Referenzpunkt sehen, oder ob sie vielmehr in ein enges soziales Netzwerk einer größeren Gruppe, z. B. einer Großfamilie eingebunden sind und sich am „Wir" orientieren (Hofstede, 1980).

Der kognitionswissenschaftliche Ansatz (Kulturansatz 2) beschäftigt sich damit, wie Menschen denken, das heißt, wie Informationen verarbeitet und zu Gedanken, Bildern, Erinnerungen etc. organisiert werden, die „Sinn machen", für den, der sie interpretiert (Glenn und Glenn, 1981: 2). Verschiedene Kulturen strukturieren Wissen auf verschiedene Art und Weise, und diese Unterschiede bestimmen viele Aspekte von Verhalten und Kommunikation, wie zum Beispiel die Themen, über die gesprochen wird, die Organisierung von Information während einer Kommunikation sowie die Arten von Information, die als Argument für eine geäußerte Meinung anerkannt werden (Glenn und Glenn, 1981: 2). Die Methoden, Informationen zu organisieren, variieren abhängig von der Menge von Information, die organisiert werden muss und von der Anzahl von Personen, denen diese kommuniziert werden soll (Glenn und Glenn, 1981: i). Mitglieder einer sozialen Gruppe (wie zum Beispiel einer Familie, einer Religion oder einer Kultur) tendieren dazu aufgrund gemeinsamer Erfahrungen ähnliche kognitive Strukturen auszubilden (Glenn und Glenn, 1981: 8).

Zur individuell unterschiedlichen Verinnerlichung und Anpassung an kulturelle Normen meint die kognitive Perspektive folgendes: Fu/Morris/Lee et al. (Fu et al., 2002: D3ff.) beschreiben ein Konzept, das erklärt, warum manche Individuen mit kulturellen Mustern konformer (um)gehen als andere, auch wenn sie dieselbe Sozialisation genossen haben und über das gleiche kulturelle Wissen verfügen. Dazu verwenden sie Kruglanski/Websters „need for cognitive closure" (NFC) (Kruglanski und Webster, 1996). Dieses „Verlangen nach kognitiver Geschlossenheit („Gestalt")" wird definiert als Präferenz für eine (bestimmte) Art zu denken, nicht für einen bestimmten Inhalt.

Menschen, die hohes NFC haben, mögen Ambiguität und Unsicherheit nicht und wenden deshalb überlieferte Wissensstrukturen wie Stereotypen an, um schnelle und konventionelle Antworten zu erlangen. Individuen, die niedrige NFC Werte haben, ziehen es vor, sich durch alle Mehrdeutigkeiten eines Problems zu denken und ihren eigenen Weg zu wählen. Chiu/Morris/Hong et al. (Chiu et al., 2000) haben nun darauf aufbauend die Hypothese formuliert, dass „high NFC"-Personen mit kulturellen Mustern konformer gehen als „low NFC"-Personen. Ergebnisse von zwei Studien zeigten, dass die Unterschiede zwischen chinesischen und US-amerikanischen „high-NFC"-Personen größer waren als die zwischen „low-NFC"-Personen.

Darüber hinaus kann Kultur in der Tradition *anthropologischer* (Geertz, 1987) und *semiotischer* Denk- und Forschungsrichtungen folgendermaßen definiert werden (Kulturansatz 3):

„Kultur ist ein System von miteinander geteilten Bedeutungen, das auf einer bedeutungsgebenden Ordnung basiert. Sie ist ein komplexes System von verschiedenen Typen von Zeichen, die auf vorhersagbare Weise in Repräsentationsmustern zusammenhängen. Individuen oder Gruppen können diese nutzen, um Mitteilungen zu konstruieren oder auszutauschen." (Danesi und Perron, 1999: 67: Übersetzung der Autorin).

Diese Definition eignet sich zur Arbeitsdefinition von Kultur im Rahmen dieses Beitrags, weil sie die Vorzüge der vorangegangenen gewissermaßen verbindet. Durch die Inkludierung einer „bedeutungsgebenden Ordnung" in die Definition ist auch die Erkenntnis, dass Kulturen nur in ihrem Kontext erfahr- und verstehbar sind, berücksichtigt. Individuen lernen die (Be-)Deutungen ihres Systems durch die Sozialisation. Die Kenntnis dieser Bedeutungen ist notwendig, um Nachrichten zu verstehen und Symbole und Zeichen richtig deuten zu können.

Kulturelle Systeme können nach diesem Verständnis sowohl nationale als auch regionale, organisationale, professionelle Kulturen bzw. Subkulturen etc. sein. Diese kann man sich auch als Schalen einer Zwiebel vorstellen, wobei jede Person gleichzeitig Repräsentantin verschiedener dieser kulturellen Schalen sein kann. Den Studien der Kultur vergleichenden und interkulturellen Konfliktforschung liegt jedoch zumeist eine nationale Einteilung von Kulturen zugrunde, die sich deswegen durch diesen Beitrag ziehen wird.

Rolle der Kultur im „interkulturellen" interpersonalen Konflikt

Wenn ich nun mit einem Konflikt, in den VertreterInnen verschiedener kultureller Systeme involviert sind, konfrontiert bin, könnte es für mich wichtig sein herauszufinden, welche Rolle/n Kultur in diesem Zusammenhang überhaupt einnehmen kann:

Kultur als Grund (Ursache) des Konflikts
In der Regel wird angenommen, dass kulturelle Unterschiede zu Missverständnissen und in der Folge oft zu Konflikten führen. Kulturelle Unterschiede, die sich bspw. in Verhalten zeigen, können auf unterschiedliche Werte und Basisannahmen, Normen und Regeln sowie Formen der Wissensstrukturierungsprozesse und Bedeutungszuschreibungen zurückgeführt werden.

Kulturelle Unterschiede bezüglich des Streitgegenstandes („Issue") des Konfliktes und des Konfliktziels
„Issues" bezeichnen die Streitgegenstände, das (oft vordergründige) Thema; das, worum es in dieser konfliktären Interaktion geht. Konfliktziele drücken aus, was ein/e KommunikationspartnerIn oder Konfliktpartei bezüglich dieses Themas (und gegebenenfalls darüber hinaus) in diesem Konflikt erreichen will. „Wo will sie hin?" In der Regel sind Ziele eine auf einen zukünftigen Zeitpunkt bezogene Spezifizierung der Streitgegenstände.

Dabei werden vier Seiten von Gegenständen und Zielen unterschieden (Mattl, 2003):
  Inhaltliche Ziele: Diese sind gegenständliche/inhaltliche Themen, die außerhalb der involvierten Personen liegen (Sachkonflikt oder kognitiver Konflikt).
  Beziehungsziele: Es geht darum, wie Personen diese bestimmte Beziehung in der Interaktion definieren bzw. definieren wollen (Beziehungskonflikt oder affektiver Konflikt).
  Prozessziele: Darunter sind prozedurale und stilistische Differenzen betreffend den Umgang mit Konflikten zu verstehen.
  Identitätsbasierte Ziele: Dabei geht es um Prozesse des Gesicht Wahrens und Würdigens („face work").
Während man davon ausgehen kann, dass Beziehungsziele in jedem interpersonalen Konflikt eine Rolle spielen, also mit verhandelt werden, muss in einem interkulturellen interpersonalen Konflikt nicht zwingend die kulturelle Identität bedeutsam werden. Insgesamt kann festgehalten werden, dass

sowohl die Hierarchie der Ziele als auch die jeweilige Bedeutung stark von der Priorität von persönlichen Zielen (bei eher individualistischen Kulturen) versus der Priorität von Zielen der Ingroup (bei eher kollektivistischen Zielen) ist (Triandis, 1999: 129; 2001: 36).

Konflikte der kulturellen Identität
Wenn im Konflikt Kultur als Kategorie zur Unterscheidung von Ingroup versus Outgroup salient wird (siehe „Soziale Kategorisierung") und die kulturelle Identität (als Teil der sozialen Identität) zu wenig gewürdigt, bedroht oder gar angegriffen wird, kann das zu einem schwerwiegenden Auslöser oder Streitgegenstand von Konflikten werden.

Wenn der kulturelle Bestandteil der Identität betroffen ist, kommen zur interpersonalen Beziehung auch Intergruppen – Phänomene hinzu. Je nach NFC Wert der Person kann mehr oder weniger aufgrund von Vorurteilen, Stereotypen etc. gehandelt werden, mit dem Ziel der Selbstwertsteigerung für die eigene Gruppe.

Kulturelle Unterschiede in der Wahrnehmung und Bewertung von Konflikten und Konfliktprozessen
Auch die Einstellung zu Konflikten an sich ist oft gegensätzlich. Die einen sehen Konflikte als „normal" an, als zu Veränderungsprozessen gehörend, die anderen als bedrohlich, als etwas, das es zu vermeiden gilt. Diese Einstellungen wirken sich auch auf die Auseinandersetzung bzw. Vermeidung in/von interkulturellen Konflikten aus. Ebenso sind davon die Wahrnehmung der Erscheinungsformen des Konfliktes bzw. des Konfliktprozesses betroffen. Ob die Interaktion als normales Gespräch, hitzige Diskussion oder Konflikt gesehen, ob der Prozess als konstruktiv oder destruktiv wahrgenommen wird, kann kulturell beeinflusst sein.

Kulturelle Präferenzen für bestimmte Verhaltensweisen im Umgang mit Konflikten
Bestimmte kulturelle Systeme bevorzugen traditionellerweise bestimmte Konfliktlösungsstrategien und Konfliktstile. In der Regel wird angenommen, dass große Unterschiede dabei das Erreichen von für beide Seiten zufriedenstellenden Konfliktlösungen erschweren.

Diese Aufzählung der möglichen Rollen von Kultur im Konflikt soll nicht vermitteln, dass „Kultur" der einzige oder wichtigste Einflussfaktor auf Konflikte von zwei oder mehreren Personen ist, die unterschiedliche kulturelle Systeme nutzen. Sie ist **ein** wichtiger Faktor, neben personalen Dispositionen („personal traits"), interpersonalen, situativen und strukturellen Einflussfaktoren. Deswegen ist auch die übliche Bezeichnung „interkulturelle Konflikte" für alle Konflikte an denen VertreterInnen verschiedener kultureller Systeme teilhaben (interkulturelle interpersonale Konflikte im weiteren Sinne) streng genommen irreführend, weil sie den Fokus zu sehr auf kulturelle Unterschiede lenkt.

Definition interkultureller Konflikt
In der US-amerikanischen Literatur übliche Definitionen beschreiben interkulturelle interpersonale Konflikte aus der sozialpsychologischen Kulturperspektive (Kulturansatz 1) mit der Zugehörigkeit der Konfliktparteien zu verschiedenen „cultural communities" (Ting-Toomey und Oetzel, 2001: 17) Damit ziehen sie auch den Unterschied zu intrakulturellen Konflikten. Solche Beschreibungen könnten als Definitionen im weiteren Sinne bezeichnet werden.

Um jedoch eine Kulturalisation von interpersonalen Konflikten im Sinne obiger Diskussion der Rolle/n der Kultur im Konflikt zu vermeiden, sollte eine Definition für interkulturelle interpersonale Konflikte zwar die Möglichkeit der Bedeutung der Kultur berücksichtigen, sie jedoch nicht als gegeben annehmen.

Ein Definitionsversuch für interkulturelle interpersonale Konflikte im engeren Sinne (in Anlehnung an Glasls Konfliktdefinition) könnte also lauten:

Interkulturelle interpersonale Konflikte sind Konflikte im Sinne einer Interaktion zwischen Personen, die verschiedene kulturelle Systeme repräsentieren, wobei wenigstens eine Person Unvereinbarkeiten im Denken/Vorstellen/Wahrnehmen und/oder Fühlen und/oder Wollen, mit der anderen Person in der Art erlebt, dass im Realisieren eine Beeinträchtigung durch die andere Person erfolgt und Kultur eine Rolle spielt (adaptiert nach Glasl 1999: 14f.).

Trotzdem wird sich diese begriffliche Unschärfe (Definition im engeren versus im weiteren Sinne) weiterhin durch diesen Beitrag ziehen, da in den theoretischen Ansätzen und Studien immer von interkulturellen Konflikten gesprochen wird, wenn Konflikte zwischen zwei oder mehreren Personen, die unterschiedliche kulturelle Systeme nutzen, gemeint sind.

Da für die Mediation und bei der Evaluation von Konflikten Kultur als Konfliktursache sowie kulturelle Unterschiede im Verhalten der Beteiligten besondere Bedeutung haben und es dazu auch die meisten empirischen Ergebnisse gibt, werden nun diese Punkte genauer behandelt.

Kultur als Grund (Ursache) des Konflikts
Kulturelle Unterschiede bei Werten und Basisannahmen, Normen und Regeln sowie die Form der Wissensstrukturierungsprozesse auf kultureller Ebene haben Einfluss auf kognitive und affektive Prozesse der Individuen. Über solche Prozesse wie z.B. Wahrnehmung, Interpretation (und Bedeutungszuschreibung), Produktion von Information, kognitive und affektive Bewertungen, kausale Attributionen, Einstellungen und Erwartungen, Emotionen und deren Ausdruck wirkt Kultur auf das Verhalten der einzelnen.

Am „offensichtlichsten" werden kulturelle Unterschiede beobachtbar in Form von Verhaltensweisen wie verbaler, paraverbaler und nonverbaler Kommunikation (z.B. unterschiedlicher Ausdruck von Emotionen, verschiedene linguistische Stile), Umgang mit Ressourcen, Umgang mit Zeit (vgl. Levine, 1998) und Raum, etc.

ForscherInnen gehen davon aus, dass all diese Unterschiede zu Barrie-

ren in der interkulturellen Kommunikation bzw. zu interkulturellen Missverständnissen führen können und damit zu Gründen (die Unterschiede)
und Auslösern (das gezeigte Verhalten) von interkulturellen Konflikten (vgl.
exempl. Parker, 1995).

Verbunden mit diesen Unterschieden (vgl. exempl. Helmolt, 1997: 43ff.) sind
natürlich auch das mangelnde Wissen darüber bzw. die mangelnden Fähigkeiten und Fertigkeiten diese Unterschiede zu überwinden bzw. produktiv zu
nutzen, um „erfolgreich" zu kommunizieren. So kann es zu den oft beschriebenen Effekten der Ambivalenzen und Ambiguitäten, der Unsicherheit und
damit verbunden zu Angst und innerlichen Spannungen kommen. Durch
enttäuschte Erwartungen (Gudykunst, 1994: 74ff.) bezüglich des Verhaltens des
Gegenübers in der Interaktion (vgl. Ting-Toomey und Oetzel, 2001: 1) und Frust-
ration kann es in der Folge zu Konflikten kommen, wenn keine Klärung möglich ist.

Kulturelle Ursachenzuschreibungen

Konfliktursachen, die meistens genauso gut mit den handelnden Personen
(intrapersonal und interpersonal), der Situation oder den Strukturen erklärt
werden könnten, werden oft der Kultur bzw. den kulturellen Unterschieden
zugeschrieben. Zur Erklärung dieser Präferenz sind vor allem zwei theoretische Konzepte nützlich: die Attributionstheorie (Heider, 1977 <1958>) und die
Theorie der sozialen Identität (Tajfel und Turner, 1979; 1986), davon insbesondere die soziale Kategorisierung sowie die Konzeption von Stereotypen und
Vorurteilen

Ein Beispiel: Lindsley/Braithwaite (Lindsley und Braithwaite, 1996) *berichten von
ihrer ethnographischen Studie in sieben mexikanischen „maquiladoras" (Unter „maquiladoras" werden hier Off-shore Fabriken in Mexico von meist US-amerikanischen,
taiwanesischen oder koreanischen Herstellern entlang der Grenze der USA und Mexico verstanden), dass inadäquate Kommunikation seitens der US-AmerikanerInnen
von den MexikanerInnen mit der Zugehörigkeit zur US-amerikanischen Kultur attribuiert wurde. Die Ingroup/Outgroup Grenze wurde also entlang der Kultur errichtet. MexikanerInnen berichteten, dass sie selbst auch gelegentlich Normen zur
Wahrung des Gesichts verletzten. Solch unangebrachtes Verhalten erklärten sie aber
nicht mit mangelnder kultureller Achtsamkeit sondern mit der Unerfahrenheit oder
Inkompetenz der MexikanerInnen als ManagerInnen. Das bedeutet, wenn die Kommunikation interkulturell war, wurden Normenverletzungen über die Kultur der Spre-
cherInnen erklärt, wenn diese Normenverletzung jedoch intrakulturell war, wurde sie
mit der Ungeeignetheit der Person für die soziale Rolle attribuiert* (Lindsley und
Braithwaite, 1996: 206). *Damit stützen sie Coupland/Giles/Wiemanns* (1991 zitiert in
Lindsley und Braithwaite, 1996) *Konzeptualisierung verschiedener Ebenen von Attributionen für problematische Kommunikation (in diesem Fall eigene kulturelle Gruppe
versus fremdkulturelle Gruppe).*

Diese Verzerrungen dienen dazu, Stereotypen der Eigengruppe und der
Fremdgruppe zu bewahren und zu schützen (Hewstone und Fincham, 1996: 6). In
der Regel wird positives Verhalten der Ingroup Mitglieder ihren positiven

Persönlichkeitsfaktoren (also dispositional) zugeschrieben. Positives Verhalten von Mitgliedern der Outgroup wird eher mit situativen Faktoren attribuiert.

Smith/Bond (Smith und Bond, 1993: 179) argumentieren, dass interkulturelle Begegnungssituationen für die involvierten Parteien immer zu einigen negativen Resultaten führen und Mitglieder der Ingroup sich deswegen das Verhalten von Mitgliedern der Outgroup, das zu solchen Resultaten führt, sehr oft mit negativen Persönlichkeitsdispositionen erklären. Diese Attributionen über die Persönlichkeiten der Outgroup Mitglieder bestätigen in der Regel die negativen Stereotypen, die über diese bereits existieren. Diese Stereotypen sind „schnell bei der Hand", weil die Outgroup Kategorisierung der/des anderen in einer interkulturellen Begegnung sehr wahrscheinlich salient wird. Es ist anzunehmen, dass durch diese bestätigende Wirkung, die Suche der einzelnen Parteien nach Erklärungen beendet und damit die Polarisierung weiterhin verstärkt wird.

Soziale Kategorisierung

Tajfel/Turner (Tajfel und Turner, 1979) waren der Meinung, dass die soziale Kategorisierung eine soziale Identität für die jeweiligen Personen schafft. Tajfel (Tajfel, 1982: 69ff.; Tajfel und Turner, 1986: 8) postuliert, dass das individuelle Verhalten auf einem Kontinuum interpersonaler versus intergruppaler Prozesse verortet werden kann und dass zwischen einer personalen und einer sozialen Identität zu unterscheiden ist. Am intergruppalen Pol des Verhaltens sei die soziale Identität vollständig durch die Mitgliedschaft zu einer sozialen Kategorie bzw. Gruppe definiert. Gruppen (Kategorien sozialer Zugehörigkeit) stellen ihren Mitgliedern ein System bereit, das zur Identität beiträgt und sie verorten damit die Individuen in ihrer sozialen Umwelt.

Die drei Grundannahmen von Tajfel/Turner (Tajfel und Turner, 1986: 16) sind:

Individuen streben danach, eine positive soziale Identität zu erhalten, die vollständig durch die Mitgliedschaft zu einer Gruppe definiert ist. Eine positive soziale Identität basiert größtenteils auf vorteilhaften Vergleichen, die zwischen der Ingroup und einer relevanten Outgroup gezogen werden können: Dadurch wird ein Druck zur Herstellung von Distinktheit ausgelöst. Die Ingroup muss also positiv von einer Outgroup unterschieden werden bzw. als positiv distinkt von Outgroups wahrgenommen werden. Wenn die soziale Identität unbefriedigend ist, dann versuchen Individuen ihre Gruppe zu verlassen und in eine positivere Gruppe zu gelangen, oder sie versuchen ihre Gruppe stärker positiv abzusetzen. Der Druck, die eigene Gruppe positiv durch Ingroup-Outgroup-Vergleiche zu beurteilen, führt dazu, dass sich soziale Gruppen voneinander abgrenzen.

Vorurteile und Stereotypen

Eine besondere Bedeutung für den interkulturellen Konflikt scheinen Vorurteile und Stereotypen zu haben. Nach der Theorie der sozialen Identität haben soziale (und unter Ausnutzung des besprochenen Kontinuums damit auch interpersonale) Konflikte die Funktion die soziale Identität und den eigenen Selbstwert aufrechtzuerhalten, zu stabilisieren und zu stärken (Zick, 2002: 412). Nach Tajfel/Turner (Tajfel und Turner, 1979; 1986) sind Prozesse der Vorurteilsbildung, Stereotypisierung und Diskriminierung zugleich Basis und Produkt intergruppaler Vergleiche. Während Stereotypen Überzeugungen über die Attribute einer Outgroup bezeichnen, sind Vorurteile negative Attitüden oder ungünstige Voreinstellungen gegenüber den Mitgliedern einer Fremdgruppe. (Eine mittlerweile klassische, 50 Jahre alte, Definition für Vorurteile lautet: *„Ein ethisches Vorurteil ist eine Antipathie, die sich auf eine fehlerhafte und starre Verallgemeinerung gründet. Sie kann ausgedrückt oder auch nur gefühlt werden. Sie kann sich gegen eine Gruppe als ganze richten oder gegen ein Individuum, weil es Mitglied einer solchen Gruppe ist."* (Allport, 1971 <1954>: 23)). Sie basieren zunächst auf den sozialen Kategorisierungsprozessen, die dann Favorisierungs- und Differenzierungsprozesse auslösen (Zick, 2002: 418f.). Demnach werden die Mitglieder der eigenen Gruppe nicht nur als voneinander verschiedener wahrgenommen, sondern auch besser beurteilt als die andere Gruppe, die als homogener wahrgenommen wird.

Außerdem kann geschlossen werden, dass die Menschen eine Vermischung aus „tatsächlichen" Unterschieden und vermeintlichen Unterschieden der Outgroup gegenüber der Ingroup in Form von Stereotypen und Vorurteilen durchführen. Diese Vermischung kann unbewusst ablaufen, aber auch strategisch bzw. taktisch eingesetzt werden („Kulturalisation eines Konfliktes"). Durch solch ein Vergrößern und Sichtbarmachen von Unterschieden kann sich auch der konfliktauslösende Effekt erhöhen, nach der Regel: je größer der Unterschied desto größer die Spannung desto größer die Konfliktwahrscheinlichkeit. Darüber hinaus kann angenommen werden, dass Vorurteile und Stereotypen bei sämtlichen kognitiven und affektiven Prozessen im Konfliktverlauf eine – negativ verstärkende – Rolle spielen.

Konfliktverhalten und Evaluation

Es gibt zahlreiche Studien, in denen untersucht wird, welche unterschiedlichen Tendenzen es im Konfliktverhalten verschiedener Kulturen gibt (dabei wird intrakulturelles Konfliktverhalten untersucht, d. h. Konflikte, an denen VertreterInnen derselben Kultur beteiligt sind). Es gibt jedoch wenige empirische Befunde zu Verhalten in interkulturellen Konfliktsituationen. In der Regel werden Annahmen und Empfehlungen für das Konfliktverhalten in interkulturellen Konflikten aus den kulturvergleichenden Studien abgeleitet. Dabei wird Konfliktverhalten als weitgehend stabil über die Zeit, Situation und Kultur angenommen. Das wohl am meisten untersuchte Modell ist das

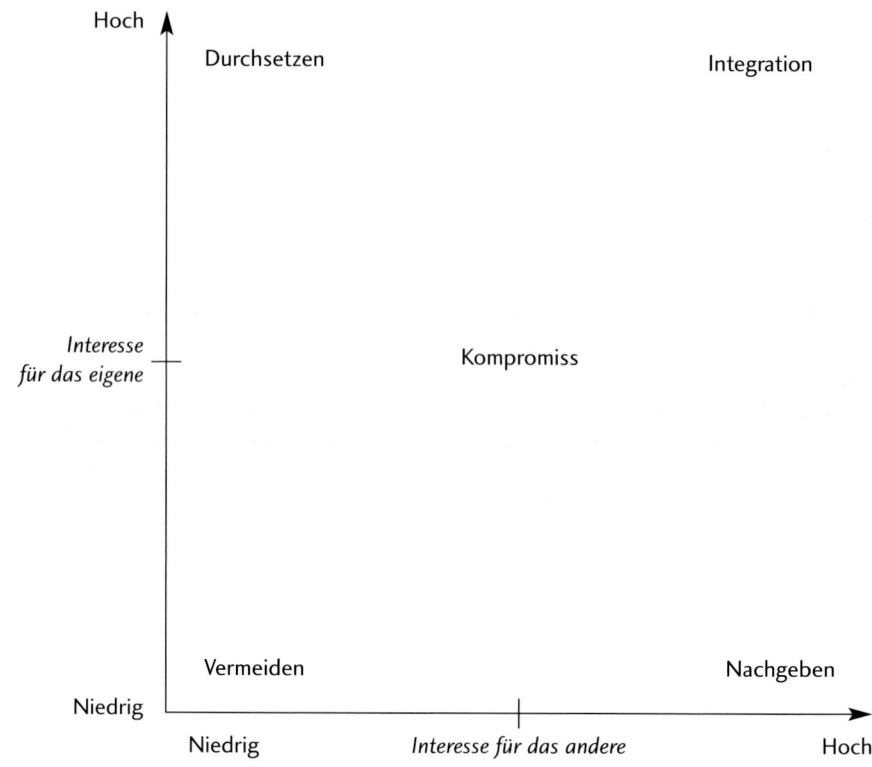

Abb. 1. 5 Konfliktstile (nach Blake/Mouton 1964, Rahim 2001)

der 5 Konfliktstile (Blake und Mouton, 1964) das seit den 60er Jahren vor allem von US-amerikanischen KonfliktforscherInnen verwendet wird.

Der integrative Stil (hohes Interesse für sich und andere) beinhaltet Offenheit, Austausch von Information und Auslotung von Differenzen, um eine effektive Lösung zu erreichen, die für beide Parteien akzeptabel ist. Der harmonisierende Stil (niedriges Interesse für sich und hohes für andere) wird mit dem Versuch verbunden, Differenzen hinunterzuspielen und Gemeinsamkeiten zu betonen, um das Interesse der anderen Partei zu befriedigen. Der Durchsetzungsstil (hohes Interesse für sich und niedriges für andere) wird mit einer „Win-Lose" Orientierung identifiziert. „Vermeiden" (geringes Interesse für sich und andere) wird mit Rückzug und Ausweichen assoziiert. „Kompromiss" (mittleres Interesse für sich und andere) beinhaltet „Geben und Nehmen", wobei beide Parteien etwas aufgeben, um eine gegenseitig akzeptable Lösung zu erreichen (vgl. für eine Zusammenfassung Rahim, 1983; Rahim et al., 2001: 195f.).

Eher kollektivistische (Hofstede, 1991) Kulturen, das sind bei Schwartz jene, die auf der Dimension Traditionalismus/Conservation (Schwartz, 1994) hohe Werte aufweisen, neigen mehr zur Konfliktvermeidung (Ting-Toomey et al., 1991) und ziehen mehr Drittparteien hinzu (Folger et al., 2001; besonders Kozan und Ergin, 1999: 255). Zusammenfassend meint Ting-Toomey:

„In short, in the individualistic cultures, the conflict-management process relies heavily on verbal offense and defense to justify one's position ... In collectivistic conflict situations, ambiguous, indirect verbal messages are often used with the intention of saving mutual face, saving group face, or protecting someone else's face. In addition, subtle nonverbal gestures or nonverbal silence is often used to signal a sense of cautionary restraint toward the conflict situation ..." (Ting-Toomey, 1994: 367)

Dieser kulturelle Unterschied im Konfliktverhalten stellt sich bezüglich der Konfliktstile zusammenfassend folgendermaßen dar. Zwar nehmen dispositionale Faktoren und Beziehungsfaktoren auch eine kritische Rolle bei den Konflikthandhabungsmustern ein, der Kultur kommt im Prozess der Sozialisation von Konflikthandhabungsmustern aber die primäre Rolle zu. Auf den theoretischen Annahmen der „Ich-Identität" versus der „Wir-Identität" sowie dem Interesse am „Wahren-des-eigenen-Gesichts" versus dem „Wahren-beider-Gesichter" in den kontrastierenden kulturellen Systemen basierend, demonstrieren kulturvergleichende Ergebnisse (für China, Japan,

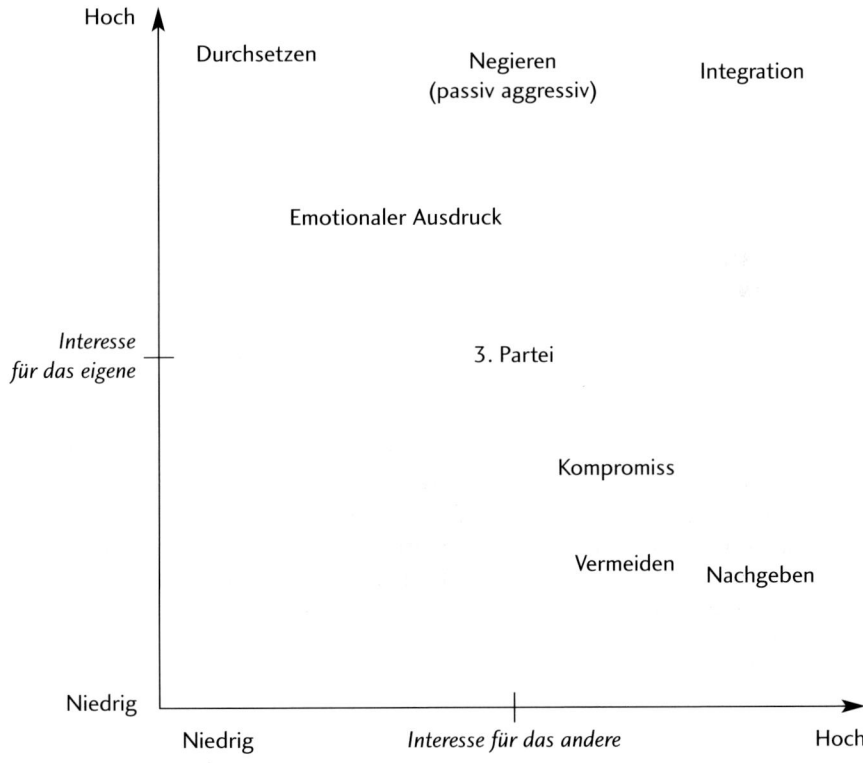

Abb. 2. 8 Konfliktstile (nach Ting-Toomey/Oetzel 2001)

Korea, Taiwan, Mexiko und die USA), dass IndividualistInnen dazu tendieren kompetitive, kontrollierende Konfliktstile zu benutzen und KollektivistInnen integrative oder kompromissorientierte. Darüber hinaus zeigen KollektivistInnen in aufgabenorientierten Konfliktsituationen die Tendenz zu harmonisierenden und vermeidenden Stilen (Ting-Toomey, 1994: 367; vgl. u. a. Ting-Toomey et al., 1991; Trubisky et al., 1991).

Schließlich schlagen Ting-Toomey/Oetzel (Ting-Toomey und Oetzel, 2001: 48) vor mit 8 statt 5 Konfliktstilen zu arbeiten. Die kultursensible Haltung wird ausgedrückt, indem einerseits die drei Stile „emotionaler Ausdruck", „passiv aggressives Negieren" und „Beiziehung von Dritten" hinzugefügt werden und andererseits den fünf bekannten Konfliktstilen auf den Dimensionen „Interesse für das eigene" und „Interesse für das andere" differenziertere Positionen zugeteilt werden. Damit werden nicht nur drei Konfliktstile hinzugefügt sondern auch die impliziten Bewertungen der Stile (Integration ist gut, vermeiden ist schlecht) verändert. Dadurch kommt erstmals zum Ausdruck, dass den gleichen Stilen in verschiedenen Kulturen unterschiedliche Bedeutung und dadurch auch andere Bewertungen zugeschrieben werden.

Es gibt also einige Ergebnisse zu den Konfliktstilen im Kulturvergleich, die aufzeigen, dass die präferierten Konfliktstile von einigen (auf jeden Fall aber südostasiatischen) kollektivistischen Kulturen „vermeiden" und „harmonisieren" sind, die der individualistischen Kulturen (insbesondere der US-amerikanischen) „durchsetzen" und „integrieren". Es wird angenommen, dass diese Konfliktstile über die Zeit und Situationen stabil sind. Eine Konsequenz dieser Tradition ist, dass erwartet wird, dass VertreterInnen der jeweiligen Kulturen in Konflikten mit VertreterInnen der jeweils anderen Kulturen „ihre" kulturell geprägten Stile beibehalten.

Im Gegensatz dazu gibt es Hinweise darauf, dass gerade in interkulturellen Konflikten VertreterInnen von kollektivistischen Kulturen in höherem Maß dazu neigen als Mitglieder individualistischer Kulturen, die Mitglieder der anderen Kultur als zur Outgroup zugehörig zu sehen und in der Interaktion mit ihnen andere – mehr dem „Interesse für das eigene" verpflichtete – Konfliktstile anzuwenden als der Ingroup gegenüber. Es gibt zu dieser wichtigen Fragestellung äußerst wenige Studien.

Gillian Khoo (Khoo, 1994) berichtet von seiner Untersuchung über den Umgang mit Konflikten von Personen aus verschiedenen Kulturen. Dabei interessierte ihn auch die Frage, inwieweit kulturelle Werte auf individueller Ebene interkulturelle Konfliktstile beeinflussen.

Dazu wurden jeweils etwa 100 Hong Kong chinesische ManagerInnen, amerikanische ManagerInnen chinesischer Abstammung und amerikanische ManagerInnen europäischer Abstammung unter Verwendung des Rahim's Organizational Conflict Inventory (ROCI, für eine Beschreibung vgl. Rahim, 2001) und von Skalen, welche kulturelle Werthaltungen nach Hofstede maßen, befragt. Hong Kong ChinesInnen verwendeten „vermeiden" und „harmonisieren" im intrakulturellen Konflikt und „Kompromiss" im interkulturellen. AmerikanerInnen chinesischer Abstammung zeigten jeweils den Konfliktstil „vermeiden". Personen aus dem Sample der chinesischen AmerikanerInnen und der Euro-AmerikanerInnen, die auf der Kollektivismus Skala höher abschnitten, zeigten eher den Konfliktstil „durchsetzen" beim Konflikt mit anderen Kulturen. Die Personen des euro-amerikanischen Samples, die beim Individualismus höher abschnitten, neigten mehr zum integrativen Konfliktstil, wenn sie mit Personen aus einer anderen Kultur interagierten.

Eine Studie mit *japanischen Studierenden in den USA* (Cole 1989 zitiert in Ting-Toomey, 1994) *ergab, dass sie bei Konflikten mit Personen der Ingroup mehr harmonisierende Strategien als bei Konflikten mit Mitgliedern der Outgroup verwendeten. Bei Konflikten mit der Outgroup tendierten sie eher zu kompetitiven Strategien als bei Konflikten mit der Ingroup. Zusätzlich spielt bei Konfliktprozessen in kollektivistischen Gruppen der Status der Personen der Ingroup eine große Rolle.*

Kappe (Kappe, 1993) führte *Rollenspiele mit bikulturell besetzten Gruppen durch und resümierte, dass grundsätzlich eine Bereitschaft zum konstruktiven Verhalten und offensichtlich ein Bewusstsein für die Besonderheit der Situation vorhanden ist. Dies wurde deutlich, indem häufig die eigene Meinung geäußert wurde, relativ viele Fragen gestellt wurden, sachorientiert diskutiert wurde und die Gruppen sich eher integrativ statt konkurrierend und dominierend verhielten. Am Beispiel einer deutsch/deutschen und einer südkoreanisch/deutsch besetzten Gruppe zeigte sich, dass, wenn die eigenen Handlungsstrategien nicht griffen, das zuvor gezeigte eher integrative Verhalten in ein direktives Verhalten umschlug. Es zeigten sich in allen bikulturellen Gruppen Verhaltensänderungen. Allerdings wurde nicht beobachtet ob sich das Verhalten von RepräsentantInnen einer bestimmten Kultur mehr veränderte als das von anderen.*

Es besteht akuter Bedarf an Studien, die sich mit der Frage der Veränderungen von Verhalten im interkulturellen Konflikt beschäftigen. Wenn oben stehende Untersuchungsergebnisse Khoos (Khoo, 1994) bestätigt werden, untermauert das die These der interaktionistischen Sichtweise, dass beim Zusammentreffen zweier Kulturen in der Interaktion eine neue, dritte Kultur entsteht. Demgemäß wären kulturvergleichende Studien für die Vorhersage von Verhalten in interkulturellen Konflikten nur beschränkt heranzuziehen. Es könnte Fälle geben, bei denen die Erwartungen (bezüglich des Konfliktstils, den die VertreterInnen der anderen Kultur vermeintlich verfolgen werden) und davon abgeleitete Strategien einen größeren Einfluss auf das Handeln im Konflikt ausüben als die kulturell geprägten Muster der Konfliktstile, die üblicherweise verfolgt werden.

Für die Mediationspraxis wäre es gut zu wissen, ob solche Fälle die Regel oder die Ausnahme sind. Das unterschiedliche Konfliktverhalten gegenüber Mitgliedern der Ingroup versus der Outgroup kann auf verschiedene Art interpretiert werden. *Personen ändern ihr Verhalten im interkulturellen Konflikt, weil sie sich durch eine Annäherung an das erwartete Verhalten der anderen Partei eine Kompatibilität der Stile und damit weniger zusätzliches Konfliktpotential und mehr Verständnismöglichkeiten erwarten (integrierendes Ziel).*

Sie ändern ihre Strategie und ihr Verhalten, weil sie glauben mit der anderen Strategie und einem passenderen Stil ihre Ziele besser erreichen zu können, sich besser durchsetzen zu können (distributives Ziel).

Sie verwenden die Strategie 1, (Anpassung an die andere Konfliktpartei) mit dem Ziel 2 (ihre Interessen besser durchzusetzen). In der Folge ergeben sich wieder meh-

rere Möglichkeiten: Die jeweils adaptierten Strategien und Verhaltensweisen pas-
sen zusammen, wenn beide einen integrierenden Fokus haben (kollektivistische Kul-
turen von „vermeidend" zu „integrierend", individualistische Kulturen von „dominie-
rend" zu „integrierend"). Im Idealfall wird Verständigung und eine Win-Win Lösung
möglich.

Die angepassten Verhaltensweisen passen nicht zusammen,

a) weil sich nur eine Seite angepasst hat (z. B. Mitglieder der kollektivistischen Kultur von „vermeidend" zu „integrierend", da kollektivistische Kulturen in interkulturellen Verhandlungen mehr Verhaltensflexibilität (Adair
und Brett, 2002) zeigen). Es stünde z. B. integrierender Stil gegen dominieren-
den Stil.

b) weil sich eine oder beide Seiten „überanpassten" (z. B. bei kollektivistischer Kultur zu „durchsetzend" und bei individualistischen Kulturen zu
„harmonisierend" oder „vermeidend"). Dann ist eine zufriedenstellende Lösung für beide Parteien unwahrscheinlicher.

Da es wenig Befunde für Verhalten in interkulturellen Konflikten gibt,
werden im Folgenden Ergebnisse aus der Nachbardisziplin des Verhandelns
hinzugezogen.

Gerade der Begriff der Verhandlung ist gegenüber Konflikten oft nicht
klar abgegrenzt. Meist meint die Verhandlung eine bestimmte Form der
Kommunikation, bei der die Beteiligten versuchen, jeweils für sich ein möglichst gutes Ergebnis zu erzielen. Bei einer Vertragsverhandlung muss nicht
notwendigerweise ein Konflikt vorliegen. Eine klassische Definition (Walton
und MacKersie, 1965: 3) lautet: Verhandlung ist *„the deliberate interaction of two*
or more complex social units which are attempting to define or redefine the terms of
their interdependence". Darüber hinaus ist die Verhandlung aber auch eine
Form des Umgangs mit Konflikten. Der Prozess der Verhandlung wird oft
dem „integrierenden" der fünf Konfliktstile ähnlich geschildert.

Brett/Okumara haben untersucht, ob interkulturelle Verhandlungen zwischen japanischen und US-amerikanischen VerhandlerInnen zur Gene-
rierung gemeinsamer Gewinne („joint gains") weniger effektiv sind als die
jeweiligen intrakulturellen Verhandlungen. Dafür haben sie Kultur sowohl
als kognitive Brille (siehe Kulturansatz 2) als auch als wertetransportieren-
des Medium (siehe Kulturansatz 1) definiert: „Cultural values (what is impor-
tant) and norms (what is appropriate) provide the members of cultural
groups with schemas ..." Solche Schemata bei Verhandlungen sind „cognitive warehouses of information and expectations about negotiation" (Thompson 1997 zitiert in Brett und Okumura, 1998). Verhandlungsskripts sind Elemente
davon.

Die japanischen und US-amerikanischen ManagerInnen bekamen eine Verhand-
lungssimulation, bei der es ein „compatible issue" gab und eine bestimmte Infor-
mation, die notwendig war, um die gemeinsamen Gewinne zu vergrößern. In den
monokulturellen Verhandlungsrunden wurden diese Informationen in der Simulation
genutzt, um die höheren Gewinne zu erzielen. In der interkulturellen Runde wurden
diese Informationen manchmal erwähnt, manchmal nicht, aber immer fallengelas-
sen, bevor sie zum gemeinsamen Vorteil genutzt werden hätten können. Daraus

schließen Brett/Okumara, dass die verschiedenen Skripts, mit denen diese Informationen kommuniziert werden, nicht zusammenpassen. Darüber hinaus wurden interkulturelle Verhandlungen oft zu früh abgebrochen und waren zu eng fokussiert. Auch Macht war ein Thema, dass von den beiden Gruppen verschieden gesehen wurde. Während die Verhandlungsskripts oder Verhaltensmuster der JapanerInnen vom Interesse für soziale Macht beeinflusst waren (Wert: Hierarchie), waren die der AmerikanerInnen von Interesse für das Eigene (Wert: Individualismus) gesteuert. Dadurch war es nicht möglich, eine gemeinsame Basis zu finden um gemeinsame Gewinne auszuhandeln.

Adair/Okumara/Brett (Adair et al., 1998) nahmen die weniger erfolgreichen interkulturellen Verhandlungen dieser Untersuchung noch einmal genauer unter die Lupe. Sie zeigen, dass *die japanischen interkulturellen VerhandlerInnen ihr Verhalten an US-amerikanische Normen anpassten und dass beide interkulturellen VerhandlerInnen, besonders die JapanerInnen mehr Anstrengungen unternahmen, Dinge zu erklären und klarzustellen. Auch in dieser Studie kam es bei den Mitgliedern der kollektivistischeren Kultur zu mehr Verhaltensänderungen gegenüber der Outgroup als bei den VertreterInnen der individualistischeren Kultur.*

Adair/Brett (Adair und Brett, 2002) testen Halls (Hall, 1981) Behauptung der kommunikativen Flexibilität in „high context cultures" (HCC, ein Kennzeichen von kollektivistischen Kulturen).

Ihr Sample bestand aus 107 „high context" Dyaden aus Russland, Japan, Hong Kong und Thailand sowie 96 „low context" (LCC, ein Kennzeichen von individualistischen Kulturen) Dyaden aus Deutschland, Israel, Schweden und den USA sowie 50 USA–Hong Kong und USA–Japan gemischten Dyaden. Die ProbandInnen mussten eine Verhandlung mit integrativem Potential führen. Die Verhaltenssequenzen variierten über die Zeit und mit der Kultur. Es konnten vier Phasen gefunden werden: Bei allen Dyaden war im ersten Viertel der Einfluss der Beziehung sehr stark, dann wurden Informationen ausgetauscht und in der zweiten Hälfte ging es um Informationsangebote und rationalen Einfluss. Insgesamt zeigten „high context" Dyaden flexibleres Verhalten als „low context" Dyaden.

Zur subjektiven Zufriedenheit haben Tinsley/Pillutla (Tinsley und Pillutla, 1998) in einer kulturvergleichenden Verhandlungssimulationsstudie mit Hong Kong-chinesischen und US-amerikanischen WirtschaftsstudentInnen folgendes herausgefunden:

US-amerikanische VerhandlerInnen berichten über höhere Zufriedenheit, wenn sie den gemeinsamen Gewinn maximieren, während Hong Kong-chinesische VerhandlerInnen glücklicher sind, wenn sie Ergebnisparität erreichen.

Dieser Befund unterstützt auch die Thesen der Kapitel Ziele und Verhalten, dass kollektivistischere Kulturen ein „equality" Ziel haben, d. h. gleiches Ergebnis für die Mitglieder der Ingroup, während individualistische Kulturen ein „equity" Ziel haben, das bedeutet bspw. maximaler gemeinsamer Gewinn.

Ting-Toomey/Oetzel (Ting-Toomey und Oetzel, 2001: 58ff.) haben für das Individuum in interkulturellen Konflikten folgende Kompetenzkriterien und Ergebnisse zusammengefasst: Angemessenheit („appropriateness"), Effektivität („effectiveness"), Zufriedenheit („satisfaction"), Produktivität („productivity").

Unter Angemessenheit (vgl. dazu auch Lindsley und Braithwaite, 1996) wird verstanden, dass die Verhaltensweisen im Konflikt für passend angesehen werden und den Erwartungen der Insider dieser Kultur gerecht werden. Angemessenes Konfliktverhalten kann durch das Verstehen der zugrundeliegenden Werte, Normen, sozialen Rollen, Erwartungen und Skripts, die diese Konfliktepisode lenken, eingeschätzt werden. In einer Konfliktepisode kulturell angemessen zu handeln kann die kommunikative Effektivität beeinflussen, indem der anderen Partei signalisiert wird, das Verhalten in einer kultursensitiven Art adaptieren zu wollen. Effektivität bezieht sich auf das Ausmaß, in dem die KonfliktgegnerInnen miteinander geteilte Bedeutungen und integrative zielorientierte Ergebnisse erreichen. Effektive Enkodierungs- und Dekodierungsprozesse führen zu miteinander geteilten Bedeutungen (Ting-Toomey und Oetzel, 2001: 58f.).

Zufriedenheit werden die Konfliktparteien in dem Ausmaß erleben, in dem die jeweils wichtigen Identitäten (wie z. B. der kulturelle- oder Genderidentitätsaspekt) bei dieser Interaktion in positiver Weise angesprochen wurden. Dazu ist es notwendig, die Bedeutung der kulturspezifischen Verhaltensweisen und Konfliktstile der Konfliktparteien zu kennen. Als zusammenhängend mit der Zufriedenheit mit der Konfliktinteraktion gilt bei IndividualistInnen der Ausdruck individueller Gefühle und Interessen im Konflikt sowie persönlicher Selbstwert und Glaubwürdigkeit. Für KollektivistInnen ist Zufriedenheit verbunden mit Bestätigung und Anerkennung der Beziehung, Ingroup Loyalität und Unterstützung.

Nach einer längeren Konfliktepisode haben die Konfliktparteien das Bedürfnis, „etwas erreicht" zu haben (Ting-Toomey und Oetzel, 2001: 60). In einem produktiven Konflikt haben beide Parteien das Gefühl, wechselseitigen Einfluss auf den Konfliktprozess auszuüben und beide glauben, als Resultat dieses Konfliktes etwas gewonnen zu haben. Insgesamt sind nach Ting-Toomey/Oetzel kompetente KommunikatorInnen in interkulturellen Konflikten die, welche mit Bedeutungen angemessen und effektiv umgehen und zur selben Zeit die Konfliktbeziehung auf ein höheres Niveau der Zufriedenheit und Produktivität führen (Ting-Toomey und Oetzel, 2001: 61).

Zusammenfassung und Fazit: Interkulturelle interpersonale Konflikte und ihre Besonderheiten

Abschließend soll noch einmal auf die drei Fragen der Einleitung Bezug genommen werden. Welche Rolle/n kann Kultur im jeweiligen Konflikt spielen? Was sind interkulturelle interpersonale Konflikte? Wodurch unterscheiden sich interkulturelle interpersonale Konflikte von intrakulturellen interpersonalen Konflikten?

Interkulturelle interpersonale Konflikte im engeren Sinne sind solche, an denen nicht nur VertreterInnen unterschiedlicher kultureller Systeme beteiligt sind, sondern darüber hinaus „Kultur eine Rolle spielt". Das bedeutet, dass, durch kulturelle Unterschiede in den Werten/Wissensstrukturen/Bedeutungssystemen und davon beeinflusstem Wahrnehmen, Interpretieren, Bewerten und Verhalten eine zusätzliche Ebene eröffnet wird, auf der Bedeutungen ausgehandelt werden müssen. Damit wird die Möglichkeit vergrößert, dass Verständnis schwieriger zu erreichen ist und dass dadurch diese Unterschiede Auswirkungen auf das Konfliktgeschehen haben.

Eine solche eingeschränkte Verwendung des Begriffes könnte helfen, eine Inflation von „interkulturellen Konflikten" (wie z.B. bei Huntington, 1998) zu vermeiden bzw. den strategischen Missbrauch von Seiten der Mehrheits- wie auch der Minderheitskultur zu vermeiden.

Im Einzelfall, der konkreten Mediation, ist es allerdings schwierig zu überprüfen, ob bei dieser Definition im engeren Sinne das Kriterium, „dass Kultur eine Rolle spielt" erfüllt ist oder nicht. Insofern ist es nicht erstaunlich, dass auch alle empirischen Untersuchungen zu interkulturellen Konflikten mit der Definition im weiteren Sinne arbeiten.

Diese existierenden Untersuchungen beschäftigen sich mit Gründen für interkulturelle Konflikte und/oder mit dem Verhalten in Konflikten bzw. Verhandlungen. Die meisten Annahmen und Empfehlungen für das Verhalten in interkulturellen Konflikten wurden bisher aus der kulturvergleichenden Forschung abgeleitet. Dafür wurden die in kulturvergleichenden Studien ermittelten unterschiedlichen Verhaltensweisen (oft Konfliktstile) einander gegenübergestellt und, meist mit dem Hinweis auf Gegensätzlichkeit und auf der Annahme basierend, dass das Konfliktverhalten der Konfliktparteien in einem interkulturellen Kontext dasselbe wäre, die Förderung von interkulturellen Konfliktkompetenzen empfohlen. Diese Herangehensweise steht im Gegensatz zu den Ergebnissen der zitierten interkulturellen Studien, die belegen, dass sich das Verhalten von mindestens einer Konfliktpartei im interkulturellen Konflikt gegenüber dem intrakulturellen Verhalten verändert. Das Konfliktverhalten (wie z.B. Konfliktstile) kann sich bei ein- und derselben Person ändern, je nachdem ob sie in einem als intra- oder interkulturell wahrgenommenen Konflikt agiert. Dabei zeigt sich die Tendenz, dass VertreterInnen von eher kollektivistischen Kulturen in ihrem Konfliktverhalten gegenüber eher individualistischen Kulturen flexibler sind als umgekehrt. Durch solche Verhaltensänderungen im Konflikt bzw. in der Mediation entsteht dann eine Art dritte Kultur, woraus im besten Fall eine gemeinsame „shared" Kultur entstehen kann. Diese gemeinsame Kultur oder einzelne Elemente davon können als Basis für konkrete Lösungsansätze in der Mediation dienen.

Die folgende Zusammenfassung versucht, die, nach dem Stand der interkulturellen Konfliktforschung, typischen Prozesse knapp darzustellen. Die anschließende graphische Darstellung gibt stark vereinfacht (dafür bildlich) wieder, was passiert, wenn zwei verschiedene Kulturen repräsentierende Personen miteinander einen Konflikt haben. Sie könnte als ein erstes Raster für die Konfliktanalyse bzw. zur Einordnung der Beobachtungen der MediatorInnen herangezogen werden.

Zumindest eine Konfliktpartei behindert die Zielerreichung der anderen

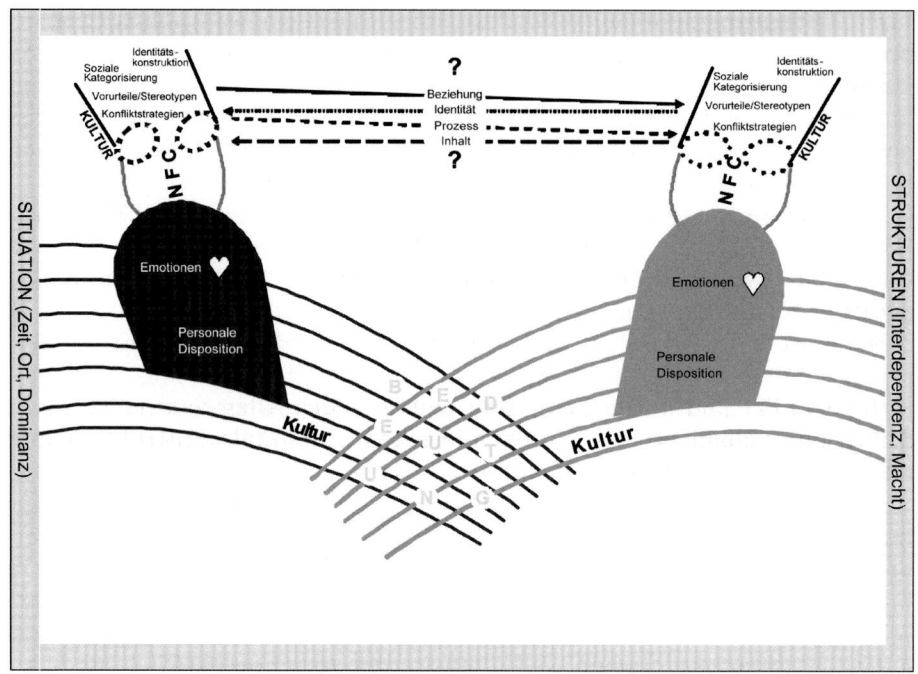

Abb. 3. Interkulturelle interpersonelle Konflikte und ihre Besonderheiten (Mattl 2003: 155)

auf einer oder mehreren der vier Ebenen: Inhalt, Beziehung, Prozess, Identität. Diese vier Interaktions- und Zielebenen sind in der Regel interdepen-
dent und können folglich nicht voneinander losgelöst behandelt werden. Es
wird angenommen, dass es gerade im interkulturellen Konflikt besonders
leicht passieren kann, dass die wechselseitigen Kommunikationen als nicht
zueinander passend erlebt werden und die verschiedenen Ebenen aufgrund
der Bedeutungsunsicherheit durcheinander kommen (Person A glaubt über
den Inhalt zu sprechen, Person B hört, dass ihre kulturelle Identität bedroht
wird und verteidigt sich, Person A vermutet einen Angriff auf Beziehungsebene und macht einen Prozessvorschlag, worauf Person B die Interaktion
abbricht, weil sie ihre Meinung bestärkt sieht, dass man mit „solchen Menschen" nicht sprechen kann). Wie die involvierten Personen Inhalt und Bedeutung der Interaktion interpretieren, wird von ihrer Kultur beeinflusst.
Kultur wird hier aus dreierlei Perspektiven dargestellt: einmal als Medium,
das Werte transportiert (und den Menschen bildhaft gesprochen „Halt gibt";
siehe Kulturansatz 1), einmal als kognitive Brille, die durch Wissensstrukturen gebildet wird (und bestimmt, wie und welche Informationen aufgenommen und verarbeitet werden; siehe Kulturansatz 2) und drittens als System
von miteinander ausgehandelten Bedeutungen (das hier durch „BEDEU-

TUNG" dargestellt wird, wobei jede/r ihr/sein **eigenes** solches System nutzt, bis sukzessive gemeinsame Bedeutungen ausgehandelt werden; siehe Kulturansatz 3).

Unter allen drei Perspektiven entsteht Kultur aber erst in den Köpfen der Menschen. Zum einen auf einer kollektiven Ebene, indem denselben Symbolen dieselbe Bedeutung zugeschrieben wird und darüber hinaus auf einer individuellen Ebene, indem Kultur die kognitiven und affektiven Prozesse der Personen beeinflusst. Dabei ist es aber von personalen Dispositionen (wie zum Beispiel „need for cognitive closure" NFC) und bestimmten kulturellen Faktoren („cultural constraints") abhängig, wie sehr eine Person diese Werte internalisiert hat und sich gemäß den Regeln ihrer Kultur verhält.

Im Konflikt und in der Mediation bedarf es des „Über-den-(kulturellen) Brillenrand-Schauens", um sowohl die eigene Identitätskonstruktion und soziale Kategorisierungen, Stereotypen und Vorurteile etc. zu erkennen als auch die der Konfliktparteien, um sie gegebenenfalls relativieren zu können. Voraussetzung ist, dass MediatorInnen ihre eigenen kulturellen Muster und Einstellungen erforschen, dann erst können sie als BeobachterInnen und VermittlerInnen für die Konfliktparteien besonders hilfreich sein, um eine unbeabsichtigte oder strategische Kulturalisation eines Konfliktes zu verhindern. Kulturelle Unterschiede und Besonderheiten können in der Mediation eine Rolle spielen, müssen aber nicht. Eine Konfliktpartei kann Kulturunterschiede vorschieben oder in die Falle der Stereotypen und Vorurteile tappen. MediatorInnen müssen personale, situationale und strukturelle Einflüsse im Konflikt genauso berücksichtigen. Kultur kann Grund oder Thema sein sowie Ziele, Wahrnehmung, Bedeutung beeinflussen. Für MediatorInnen könnte es hilfreich sein zu wissen, wo im Prozess des Konfliktes und der Mediation Kultur eine Rolle spielen kann und dass diese im Einzelfall von den anderen Einflussfaktoren schwer oder gar nicht zu trennen ist.

Worauf es beim Konflikt jedenfalls ankommt ist, dass die vier Zielebenen verständlich und kommunizierbar werden, wenn (durch den Kontext oder explizit) die jeweiligen Bedeutungszuschreibungen der einzelnen Konfliktparteien für diese Interaktion ausgehandelt werden. Wo die verschiedenen Kulturen ineinander greifen, wird das Aufeinandertreffen dieser Interpretationen und das Aushandeln einer gemeinsamen Sicht in einem gemeinsam „gestrickten Bedeutungsgewebe" symbolisiert. Dieses gemeinsame Verständnis ist notwendig, um die Interaktionen zu verstehen und im Konfliktfall „lösen" oder „behandeln" zu können.

Dieser Raum des Aufeinandertreffens kann zu einer „gemeinsamen" („shared"), dritten Kultur, des mehr oder weniger partiellen oder gesamthaften Verstehens und Teilens von Bedeutungen werden, der in der Graphik durch das hellgraue „BEDEUTUNG" repräsentiert wird. Für MediatorInnen ist es dabei wichtig, auf das zu achten, was zwischen den KonfliktpartnerInnen „neu" entsteht. Alle Ansatzpunkte für eine „interaktionale", eine dritte, Kultur sollten wahrgenommen und besonders wertgeschätzt werden.

Wenn auf Gemeinsamkeiten besonders geachtet wird, kann das Entstehen einer „gemeinsamen" Kultur und damit gegenseitige Verständigung gefördert werden.

Literatur

Adair WL, Brett JM (2002) Time, culture, and behavioral sequences in negotiations. Kellogg working papers – Dispute Resolution Research Center, No. 268 – 1/23/2002

Adair WL, Okumura T, Brett JM (1998) Culturally bound negotiation scripts and joint gains in U.S. and Japanese intra- and inter-cultural Dyads. Kellogg working papers – Dispute Resolution Research Center

Allport GW (1971 <1954>) Die Natur des Vorurteils. Kiepenheuer und Witsch, Köln

Blake RR, Mouton JS (1964) The managerial grid. Key orientations for achieving production through people. Gulf, Houston

Brett JM, Okumura T (1998) Inter- and intracultural negotiation: U.S. and Japanese negotiators. Academy of Management Journal 41: 495–510

Brew F, Cairns D (2002) Manifest and latent causes of organisational conflict between Western expatriates and host-nationals in East Asia: a case study. XXV International Congress of Applied Psychology, Singapore

Brew FP, Hesketh B, Taylor A (2001) Individualist-collectivist differences in adolescent decision making and decision styles with Chinese and Anglos. International Journal of Intercultural Relations 25: 1–19

Chiu C-Y, Morris MW, Hong Y-Y, Menon T (2000) Motivated cultural cognition: the impact of implicit theories on dispositional attribution varies as a function of need for closure. Journal of Personality and Social Psychology 78: 247–257

Danesi M, Perron P (1999) Analyzing cultures. An introduction and handbook. Indiana University Press, Bloomington

Folger JP, Poole MS, Stutman RK (2001) Working through conflict. Strategies for relationships, groups, and organizations. Longman, New York

Fu H-Y, Morris MW, Lee S-L, Chiu C-Y (2002) Why do individuals follow cultural scripts? A dynamic constructivist account of American-Chinese differences in choice of mediators to resolve conflicts. Academy of Management Proceedings 2002, Denver

Geertz C (1987) Dichte Beschreibung. Beitrag zum Verstehen kultureller Systeme. Suhrkamp, Frankfurt

Gelfand MJ, Nishii LH, Holcombe KM, Ohbuchi K-I, Fukuno M (2001) Cultural influences on cognitive representations of conflict: interpretations of conflict episodes in the United States and Japan. Journal of Applied Psychology 86: 1059–1074

Glenn ES, Glenn CG (1981) Man and mankind: Conflict and communication between cultures. Ablex, Norwood, NJ

Gudykunst WB (1989) Cultural variability in ethnolinguistic identity. In: Korzenny F (eds) Language, communication, and culture: current directions. Sage, Newbury Park, London, New Delhi, pp 222–243

Gudykunst WB (1994) Bridging differences. Effective intergroup communication. Sage, Thousand Oaks, London, New Delhi

Gudykunst WB, Ting-Toomey S (1996) Communication in personal relationships across cultures: an introduction. In: Nishida T (ed) Communication in personal relationships across cultures. Sage, Thousand Oaks, London, New Delhi, pp 3–18

Hall ET (1981) Beyond culture. Anchor, New York

Heider F (1977 <1958>) Psychologie der interpersonalen Beziehungen. Ernst Klett, Stuttgart

Helmolt K v (1997) Kommunikation in internationalen Arbeitsgruppen: eine Fallstudie über divergierende Konventionen der Modalitätskonstituierung. Iudicium, München

Hewstone M, Fincham F (1996) Attributionstheorie und -forschung: Grundlegende Fragen und Anwendungen. In: Stephenson GM (Hrsg) Sozialpsychologie: eine Einführung. Springer, Berlin Heidelberg New York Tokyo, S 177–218

Hofstede G (1980) Culture's consequences: International differences in work-related values. Sage, Beverly Hills, CA

Hofstede G (1991) Cultures and organizations: software of the mind. McGraw-Hill, London

Huntington S (1998) Kampf der Kulturen. The Clash of Civilizations. Die Neugestaltung der Weltpolitik im 21. Jahrhundert. Europa, München, Wien

Kappe D (1993) Konfliktbewältigung und kulturspezifisches Konfliktverhalten. Deutscher Universitätsverlag, Regensburg

Khoo GPS (1994) The role of assumptions in intercultural research and consulting: examining the interplay of culture and conflict at work. Pacific Region Forum on Business and Management Communication. Simon Fraser University at Harbour Centre, David See-Chai Lam Centre for International Communication

Kluckhohn C, Strodtbeck F (1961) Variations in value orientations. Row, Peterson, Evanston, IL

Kozan MK, Ergin C (1999) The influence of intra-cultural value differences on conflict management practices. International Journal of Conflict Management 10: 249–267

Kruglanski AW, Webster DM (1996) Motivated closing of the mind: „Seizing" and „freezing". Psychological Review 103: 263–283

Levine R (1998) Eine Landkarte der Zeit. Wie Kulturen mit Zeit umgehen. Piper, München, Zürich

Lindsley SL, Braithwaite CA (1996) „You should wear a mask'": facework norms in cultural and intercultural conflict in maquiladoras. International Journal of Intercultural Relations 20: 199–225

Ma Z, Wang X, Jaeger A, Anderson T, Wang Y, Saunders D (2002) Individual perception, bargaining behavior, and negotiation outcomes. International Journal of Cross-Cultural Management 2: 171–184

Markus HR, Kitayama S (1991) Culture and the self: implications for cognition, emotion, and motivation. Psychological Review 2: 224–253

Mattl C (2003) Interkulturelle interpersonale Konflikte. Theoretische und empirische Ansatzpunkte zum Verständnis von Konfliktentstehung und Konfliktverhalten im interkulturellen Kontext. Unveröffentlichte Dissertation. Wirtschaftsuniversität Wien, Wien

Parker CG (1995) Distinguishing difference and conflict. In: Allard MJ (ed) Understanding diversity: readings, cases and exercises. Harper Collins College, New York, pp 44–47

Pearson VMS, Stephan WG (1998) Preferences for styles of negotiation: a comparison of Brazil and the U.S. International Journal of Intercultural Relations 22: 67–83

Rahim MA (1983) A measure of styles of handling interpersonal conflict. Academy of Management Journal 26: 368–376

Rahim MA (2001) Managing conflict in organizations. Greenwood, Westport, CT

Rahim MA, Antonioni D, Psenicka C (2001) A structural equations model of leader power, subordinates' styles of handling conflict, and job performance. International Journal of Conflict Management 12: 191–201

Rokeach M (1973) The nature of human values. Free Press, New York

Schein EH (1995) Unternehmenskultur: ein Handbuch für Führungskräfte. Campus, Frankfurt am Main, New York

Schwartz SH (1992) Universals in the content and structure of values: theoretical advances and empirical test in 20 countries. In: Zanna M (ed) Advances in experimental social psychology. Academic Press, Orlando, FL,

Schwartz SH (1994) Beyond individualism/collectivism. New cultural dimensions of values. In: Yoon G (ed) Individualism and collectivism: theory, method, and applications. Sage, Thousand Oaks, CA, pp 85–119

Smith PB, Bond MH (1993) Social psychology across cultures. Analysis and perspectives. Harvester Wheatsheaf, New York

Smith PB, Dugan S, Peterson MF, Leung K (1998) Individualism: Collectivism and the handling of disagreement. A 23 country study. International Journal of Intercultural Relations 22: 351–367

Tajfel H (1982) Gruppenkonflikt und Vorurteil: Entstehung und Funktion sozialer Stereotypen. Hans Huber, Bern, Stuttgart, Wien

Tajfel H, Turner JC (1979) An integrative theory of intergroup conflict. In: Worchel S (ed) The social psychology of intergroup relations. Brooks/Cole, Monterey, CA

Tajfel H, Turner JC (1986) The social identity theory of intergroup relations. In: Austin W (ed) Psychology of intergroup relations. Brooks/Cole, Monterey, CA

Ting-Toomey S (1985) Toward a theory of conflict and culture. In: Ting-Toomey S (ed) Communication, culture, and organizational processes. Sage, Beverly Hills, CA, pp 71–86

Ting-Toomey S (1988) Intercultural conflict styles: a face negotiation theory. In: Gudykunst WB (ed) Theories in intercultural communication. Sage, Newbury Park, CA, pp 213–235

Ting-Toomey S (1992) Cross-cultural face-negotiation: an analytical overview. Pacific Region Forum on Business and Management Communication. Simon Fraser University at Harbour Centre, David See-Chai Lam Centre for International Communication

Ting-Toomey S (1993) Communicative resourcefulness: an identity negotiation perspective. In: Koester J (Hrsg) Intercultural communication competence. Sage, Newbury Park, CA, pp 72–111

Ting-Toomey S (1994) Managing intercultural conflicts effectively. In: Porter RE (ed) Intercultural Communication. A Reader. Wadsworth Publishing Company, Belmont California, pp 360–372

Ting-Toomey S (1999) Intercultural conflict competence: Eastern and Western Lenses. Pacific Region Forum on Business and Management Communication. Simon Fraser University at Harbour Centre, David See-Chai Lam Centre for International Communication

Ting-Toomey S, Gao G, Trubisky P, Yang Z, Kim HS, Lin SL, Nishida T (1991) Culture, face maintenance, and styles of handling interpersonal conflict: a study in five cultures. International Journal of Conflict Management, 275–296

Ting-Toomey S, Kurogi A (1998) Facework competence in intercultural conflict: an updated face negotiation theory. International Journal of Intercultural Relations 22: 187–225

Ting-Toomey S, Oetzel JG (2001) Managing intercultural conflict effectively. Sage, Thousand Oaks, London, New Delhi

Tinsley CH, Pillutla MM (1998) Negotiating in the United States and Hong Kong. Journal of International Business Studies 29: 711–727

Triandis HC (1999) Cross-cultural psychology. Asian Journal of Social Psychology 2: 127–143

Triandis HC (2001) Individualism and collectivism. Past, present und future. In: Matsumoto D (ed) The handbook of culture & psychology. University Press, Oxford, pp 35–50

Triandis HC, Carnevale PJ, Gelfand MJ, Robert C, Wasti SA, Probst TM, Kashima ES, Dragonas T, Chan D, Chen XP, Kim U, De Dreu CKW, Van De Vliert E, Iwao S, Ohbuchi K-I, Schmitz P (2001) Culture and deception in business negotiations: a multilevel analysis. International Journal of Cross-Cultural Management 1: 73–90

Triandis HC, Singelis TM (1998) Training to recognize individual differences in collectivism and individualism within culture. International Journal of Intercultural Relations 22: 35–47

Trompenaars F (1993) Riding the waves of culture. The Economist Books, London

Trubisky P, Ting-Toomey S, Lin S-L (1991) The influence of individualism-collectivism and self-monitoring on conflict styles. International Journal of Intercultural Relations 15: 15

Walton RE, MacKersie RB (1965) A behavioral theory of labor negotiations, An analysis of a social interaction system. McGraw-Hill, New York

Zick A (2002) Die Konflikttheorie der Theorie sozialer Identität. In: Bonacker T (Hrsg) Sozialwissenschaftliche Konflikttheorien. Eine Einführung. Leske und Budrich, Opladen, S 409–426

ELISABETH REIF

Interkulturelle Mediation

„Interkulturelle Mediation" ist zu einem vielgebrauchten Schlagwort geworden, viele Mediationsinstitute bieten sie inzwischen an. Die Bezugnahme auf unsere multikulturelle Umwelt scheint aufgrund zunehmender Globalisierungsdebatten immer notwendiger. Auch die Bedeutung „interkultureller Kompetenzen" wird immer häufiger erwähnt. Bezüglich der Frage, wie viel Wissen über andere Kulturen MediatorInnen brauchen, insbesondere dann, wenn sie in interkulturellen Settings mediieren, darüber scheiden sich allerdings die Geister. Eine immer wieder zu hörende Meinung westlicher MediatorInnen besteht in der These, dass solches Vorwissen eher schade, weil es zu Voreingenommenheiten führen kann, indem man Menschen aus bestimmten Ländern oder ethnischen Gruppen a priori bestimmte Wertorientierungen, Verhaltensweisen etc. zuschreibt, *weil* sie aus bestimmten Ländern kommen. Ich möchte diese Frage zunächst offen lassen und gegen Ende dieses Artikels noch einmal darauf zurückkommen.

Es gibt unterschiedliche Definitionen von interkultureller Mediation: Eine Definition geht davon aus, dass eine interkulturelle Mediationssituation dann gegeben ist, wenn die Konfliktparteien unterschiedliche Sprachen sprechen. Diese Definition ist insofern plausibel, da Kultur sehr eng mit Sprache verknüpft ist und die Struktur und der Wortschatz unserer Muttersprache unsere „Kulturzugehörigkeit" zu einem großen Anteil bestimmt. Einer anderen Definition zufolge findet eine interkulturelle Mediation dann statt, wenn die Konfliktparteien unterschiedliche kulturelle Hintergründe haben, unabhängig davon, ob diese das Konfliktgeschehen beeinflussen oder nicht. Auch diese Definition ist plausibel, da es oft gar nicht möglich ist, den Einfluss der Kultur von individuellen Persönlichkeitsfaktoren zu unterscheiden, also genau zu bestimmen, ob in einer Mediation kulturelle Elemente das Konfliktgeschehen beeinflussen oder nicht. Eine dritte Definition bezeichnet eine Mediation nur dann als interkulturell, wenn die unterschiedlichen Kulturen der Konfliktparteien entweder Auslöser eines Konfliktes sind, oder den Konfliktverlauf entschieden prägen. Diese Definition scheint mir problematisch, da es – wie gesagt – oft nicht exakt möglich ist, den Einfluss der Kultur so genau zu bestimmen. Darüber hinaus spielen in einem interkulturellen Setting oft Faktoren eine Rolle, die zunächst gar nichts mit unterschiedlichen Kulturen im engeren Sinne zu tun haben, nämlich z. B. Kommunikationsprobleme, Vorurteile, Stereotypen und Machtunterschiede. Diese Faktoren gilt es aber mindestens genauso zu berücksichtigen, wie interkulturelle Konflikte im engeren Sinne, die sich um inkompatible Wertvorstellungen, Glaubenssysteme, Ideologien u. ä. drehen.

Kultur ist nicht Essenz bzw. Natur. Vor allem der „kulturalistische" Rassismus argumentiert mit einem essentialistischen Kulturbegriff. Kultur kann in dieser Verwendung als „*Natur fungieren*, ganz besonders als eine Art und Weise, Individuen und Gruppen *a priori* in eine Ursprungsgeschichte, eine Genealogie einzuschließen, in ein unveränderliches und unberührbares Bestimmtsein durch den Ursprung" (Balibar, 1990: 30). Im Gegensatz dazu wird unter dem kritischen Kulturkulturbegriff verstanden, dass Kultur „gelernt" und teilweise auch wieder „verlernt" werden kann. Zum früher gebrauchten klassischen Kulturbegriff gehört auch die Vorstellung der klaren Abgrenzung und inneren Homogenität. Dem kritischen Kulturbegriff zufolge sind kulturelle Grenzen hingegen als diffus zu verstehen, sie stehen in Austausch mit anderen Kulturen. Kultur ist kein homogenes, hermetisch abgegrenztes Ganzes. *Unsere Kultur* stellt darüber hinaus ein flexibles Bezugssystem dar, je nachdem, wo wir sie beginnen und enden lassen (z. B. Wiener Kultur, österreichische Kultur, europäische Kultur etc.). Die Unterschiede innerhalb einer Kultur können die Unterschiede zwischen Kulturen auch übertreffen. *Interkulturelle* Unterschiede sind daher ebenso zu berücksichtigen wie *intrakulturelle*. Kulturen sind nicht gleichmäßig unter ihren „Trägern" verteilt. Viele Menschen haben an mehreren Kulturen teil. Die Individuen werden auch nicht einseitig von der Kultur geprägt, sondern die Beziehung zwischen Individuum und Kultur kann sich auch als konflikthaft herausstellen. Das beinhaltet auch die Möglichkeit, sich kulturellen Diskursen zu widersetzen und Widerstand zu leisten. Zur Heterogenität von Kulturen zählt selbstverständlich auch die Tatsache, dass sie nicht statisch sind, sondern sich verändern. Kulturen sind also auch als Prozesse zu verstehen.

Welche Faktoren können in der interkulturellen Mediation eine Rolle spielen?

In interkulturellen Settings spielen neben tatsächlichen kulturellen Konflikten auch noch viele anderen Faktoren eine Rolle, wie z. B. Kommunikationsprobleme: Auch wenn die Konfliktparteien in einer gemeinsamen Sprache sprechen, können sich Missverständnisse dadurch ergeben, dass die Konfliktparteien die „gemeinsame", aber fremde Sprache unwillkürlich durch die „Brille" ihrer Muttersprache sprechen. Wenn man sich darauf einigt, in der Muttersprache einer der beiden Konfliktparteien zu mediieren, ergeben sich dadurch zusätzlich asymmetrische Machtverhältnisse. Diese spielen in den meisten interkulturellen Settings eine Rolle, da unterschiedliche Kulturen oft unterschiedlichen Zugang zu Macht- und Prestigepositionen haben. Weiters sind natürlich auch Vorurteile und Stereotypen mit im Spiel. Viele sogenannte „interkulturelle Konflikte" müssen nicht solche im engeren Sinne sein. Im Folgenden einige Beispiele:

Interkulturelle Partnerschaften haben oft mit Problemen zu kämpfen, die mit rassistischer und ausländerfeindlicher Gesetzgebung in Zusammenhang stehen. Probleme mit der Aufenthaltsgenehmigung und Arbeitsbewilligung des/der ausländischen Partners/in stehen dabei an erster Stelle und führen oft zu erzwungenem, verfrühtem Heiraten und Zusammenziehen, was weitere Probleme nach sich ziehen kann. An zweiter Stelle stehen negative, teils ausländerfeindliche Reaktionen der Umwelt auf die Beziehung, die besonders dann treffen, wenn sie aus der eigenen Familie oder dem engeren Freundeskreis stammen. Darüber hinaus tauchen Fragen auf, die mit der unterschiedlichen regionalen Herkunft der beiden Partner verknüpft sind. In welchem Land lebt man/frau gemeinsam? Alle diese Konfliktpotentiale haben zunächst noch wenig damit zu tun, dass die beiden Partner aus unterschiedlichen Kulturen kommen.

Z. B. in Wien sind Nachbarschaftskonflikte zwischen einheimischer und zugewanderter Bevölkerung häufig. Besonders im Sommer registrieren die MitarbeiterInnen der Außenstellen des Wiener Integrationsfonds viele Konflikte, die sich häufig um Lärmbelästigung drehen. Die ausländische Bevölkerung ist in Wien aber auf bestimmte Bezirke konzentriert und im Schnitt wesentlich jünger als die inländische. Das hat zur Folge, dass Ausländer in bestimmten Altersgruppen überdurchschnittlich hohe Anteile in manchen Bezirken stellen: So beträgt der Ausländeranteil in der Altersgruppe der 10–15Jährigen in den Bezirken XV, XVI und XVII über 50% (Wiener Integrationsfonds, 2001). Diese Altersgruppe ist darüber hinaus besonders „sichtbar", da sie ihre Freizeit oft auf der Straße, in Parks und Jugendzentren verbringt. Konflikte zwischen Einheimischen und Zugewanderten können daher teilweise auch auf Generationenkonflikte zurückgeführt werden.

Hänseleien bis zum Mobbing in einer Schulklasse, die sich beispielsweise darin äußern, dass ein österreichischer Schulbub sich regelmäßig die Hände wäscht, nachdem ihn seine kopftuchtragende Mitschülerin unabsichtlich gestreift hat, sind auch nicht als interkultureller Konflikt im engeren Sinne zu verstehen. In diesem Fall nützt der Bub Diskriminierung und Abwertung seiner Mitschülerin dazu, sich selbst aufzuwerten und auf diese Weise an Selbstbewusstsein zu gewinnen. Der Fall ist meiner Meinung nach aber doch etwas komplizierter: der Bub verwendet nämlich kulturelle Elemente, die vielleicht doch auch etwas mit der Kultur seiner Mitschülerin zu tun haben, er operiert mit einer Reinheitsvorstellung. Nachdem im Islam Reinheitskonzepte eine besondere Bedeutung haben und das Kopftuchtragen der Frauen in gewisser Weise auch ihre „Reinheit" symbolisiert, verwendet der Bub vermutlich unbewusst gerade diese Symbolik, weil er annimmt, sie damit härter zu treffen als mit einer anderen Form der Abwertung.

Neben kulturellen Aspekten im engeren Sinne spielen in interkulturellen Konflikten vor allem Kommunikationsprobleme, Vorurteile und Machtunterschiede eine große Rolle. Diese werden im Folgenden genauer betrachtet.

Kommunikationsprobleme

In den 20er und 30er Jahren sind die Kulturanthropologen Sapir und Whorf als Vertreter eines extremen Sprachrelativismus und -determinismus bekannt geworden. Sie behaupteten, die Struktur unserer Sprache, in der wir sozialisiert wurden, determiniere unsere Wahrnehmung der Wirklichkeit total. Unterschiedliche Sprachen führten zu unterschiedlichen Weltbildern und seien nicht ineinander übersetzbar. *Whorf führte seine Forschungen vor allem bei den Hopi-Indianern durch und konnte zeigen, wie die grammatikalische Struktur dieser Sprache unter anderem ein für Euroamerikaner völlig fremdes Zeitverständnis bedingt* (vgl. Whorf, 1963). In der extremen Variante lässt sich die Sapir-Whorf'sche These heute kaum mehr aufrechterhalten. Die Sprache beeinflusst nicht immer auch das Denken (Lukas, 1994: 55), aber sie lenkt die Aufmerksamkeit auf bestimmte Ausschnitte der Realität und darauf, bestimmte Unterschiede wahrzunehmen. Die Auswahl aus der Vielzahl von Reizen, die uns täglich überfluten, geschieht mittels der sprachlichen Symbolisierung bzw. Benennung.

Klassengrenzen

Diese Symbolisierung vollzieht sich in Form von Klassenbildungen. *So unterscheidet sich beispielsweise die Klasse „Haus" von der Klasse der „Gebäude", die größere, ausgedehntere Häuser bezeichnen. Whorf bringt ein anderes Beispiel für unterschiedliche Klassengrenzen: Hund heißt in der Sprache der Hopi-Indianer pohko. Mit diesem Begriff werden aber nicht nur Hunde, sondern alle gezähmten Tiere und Haustiere bezeichnet. Pohko stellt also eine viel breitere Klasse dar, als das Wort Hund* (Whorf, 1963: 62). *Ein Wort für Hund allein gibt es nicht, bei der Übersetzung von Deutsch in die Hopi-Sprache muss man also unterschiedliche Klassengrenzen passieren und diese bedingen, dass die Übersetzung niemals exakt funktionieren kann.*

Die bekanntesten Studien zu unterschiedlichen Klassengrenzen betreffen Farbterminologien (vgl. Berlin und Kay, 1969). Das Farbspektrum stellt physikalisch ein Kontinuum dar und unterschiedliche Sprachen setzen unterschiedliche Grenzen zur terminologischen Unterscheidung fest. *„Während z. B. nach unserem Verständnis Schwarz und Blau zwei unterschiedliche Farben sind, die zwei separate Bezeichnungen erfordern, gibt es Ethnien wie die Toba-Batak von Sumatra, die hier überhaupt keine terminologische Unterscheidung vornehmen"* (Lukas, 1994: 37). *Auch beispielsweise die Zuni-Indianer Nordamerikas bezeichnen die bei uns getrennten Farben Gelb und Orange mit nur einer einzigen Bezeichnung* (Thomas und Helfrich, 1993: 158). In Experimenten zur Farbwahrnehmung konnte der Einfluss der Sprache auf die Wahrnehmung nachgewiesen werden: „Aus dem Fehlen bestimmter Farbtermini resultiert nicht unbedingt das Unvermögen, die entsprechenden Farben zu unterscheiden … Andererseits konnte durch zahlreiche Experimente aber auch nachgewiesen werden, dass die Farberkennung durch undifferenziertere Terminologien mit nur wenigen Farbbegriffen erschwert wird und die Versuchspersonen die terminologisch nicht unterschiedenen Farben auch häufiger miteinander verwechseln" (Lukas, 1994: 44 f.). Die Verfügbarkeit von Begriffen in unserer Sprache beeinflusst also unsere Wahrnehmung im Alltag, insbesondere die Wahrnehmung (bzw. Nichtwahrnehmung) spezieller Unterschiede, indem sie unsere Aufmerksamkeit darauf lenkt bzw. ablenkt. Klassengrenzen bedingen Ein- oder Ausschließen von Bedeutungsbereichen, die bei der Übersetzung in eine andere Sprache niemals ganz kongruent sind. Daher sind Missverständnisse auch möglich, wenn man sich in einer gemeinsamen Sprache verständigt, die aber nicht die Muttersprache beider Konfliktparteien ist.

Kontext

Bei jeder Übersetzung eines Wortes in eine andere Sprache kann darüber hinaus der spezifische Kontext und die oft emotional getönten Konnotationen nicht mittransportiert werden.

Konflikte aufgrund unterschiedlicher kontextueller Bedeutung „des Schweins":

Ein Volksschulkind muslimischer Eltern „kleckerte" sich beim Essen an und die Lehrerin sagte scherzhaft: „Du bist ein Schweindl". Für das Kind – das nach einem Schulwechsel erst seit Jahresbeginn in die Klasse dazugekommen war und sich sowieso noch nicht wirklich wohl fühlte, stellte das eine ernsthafte Beleidigung dar, auch wenn die Lehrerin das auf Deutsch gesagt hatte. Das Schwein ist im islamischen Raum ein ekelerregendes, unreines Tier, die Abneigung dagegen sitzt meist sehr tief. Vielen Migranten aus islamischen Ländern, die im Ausland schon längst keine religiöse Lebensweise mehr führen, bleibt ein tiefer Ekel vor Schweinefleisch. Als das Kind von dem Vorfall zu Hause erzählte, war auch der Vater erbost. Bei der nächsten Sprechstunde sprach er die Lehrerin darauf an. Diese hatte es aber doch gar nicht so böse gemeint! Muslimische Eltern würden ihr eigenes Kind freilich niemals „Schweindl" schimpfen.

Ǧihād und heiliger Krieg:

Seit dem 11. September 2001 hört man leider wieder häufiger die Übersetzung des arabischen Wortes „Ǧihād" mit „heiliger Krieg". Diese Übersetzung wird dem Kontext des arabischen Wortes aber nicht wirklich gerecht. Im Arabischen werden alle Worte von einer Wurzel gebildet, die aus drei oder vier Konsonanten besteht. Diese Wurzel bildet die Urbedeutung, den „Ursprung", von dem dann Verben, Adjektive, Substantive etc. abgeleitet werden. Der Ursprung im Wort „Ǧihād" bedeutet „sich anstrengen, eifrig sein, sich bemühen". Diese Konnotation hat also zunächst noch nichts mit dem „heiligen Krieg" zu tun, der bei uns an die Kreuzzüge und den blutigen Religionskrieg zwischen Christentum und Islam erinnert. Natürlich hat „Ǧihād" auch so eine Bedeutung, aber der ursprüngliche Sinn bedeutet zunächst nicht Kampf oder Krieg, sondern Eifer und Anstrengung und bei der Übersetzung gehen diese Konnotationsunterschiede verloren und fördern dadurch die Bereitschaft zur Konflikteskalation.

Edward Hall, ein us-amerikanischer Anthropologe, der auch den Begriff „Interkulturelle Kommunikation" geprägt hat, hat die Unterscheidung zwischen *high-context communication cultures* und *low context communication cultures* getroffen (Hall, 1959, 1976). Demnach ist eine *high context information* eine Botschaft, in der die meiste Information bereits im Kontext enthalten ist (Umstände, Zeit, Ort, Umgebung, Mimik, Gestik etc.) und nur wenig im expliziten Text oder im Wortlaut der Botschaft. Eine *low context information* ist eine Botschaft, in der der wesentliche Inhalt der Botschaft im Text bzw. im Wortlaut steckt, bei der man also die Botschaft im wesentlichen verstehen kann, wenn man den Text liest oder hört und keine zusätzlichen Informationen über den Kontext zur Verfügung hat. Eine typische *low context information* ist das Email. Außer der Uhrzeit bekommt man darin meist keine Information über den Kontext. Steht man dem Absender persönlich gegenüber, ist es aber oft möglich, z. B. die Gefühlslage in der Körpersprache der Person zu erkennen, diese Information fehlt im Email, wenn nicht explizit mit Worten darauf Bezug genommen wird. Zwischen *high* und *low context communication cultures* sind also Missverständnisse dadurch möglich, dass *high context cultures* generell mehr mit Kontextbotschaften kommunizieren, zu denen auch die Körpersprache gehört, die von *low context cultures* nicht angemessen entschlüsselt werden kann. Auch reden *high context cultures* möglicherweise generell weniger und Schweigen hat bei ihnen oft nicht dieselbe negative Bedeutung wie bei *low context cultures*: *„Als ich 1950 in die USA kam, war ich höchst überrascht, ja verwirrt von der Tatsache, dass die Amerikaner immer und überall reden müssen, sogar bei den Mahlzeiten. Sie wirkten auf mich fast schon hypomanisch. Ich konnte mich des Eindrucks nicht erwehren, dass die Amerikaner einen Horror vor dem Schweigen haben, während Japaner behaglich zusammen sein können, ohne ein Wort zu sagen"* (Doi, 1972: 190, zit. nach Maletzke, 1996: 79).

Missverständnis des Schweigens

„Ein amerikanischer Professor an einer japanischen Universität mit exzellenten Kenntnissen der japanischen Sprache berichtete folgendes Erlebnis: Eines Tages hatte er an einer langen Fakultätssitzung teilgenommen, wobei er selber Japanisch sprach. Beim Verlassen der Sitzung sagte er zu einem japanischen Kollegen, die Fakultät sei doch eindeutig zu diesem und diesem Entschluss gekommen. Hatte nicht Professor X sich dafür eingesetzt? Und andere Professoren genauso? So die Kollegen Y, Z usw. (es waren schließlich sämtliche Fakultätsmitglieder). Der japanische Kollege stimmte höflich zu, bemerkte aber schließlich: All dies mag stimmen, und dennoch irren Sie sich. Die Sitzung kam exakt zum entgegengesetzten Beschluss; Sie haben zwar alle gesprochenen Worte korrekt verstanden, aber was Sie nicht verstanden haben, war das Schweigen zwischen den Worten" (Maletzke, 1996: 79).

Konflikte aufgrund unterschiedlicher kontextueller Bedeutung der „linken Hand"

Eine österreichische Frau, mit einem Ägypter verheiratet, war gerade vom Einkaufen gekommen und hielt in der rechten Hand einen schweren Einkaufssack. Beim Warten auf die U-Bahn begegnete ihr ein Freund ihres Mannes und winkte ihre freundlich zu. Sie begrüßte ihn mit der linken Hand, nachdem sie in der rechten Hand den schweren Einkaufssack hielt. Der Mann erwiderte ihren Händedruck kaum, wirkte leicht verstört und verschwand auch gleich wieder. Was sie nicht wusste, war, dass die linke Hand im islamischen Raum (aber auch in ganz Indien) als unrein gilt, da man sich mit der linken Hand auf der Toilette mit Wasser reinigt. Mit der linken Hand zu grüßen ist daher extrem unhöflich. Dieser Vorfall hatte einen anschließenden Konflikt mit ihrem Mann zufolge, der von seinem Freund über den Vorfall informiert worden war, der sich über die Unhöflichkeit seiner Frau beschwert hatte.

Konflikte aufgrund unterschiedlicher kontextueller Bedeutung der „Fußsohlen"
Aus dem Irak hörte man nach der Besetzung durch die amerikanischen Soldaten
auch Beschwerden über ihr extrem unhöfliches Verhalten. Die Soldaten lümmelten in
ihren Jeeps und hatten die Füße auf die Vordersitze oder auf den Kühler des Wagens
gelegt, sodass sie unwillkürlich den Bewohnern ihre Füße entgegenstreckten. Was sie
vermutlich nicht wussten, ist, dass es im islamischen und indischen Raum als extrem
unhöflich gilt, jemandem die Fußsohlen zu zeigen. Auch wenn man z. B. in Südosta-
sien bei der Meditation gemeinsam auf dem Boden sitzt, wird darauf aufgepasst, die
Fußsohlen nicht in Richtung eines anderen Menschen auszustrecken.

Nonverbale Kommunikation

Ein Teil des Kontextes bildet die nonverbale Kommunikation, die sich weltweit ebenfalls sehr unterscheidet, wie z. B. Mimik, Gestik, Blickkontakt, Para-
linguistik etc. Der Gesichtsausdruck von Gefühlen und die Interpretation
dieses Gesichtausdrucks ist zwar weltweit sehr ähnlich (vgl. Ekman, 1972),
nicht aber beispielsweise der Umgang mit Gefühlen.

Trompenaars (1993) stellte Managern aus unterschiedlichsten Ländern folgende
Frage zum Umgang mit Gefühlen: „Wie würden Sie sich verhalten, wenn Sie sich
durch etwas bei der Arbeit gestört fühlten? Würden Sie ihre Gefühle offen äußern?
Während z. B. 83% der japanischen Befragten das nicht offen zeigen würden, waren
es nur 29% der Italiener, 34% der Franzosen und 40% der Amerikaner. Auch z. B.
Engländer (71%), Indonesier (75%) und Westdeutsche (75%) antworteten in der
Mehrzahl, dass sie das nicht offen zeigen würden (Trompenaars, 1993: 96).

Friesen (1972) zeigte jeweils amerikanischen und japanischen Studenten einen
Film, der emotionalen Stress hervorrief, weil er Körperverletzungen zeigte. Bei der
Versuchsanordnung war einmal ein Wissenschaftler anwesend, im anderen Falle
nicht. Die emotionalen Reaktionen der Studenten wurden in beiden Versuchsanord-
nungen auf Video aufgenommen. Als die Studenten den Film alleine anschauten,
zeigten sowohl die amerikanischen als auch die japanischen Studenten deutliche Ge-
sichtsausdrücke von Ekel. Bei der Versuchsanordnung, bei der ein Wissenschaftler bei
der Filmvorführung anwesend war, zeigten die amerikanischen Studenten dieselben
Gesichtausdrücke von Ekel, die japanischen Studenten aber lächelten stattdessen.
Friesen führte die Ergebnisse auf unterschiedliche Verhaltensnormen der Gefühlskon-
trolle gegenüber Autoritätspersonen in Japan zurück (Friesen, 1972 zit. von Smith und
Bond, 1998: 77).

Im Westen ist Blickkontakt zwischen Gesprächspartnern erwünscht und wird als
Zeichen von Zuwendung und Aufmerksamkeit des Gegenübers bewertet. In asia-
tischen Kulturen kann langes und direktes Anschauen von Vorgesetzten und Älteren
aber als Respektlosigkeit interpretiert werden, auch zwischen unverheirateten und
nicht verwandten Männern und Frauen ist direkter Blickkontakt weniger üblich.

Von Edward Hall stammt auch der Begriff „proxemics", unter dem er den
Umgang mit körperlicher Nähe und Distanz versteht, in dem sich unterschiedliche Kulturen ebenfalls sehr stark voneinander unterscheiden (Hall,
1959, 1976). *Nach Watson sitzen Gesprächspartner aus arabischen Ländern, Pakis-*
tan und Indien am nächsten zusammen, gefolgt von Gesprächspartnern aus Latein-

amerika, Südeuropa und Ostasien, während Nordeuropäer, Australier und Amerika-
ner im Gespräch am weitesten voneinander entfernt sitzen (Watson, 1970, zit. nach
Smith und Bond, 1998: 99).

Konflikte aufgrund unterschiedlicher Körperdistanzen

Brislin et al. (1986) *berichtet von einer sogenannten „kritischen Interaktions-*
situation" (critical incident) einer US-Amerikanerin (Jane) auf einem Auslandsauf-
enthalt in Lateinamerika: „Jane wurde von Ihrem Arbeitgeber gebeten, ihre Firma bei
einer Konferenz in der Hauptstadt zu vertreten. Sie war gerade erst in dieses latein-
amerikanische Land geschickt worden und fühlte sich daher sehr geschmeichelt, dass
sie ihr Boss gleich fragte an der Konferenz teilzunehmen und sie war sehr aufgeregt.
Sie freute sich auf die Möglichkeit, die Hauptstadt zu sehen. Alles ging gut, die Fahrt
in die Hauptstadt, die Ankunft im Hotel u. s. w. bis zur Cocktailparty, die der Auftakt
zur Konferenz war. Jane wurde von einer jungen Frau angesprochen, die leitende An-
gestellte einer lokalen Firma war, sie stellte sich vor, ihr Name war Dinorah. Sofort als
sie begannen, sich zu unterhalten, kam Donorah sehr dicht an Jane heran. Es schien
Jane, dass Dinorah immer dann, wenn sie zurückwich, nachrückte. Nach einiger Zeit
fand sich Jane bereits „an die Wand gestellt" und konnte nicht mehr weiter aus-
weichen. Dinorah blieb in sehr nahem Abstand bei ihr stehen. Jane fühlte sich immer
unwohler, entschuldigte sich und ging in ihr Hotelzimmer. Danach weigerte sie sich,
noch irgendwelche anderen sozialen Events zu besuchen" (Brislin et al., 1986: 71 f.,
Übersetzung aus dem Englischen, E. R.).

Unterschiedliche Begrüßungsrituale, ebenso wie unterschiedlichste Gesten die „Ja" und „Nein" bedeuten, sind weltbekannt. Weniger bekannt sind
z. B. Missverständnisse aufgrund unterschiedlicher Intonation, beispielsweise in Fragesätzen. *Während wir gewohnt sind, dass die Intonation bei einer*
Frage hinauf geht, geht sie im Ungarischen bei einer Frage zuerst hinauf, dann aber
nochmals kurz hinunter. Zu anderen Sprachen gibt es noch viel größere Intonations-
unterschiede.

„So fragt eine pakistanische Bedienung im Schnellrestaurant vom Flughafen
Heathrow bei manchen Speisen nach, ob die Gäste noch Soße dabei haben wollen.
Dazu stellt sie nur die einfache Frage ‚Soße?' (‚gravy?'). Aber sie sagt es in der Into-
nation ihrer Muttersprache und da geht bei der Frage nicht die Stimme nach oben,
wie es im Englischen oder Deutschen der Fall ist, sondern leicht nach unten. Daraus
schließen die Kunden anstelle des wohlgemeinten ‚Möchten Sie noch Soße dazu?'
etwa so was wie ‚Nun nehmen Sie schon Soße!'" (Hall, 1959, S. 105, zit. von Maletzke,
1996: 145)

Es gibt also viele Möglichkeiten, sich misszuverstehen, auch wenn man in
einer gemeinsamen Sprache spricht, wie unterschiedliche Klassengrenzen,
kulturspezifische Kontextbedeutungen, nonverbale Kommunikation etc. Ich
will damit nicht den Eindruck erwecken, dass es generell besonders schwierig ist, sich interkulturell zu verständigen, sondern darlegen, dass es durchaus Sinn macht, darüber Bescheid zu wissen, warum und wodurch solche
Missverständnisse entstehen können. Das Bewusstsein darüber, dass solche
Kommunikationsprobleme bestehen können, schützt davor, anderen z. B. Un-
willigkeit, Ignoranz, Dummheit oder gar böse Absichten zu unterstellen. Es
bedarf meiner Meinung nach einer prinzipiellen Offenheit und auch Bereit-

schaft, sich irritieren zu lassen, d. h. auch auf seine Gefühle zu achten, um solche Missverständnisse überhaupt zu bemerken und nachfragen zu können. Schließlich hat man meist nur die Möglichkeit des Nachfragens, auch wenn diese Methode in einer Kultur, in der prinzipiell nicht soviel geredet wird, an ihre Grenzen stoßen kann.

Vorurteile

Neben Kommunikationsproblemen stellen auch Vorurteile und Stereotypen Faktoren dar, die in interkulturellen Settings oft eine Rolle spielen, aber nicht als kulturelle Konflikte im engeren Sinne zu verstehen sind. Alle Menschen haben Vorurteile. Wir alle greifen im Alltag darauf zurück, Wissen und emotionale Einstellungen von den Medien, von Freunden oder der Familie zu übernehmen, ohne dass wir selbst überprüfen können, ob die Fakten stimmen, oder ob bestimmte emotionale Einstellungen berechtigt sind. Solche Vorurteile sind meist leicht zu verändern, wenn man Erfahrungen macht, die ihnen widersprechen und können danach korrigiert werden. Andere Vorurteile erweisen sich aber als erstaunlich resistent gegenüber korrigierenden Erfahrungen. Die Wahrnehmung wird dann so strukturiert und selektiert, dass nur mehr das wahrgenommen wird, was dem Vorurteil entspricht und das ausgeblendet wird, was ihm widerspricht. Diese Vorurteile haben meist psychische Funktionen. Meistens geht es darum, durch die Abwertung anderer das eigene Selbstbewusstsein zu stärken oder durch Abgrenzung von anderen die eigene Identität zu bilden. Aufgrund dieser Tatsache, dass Vorurteile psychische Funktionen haben können, ist ihnen meist auch nicht mit sachlicher Information beizukommen. Ob Vorurteile solche Funktionen haben oder nicht, lässt sich meist am Ausmaß emotionaler Betroffenheit erkennen, mit der diese Personen daran festhalten. Aus der Anti-Rassismusarbeit ist bekannt, dass in diesen Fällen am besten psychologisch-stützende Interventionen helfen, die aber längere Zeit in Anspruch nehmen und psychotherapeutischen Maßnahmen ähneln. Bei Jugendlichen mit solchen Vorurteilen geht es meist darum, ihre persönlichen Sorgen und Probleme anzuhören, sie bei der Identitätsfindung zu unterstützen und ihr Selbstbewusstsein zu fördern, gleichzeitig aber ihre diskriminierenden Äußerungen über andere bestimmt zurückzuweisen. Falls das „Opfer" dieser Äußerungen dieselbe Klasse oder dasselbe Jugendzentrum besucht, muss diese Person mindestens psychologisch so gestützt werden wie der „Täter".

Ob in Konflikten, in denen Vorurteile eine große Rolle spielen, eine Mediation sinnvoll ist oder nicht, hängt zunächst davon ab, ob die diskriminierende Person psychologischen Interventionen gegenüber zugänglich ist und ob man sich zunächst für die Mediationssitzung darauf einigen kann, Beleidigungen und Kränkungen zu vermeiden. Zum Schutz des „Opfers" eignen sich aber vorangehende Einzelgespräche, in denen auch abgeklärt werden kann, ob eine Mediationssitzung möglich und sinnvoll ist.

Machtunterschiede

Unterschiedliche Kulturen sind meist in spezifische Macht- und Ohnmachtsverhältnisse eingebunden. So gibt es in Österreich 1. Klasse- und 2. Klasse-Ausländer (EU-Bürger und nicht EU-Bürger). Die größte Gruppe der in Österreich lebenden Ausländer bilden Menschen aus dem ehemaligen Jugoslawien und die zweitgrößte Gruppe Menschen aus der Türkei. Beide Gruppen sind arbeits- und aufenthaltsrechtlich schlechter gestellt als Österreicher und EU-Bürger und verdienen im Schnitt auch weniger. Die meisten dieser Ausländer sind im produzierenden Sektor beschäftigt. Ausländer arbeiten vermehrt in Branchen, die schlechter bezahlt sind, schwere körperliche Anstrengung bedingen und gesundheitliche Risiken mit sich bringen. Im Vergleich zu Österreichern und EU-Bürgern handelt es sich also um eine Gruppe mit weniger Macht.

Es gibt aber viele Kriterien, nach denen Menschen voneinander durch unterschiedliche Machtverteilungen voneinander getrennt sind, nicht nur die Tatsache der Staatsbürgerschaft. Andere Kriterien sind Alter, soziale Klasse, Geschlecht, Gesundheit, „Normalität" etc. *So haben Frauen tendenziell weniger Macht als Männer, Jugendliche weniger Macht als Ältere, Arme weniger Macht als Reiche, Behinderte weniger Macht als Unbehinderte etc. Die unterschiedliche Machtverteilung bezieht sich dabei auf gesetzliche Rechte und Schutz, Einkommen, Besitz, Bildung, politische Vertretung, Lobbies etc.* Johan Galtung nennt solche Machtunterschiede, in denen gesellschaftliche Strukturen indirekt Gewalt ausüben, „strukturelle Gewalt" (vgl. Galtung, 1998: 17). Gruppen mit weniger Macht erhalten meist gesellschaftlich abwertende Zuschreibungen, die sie immer wieder zu hören bekommen, sodass sie nach einiger Zeit gar nicht mehr unterscheiden können, ob sie selbst wirklich so sind, oder ob es ihnen nur nachgesagt wird. Galtung bezeichnet diese verinnerlichte Unterdrückung als „Penetrierung, von oben erfolgende Konditionierung des Denkens" (Galtung, 1998: 173). Wie stark diese Zuschreibungen verinnerlicht werden, zeigen zwei Experimente aus den USA:

Männern und Frauen wurden zwei Artikel zum selben Thema vorgelegt. Unter einem Text stand der Name einer Autorin, unter dem anderen eines Autors. Die Versuchspersonen hatten die Aufgabe, zu beurteilen, welcher der Artikel besser sei. Dann wurden die Namen vertauscht und die Artikel neuen Versuchspersonen vorgelegt. Das Ergebnis: In beiden Fällen wurde der Artikel, unter dem der weibliche Name stand – also suggeriert wurde, er sei von einer Frau geschrieben –, schlechter beurteilt, als der, unter dem ein Männername stand. Die Beurteilung durch Frauen fiel sogar noch schlechter aus als die durch Männer. Das bedeutet, dass Frauen ihren Geschlechtsgenossinnen offensichtlich noch weniger zutrauen als Männer. Dies lässt jedoch auch Rückschlüsse auf ihre Selbsteinschätzung zu ... Verschiedene Untersuchungen haben gezeigt, dass Frauen durchgehend niedrigere Erwartungen bezüglich ihrer Aufgabenerfüllung und ihres akademischen Erfolges haben als die entsprechenden männlichen Probanden (Crandall, 1969, zit. nach Zimbardo, 1978).

„Schwarze Collegestudenten, die ihre intellektuellen Fähigkeiten nach relativ objektiven Standardkriterien, einschließlich Benotungen, nachgewiesen hatten und in den besten Colleges eingeschrieben waren, beugten sich dennoch den Urteilen der

weißen Studenten, wenn sie in ‚zweirassigen' Teams waren. Aufgabenlösungen, die ein weißes Mitglied der Vierergruppe vorbrachte, wurden eher beachtet und akzeptiert als von einem schwarzen Mitglied vorgeschlagene" (Katz, 1970, zit. von Zimbardo, 1978: 490).

Die genannten Machtunterschiede trennen aber nicht immer die gleichen Menschengruppen voneinander, sondern ziehen sich häufig quer durch eine einzige Person hindurch. Ein- und dieselbe Person kann je nach sozialem Kontext einmal die Erfahrung von Macht, ein anderes Mal von Ohnmacht im Vergleich zu anderen Personen machen. Wenn man die Erfahrung macht, in einem sozialen Bereich unterdrückt zu sein, in einem anderen aber über Macht zu verfügen, kann man unwillkürlich dazu „verführt werden", sich in seinem persönlichen Machtbereich die anderswo erlittenen Frustrationen wieder abzureagieren, um so das ‚angekratzte' Selbstbewusstsein wieder zu heben. Durch diese unterschiedlichen Macht- und Ohnmachtpositionen können Menschen also auch leicht dafür gewonnen werden, sich mit den bestehenden Machtverhältnissen zu arrangieren und nicht dagegen aufzubegehren.

Für die interkulturelle Mediationssituation bedeutet das, dass man nicht von vornherein davon ausgehen kann, dass bestimmte Menschen über mehr oder weniger Macht verfügen, sondern einerseits die unterschiedlichen Kriterien in ihrer Summe zusammenwirken, andererseits aber auch der spezifische aktuelle Kontext berücksichtigt werden muss, in dem die betreffenden Personen über mehr bzw. weniger Macht verfügen. Darüber hinaus können Machtunterschiede so stark verinnerlicht sein, dass sie von den Betroffenen gar nicht mehr als solche wahrgenommen bzw. in Frage gestellt werden. In der Mediationssituation kann man einerseits zunächst versuchen Machtungleichheiten auf der Ebene der Kommunikation auszugleichen, z. B. durch Schaffung von speziellen Rahmenbedingungen (Zeit, persönlicher „Raum" etc.) und Hilfe bei der Artikulation von Bedürfnissen. Machtunterschiede durch strukturelle Gewalt kann man in der Mediationssituation zwar nicht beseitigen, wohl aber ansprechen und versuchen, sie durch wechselseitige Anerkennung der legitimen Bedürfnisse der Konfliktpartner, die in einer gemeinsamen Lösung auch Berücksichtigung finden, zu überwinden (vgl. Galtung, 1997).

Die Macht- und Gerechtigkeitsfrage ist im euroamerikanischen Mediationsmodell vernachlässigt worden (vgl. Montada, 2000), alle Interessen sind in diesem Modell prinzipiell verhandelbar. In der Transcendmethode nach Johann Galtung wird versucht, diese „fehlende Gerechtigkeit" wieder mit einzubeziehen, indem man zwischen legitimen und illegitimen Zielen bzw. Interessen der Konfliktparteien unterscheidet. Legitime Ziele sind solche, die sich um menschliche Grundbedürfnisse drehen, wie Überleben, Wohlsein, Identität und Freiheit. Über illegitime Ziele (z. B. Machterhalt etc.) kann prinzipiell auch nicht verhandelt werden (vgl. Galtung, 1997).

Interkulturelle Wertorientierungen und Konfliktpotentiale

Im Folgenden möchte ich mich mit interkulturellen Konflikten im engeren Sinne beschäftigen, die sich um kulturelle Wertunterschiede drehen und mit sogenannten „Kulturdimensionen" erklärt werden können, entlang derer sich unterschiedliche Kulturen unterscheiden. Diese Dimensionen stellen natürlich Vereinfachungen bzw. „Komplexitätsreduktionen" dar, können uns aber als eine Art Orientierungsraster dienen, um interkulturelle Konflikte zuordnen zu können und sie dadurch verständlicher zu machen. Kulturvergleichende Studien und Modelle über Werteunterschiede haben unterschiedlichste Dimensionen zum Inhalt (Kluckhohn und Strodtbeck, 1961, Ellis et al., 1990, Hofstede, 2001, Chinese Culture Connection, 1987, Schwartz, 1997, Trompenaars, 1993, House et al., 2002, u.a.), deren genaue Besprechung würde den Rahmen dieser Arbeit sprengen. Ich kann hier nur beispielhaft auf einige wenige eingehen, die nicht nur in Modellen, sondern auch in empirischen Untersuchungen gut belegt sind und immer wieder auftauchen.

Zu den am besten untersuchten und empirisch belegten Wertedimensionen, entlang derer sich Kulturen signifikant unterscheiden, zählt die *Individualismus/Kollektivismus*-Dimension. Grob gesagt beschreibt „Individualismus" das Ausmaß, zu dem die Freiheit und Selbstverwirklichung des Individuums angestrebt wird und „Kollektivismus" das Ausmaß zu dem die Interessen der Gruppe und die Harmonie in der Gruppe vordergründiges Ziel sind. Betrachtet man diese Dimensionen aus der Nähe, so erkennt man, dass im Individualismus-Konstrukt wesentliche Grundkonzepte der westlichen Psychologie enthalten sind, wie z.B. das Konzept der individuellen, persönlichen, von anderen unabhängigen Identität, die Selbstverwirklichung, das Streben nach dem „wahren Selbst" (Maslow, 1954), eine „interne Kausalattribuierung" (Rotter, 1966), die die Übernahme persönlicher Verantwortung für das eigene Leben – im positiven wie im negativen Sinn – bedeutet und schließlich auch Kohlbergs (1964) Entwicklungsstufen des moralischen Urteils, demzufolge das Individuum auf der (höchsten) Stufe im „postkonventionellem Stadium" zu selbständigen, von eigenen Überzeugungen bestimmten Urteil über verhaltensleitende Normen kommt. Personen, die etwa keine unabhängige persönliche Identität haben, die nicht nach individueller Selbstverwirklichung streben, die ihr Lebensglück ausschließlich von äußeren Umständen abhängig sehen und die auch keine anderen Wertmaßstäbe moralischen Urteilens haben als die Gruppennorm, werden nach westlichen Gesichtspunkten mit Psychopathologie in Zusammenhang gebracht. So sehr gehört Individualismus zu unserer ureigensten tiefen kulturellen Prägung im Westen, die unsere Richtlinien von „normal" und „anormal" bestimmt.

Demgegenüber beschreiben Hui und Triandis (1986) die Bandbreite der Einstellungen, die sie mit „Kollektivismus" verbinden:
– Bedenken der Folgen der eigenen Entscheidungen und des eigenen Handelns für andere
– das Gefühl der Involviertheit in das Leben anderer
– Empfänglichkeit für den Einfluss der Gruppe auf das eigene Leben

- Teilen von materiellen und nichtmateriellen Ressourcen (Zeit, Zuwendung etc.) mit der Gruppe
- Teilen von persönlichen Erfolgen und Misserfolgen mit der Gruppe
- Streben, der eigenen Gruppe Anerkennung zu bringen und Schande für die Gruppe zu vermeiden

Individualismus und Kollektivismus sind Wertorientierungen, die nicht nur äußerlich bleiben, sondern auch in die Psyche des Individuums eindringen, die Identität des Individuums, wie auch seine gesamte Handlungsorientierung bestimmen. *So tendieren Personen, die in kollektivistischeren Kulturen sozialisiert wurden, eher zu einem „interdependenten Selbstkonzept" und lassen sich in ihrem Verhalten mehr durch kontextuelle Faktoren beeinflussen* (Singelis und Brown, 1995, zit. nach Smith und Bond, 1998: 105). *Wenn sie aufgefordert werden, sich selbst zu beschreiben, haben sie dabei oft Schwierigkeiten, wenn sie nicht auch den Kontext ihrer Handlungen beschreiben können. Cousins* (1989, zit. nach Smith und Bond 1998, S. 106f.) *ließ z. B. Amerikaner und Japaner sich selbst beschreiben, und verwendete dabei den Twenty Statements Test (TST), indem die Probanden zwanzig Antworten auf die Frage „Who am I?" geben sollten. Dabei stellte sich heraus, dass sich Amerikaner viel mehr mit generalisierten Persönlichkeitsattributen beschrieben, während sich Japaner besser beschreiben konnten, wenn sie auf den Kontext Bezug nahmen, in dem sie auf eine bestimmte Art handelten. „Cousins concluded that the Americans' need to preserve an independent, context-free self-concept led them to assert that although they might behave in a certain way in a particular setting, this would not necessarily reflect their 'real' self ... The Japanese respondents, on the other hand, show that they are better able to characterise themselves when the nature of their interdependence is specified"* (Smith und Bond, 1998: 107). *Aber nicht nur die eigene Person wird in kollektivistischeren Kulturen kontextabhängiger gesehen, sondern auch die anderen Menschen. Das zeigen die Ergebnisse von Miller* (1984, zit. nach Smith und Bond, 1998: 113), *der Amerikaner und Inder verglich, wie sie andere Personen beschreiben: die Amerikaner benutzten hierfür wesentlich mehr Eigenschafts-Zuschreibungen, während die Inder mehr kontextgebundene Zuschreibungen machten.*

Menschen in kollektivistischen Kulturen sehen sich selbst stärker in einen Kontext eingebettet, handeln stärker in Abhängigkeit von bzw. in Reaktion auf ihre Umwelt und sind daher auch stärker auf ihre Umwelt bezogen, als Menschen in individualistischen Kulturen. Kulturvergleichende Untersuchungen zur Selbst- bzw. Fremdbeobachtung zeigten, dass *amerikanische und britische Probanden dazu tendieren, das eigene Verhalten zu beobachten, während japanische und chinesische Probanden das Verhalten anderer stärker beobachten* (Gudykunst et. al., 1990, zit. nach Smith und Bond, 1998: 112). Ähnlich auch das Ergebnis folgender Studie: *Chinesen und Amerikaner wurden aufgefordert, Situationen zu beschreiben, in denen sie wütend wurden: Amerikaner erzählten solche Situationen, die sie persönlich betrafen, Chinesen hingegen berichteten über Vorfälle, die anderen Personen passiert waren, die sie kannten* (Stipek et al., 1989, zit. nach Smith und Bond, 1998: 106). Auch die Ergebnisse zu interkulturell unterschiedlicher „Kausalattribuierungen" sind hierfür interessant: Von Rotter (1966) wurde die Unterscheidung zwischen interner und externer Kausalattribuierung eingeführt. Im Falle interner Kausalattribuierung glaubt man, sein

Geschick selbst beeinflussen zu können (durch Wollen oder Können), im Falle externer Kausalattribuierung, glaubt man, dass alles von Glück, Schicksal, Zufall, Gott oder ‚der Gesellschaft' bestimmt wird.

In der westlichen Psychologie ist auf diesem Gebiet der sogenannte „selfserving-bias" bekannt (Nisbett und Ross, 1980, zit. nach Smith und Bond, 1998: 124): *persönliche Erfolge werden auf die eigenen Fähigkeiten und Misserfolge auf „unglückliche Umstände" zurückgeführt. Dieser „self-serving bias" dürfte aber vor allem in individualistischen Kulturen die Norm darstellen: Kashima und Triandis* (1986, zit. nach Smith und Bond, 1998: 124) *verglichen Erklärungen von Japanern und Amerikanern bezüglich persönlichen Erfolges und Misserfolges: Während die Amerikaner ihre Erfolge auf ihre Fähigkeiten und ihre Misserfolge auf wenig „Glück" zurückführten, zeigten Japaner genau das umgekehrte Muster: sie führten ihre Erfolge auf „Glück" und ihre Misserfolge auf ihre mangelnden Fähigkeiten zurück* (Smith und Bond, 1998: 124). Im Gegensatz zum „self-serving-bias" wird dieser „modesty bias" genannt. Alle diese Studienergebnisse zeigen, dass das „unabhängige, eigenverantwortliche Selbstkonzept" ein höchst kulturabhängiges, westliches Konzept ist.

Paul Parin hatte in seiner psychoanalytischen Studie in den 60er Jahren bei den Dogon in Mali das „Gruppen-Ich" und das „Clan-Gewissen" beschrieben. Das ‚Gruppen-Ich' bezeichnet eine bestimmte Funktionsweise des Ich, die auf die Mitwirkung einer Gruppe von Menschen angewiesen ist, die eine bestimmte psychische Struktur aufweisen und deren Mitglieder in besonderer Weise reagieren müssen, „ihre emotionelle Bereitschaft und/oder ihre Fähigkeit ganz bestimmte Rollen zu übernehmen, ist die Voraussetzung dafür, dass das Gruppen-Ich in Funktion tritt. Diese Ichfunktionen beruhen auf der erworbenen Bereitschaft des Ich, ganz bestimmte identifikatorische Beziehungen einzugehen" (Parin, 1978: 88). *Die Entstehung des Gruppen-Ich bei den Dogon führt Parin auf ebensolche identifikatorische Beziehungen zurück, die sich in der Kindheit und Adoleszenz besonders zu gleichgeschlechtlichen Gleichaltrigen etablieren. Das ‚Clangewissen' bezeichnet eine Fähigkeit des Ich, äußere Autoritäten oder Institutionen zeitweise an die Stelle eines verinnerlichten Über-Ich zu setzen. „Das Ich neigt dazu, diesen Wechsel als Mechanismus zu etablieren, wenn die erziehenden Instanzen, Eltern und Familie, während der Dauer der kindlichen Abhängigkeit in besonders hohem Maße äußeren, makrosozietären Einflüssen ausgesetzt sind … Dann fallen für das Ich äußere und innere Instanzen (Introjekte) zusammen"* (Parin, 1978: 92). *Die Moral und die Ideale einer Gruppe treten an die Stelle der individuellen moralischen Einstellung, das Über-Ich wird an die Gruppe delegiert und das Ich dadurch scheinbar entlastet. In Wirklichkeit wird wieder die Abhängigkeit des Ich von der Gruppe größer, es wird leichter manipulierbar, denn „wenn sich die Forderungen und Werte, die in der Gesellschaft gelten, ändern, ein Vorgang, der durch Macht- und Propagandamittel gesteuert werden kann, dann muss das Ich sich der neuen Ideologie fügen oder sich ihrer bedienen, um voll funktionstüchtig zu bleiben"* (Parin, 1978: 95).

Ich will natürlich keineswegs behaupten, dass Menschen, die in kollektivistischen Kulturen sozialisiert wurden, generell ein „interdependentes" Selbstkonzept haben, zu einer „externen Kausalattribuierung" neigen oder gar alle ein „Gruppen-Ich" oder „Clan-Gewissen" hätten. Dafür gibt es keinerlei empirische Befunde. Ich habe die Beispiele gebracht, um darzulegen, dass das individualistische, unabhängige Selbstkonzept, wie es in der westlichen Psychologie propagiert wird, keineswegs die Norm darstellt. Kagitçibasi (1994) hat sowohl auf die Pluralität von Kulturen hingewiesen, also darauf, dass natürlich in kollektivistischeren Kulturen auch intrakulturelle Unterschiede bestehen und individualistischere Denk- und Handlungsmuster anzutreffen sind. Darüber hinaus betont Kagitçibasi, dass auch ein- und dieselbe Person einmal kollektivistischer, ein anderes Mal individualistischer denken und handeln kann.

Viele Konflikte in interkulturellen Partnerschaften können mit Bezug auf die Individualismus/Kollektivismus-Dimension meiner Meinung nach verständlicher gemacht werden. *Vor allem Partnerschaften zwischen österreichischen Frauen und Männern aus dem afrikanischen, arabischen bzw. islamischen Raum weisen häufig sehr ähnlich gelagerte Konfliktfelder auf. Die Männer haben in Österreich oft Schwierigkeiten, gute Jobs zu finden, weil ihre Zeugnisse und Ausbildungen aus den Heimatländern nicht anerkannt werden und mangelnde Deutschkenntnisse sie oft zwingen, einfachere Jobs anzunehmen. Manchmal kommt hier auch noch Rassismus hinzu, der es diesen Männern erschwert, einen Job zu finden. Häufig findet man Konstellationen vor, in denen der Mann schlecht bzw. wesentlich weniger verdient als die österreichische Frau, insgesamt haben solche Paare häufig Geldprobleme. Für den Mann hat seine Familie und größere Verwandtschaft eine viel größere Bedeutung als für die Frau. Konflikte entzünden sich an den Themen „finanzielle Unterstützung der Familie im Heimatland des Mannes", „Geschenkeinkauf für die Familie" oder etwa auch der „Besuch der Schwiegermutter in Österreich".*

In einer solchen Konstellation hatte z. B. ein Mann aus Ghana, der mit einer Österreicherin zusammenwohnte, schon seit einiger Zeit mit dem wenigen Geld, das er verdiente, auch noch seine Verwandtschaft zu Hause finanziell unterstützt. Bis jetzt hatte er es seiner Partnerin verheimlicht, weil er schon ahnte, dass sie dafür kein Verständnis aufbringen würde. Als sie schließlich selbst darauf kam und ihn darauf ansprach, kam es zu einem größeren Konflikt.

Ein Paar bestehend aus einer Österreicherin und einem Mann aus der Türkei hatte wenig Geld zur Verfügung. Nach der Heirat wollte er mit ihr in die Türkei fahren, um sie seiner Familie vorzustellen. Sie freute sich und willigte – nichtsahnend, wie sie sagte – ein. Schließlich stellte sich heraus, dass für den Besuch für die gesamte Verwandtschaft Geschenke gekauft werden mussten, und nicht irgendwelche Geschenke, schließlich kam man aus einem reichen Land: ein Kühlschrank, schöne Kleider, Musikapparate u. ä. Auch hier kam es zu einem ähnlichen Konflikt.

Eine Österreicherin wohnte mit einem Bosnier (aus dem muslimischen Teil) in einer kleinen Wohnung zusammen. Die Mutter des Mannes kam nach Österreich zu Besuch und wollte einen Monat bleiben. Nach einiger Zeit hielt die österreichische Frau „die Enge kaum mehr aus", sie konnte kaum mehr schlafen und kam dementsprechend übermüdet zur Arbeit. Der Konflikt, der hier entstand, drehte sich auch darum, wie sehr man sich nach der Mutter richten müsse. Es war nicht nur die räumliche Enge, die die Österreicherin nervös machte, sondern die Tatsache, dass die Wünsche der Mutter – zumindest für die Zeit ihres Besuches – für den Mann absoluten Vorrang hatten.

Ein weiteres Konfliktfeld besteht in solchen Partnerschaften darin, dass in individualistischen Kulturen das Ideal der romantischen Liebe und Zweisamkeit des Paares besteht, während in afrikanischen und arabischen Kulturen das Paar meist nicht diese Bedeutung hat. Die Lebensbereiche von Männern und Frauen sind oft viel stärker getrennt und Freunde und Verwandte spielen eine größere Rolle als der/die Ehepartner/in. Bei den österreichischen Frauen führt es oft zu einer herben Enttäuschung, dass der Mann nicht genauso viel Bedürfnis nach Zweisamkeit hat wie sie, und das Wochenende vielleicht sogar lieber mit seinen Freunden verbringt, als mit ihr. Im islamischen Raum gibt es darüber hinaus eine konträre Entsprechung des idealisierten Liebespaares im Westen: es ist die Mutter-Sohn-Beziehung, die idealisiert wird, nicht die Beziehung zwischen den Ehepartnern. Die Mutter des Mannes hat auch aus der Sicht von arabischen Frauen oft einen störenden Einfluss auf eine harmonische Ehebeziehung (vgl. Mernissi, 1987).

Auch die weltweit verbreitete Praxis, dass sich zukünftige Ehepartner nicht selbst kennenlernen, verlieben und heiraten, sondern von ihren Familienangehörigen vermittelt werden (auch wenn dieser Trend weltweit im Sinken begriffen ist), spiegelt eine Form des Kollektivismus wieder. Die Ehe ist in solchen Kulturen eben keine Privatangelegenheit der beiden Eheleute, sondern eine der gesamten Verwandtschaft. Im islamischen Raum hat man darüber hinaus eine andere Vorstellung von Liebe: so wie man im Westen glaubt, dass die Liebe der Ehe vorausgeht, so glaubt man im islamischen Raum, dass die Liebe der Ehe folgt. Manchmal werden Eltern auch von den Kindern gebeten, einen passenden Ehepartner für sie zu suchen. Funktioniert die Ehe nicht gut und verstehen sich die Eheleute nicht, können sie aber oft nicht einmal im Einvernehmen beschließen, die Ehe zu beenden. Von den Familien beider EhepartnerInnen werden häufig männliche Schiedsrichter bestellt, die zunächst versuchen, die Eheleute zu versöhnen und die Ehe zu „retten" (vgl. Schmied, 1999). Erst wenn dies nicht mehr möglich ist, wird von ihnen die Scheidung ausgehandelt (ebd.). Ehekonflikte sind eben keine Privatangelegenheit zwischen den beiden. Laut Auskunft der Familienberatungsstellen für Migranten in Wien, werden auch ca. 90% der Ehen von Türken, die in Wien leben (auch der 2. und 3. Generation) vermittelt (ebd.). Im Falle von interkulturellen Partnerschaften in Österreich sind Konflikte dann vorprogrammiert, wenn z. B. der türkische Mann, der seine Kinder mit einer österreichischen Frau hat, daran denkt, für seine Kinder passende Ehepartner zu suchen.

Auch das im islamischen Raum weitverbreitete Konzept der „Ehre" (vgl. Peristiany, 1965), ist mit dem westlichen Individualismus unvereinbar. ‚Ird', die Ehre der Männer, die vom Sexualverhalten der Frauen abhängt, bedeutet zunächst, dass der Verlust der Jungfräulichkeit einer noch unverheirateten jungen Frau Schande über die gesamte Familie bringt, insbesondere für ihre männlichen Verwandten (Vater und Bruder). Das „moralische Fehlverhalten" der jungen Frau wird mit dem Unvermögen der Männer in Zusammenhang gebracht, sie zu kontrollieren. Aus diesem männlichen Ehrgefühl leitet sich also das Recht der Männer über die Kontrolle der Frauen ab. Ist die Frau dann verheiratet, so bezieht sich Ehre und Schande auf ihre sexuelle Treue dem Ehemann gegenüber. In interkulturellen Partnerschaften kann dieses (oft unbewusst verankerte) Konzept der Ehre zu einem Problem werden insbesondere weil Männer aus islamischen Ländern nicht damit rechnen können, dass österreichische

Frauen sich diesem Konzept gemäß verhalten und diese Männer oft Phantasien über extrem promiskuitives Verhalten von Frauen in westlichen Ländern mitbringen. Die Eifersucht der Männer kann sich dann schnell bis zur Panik steigern mit dem Versuch, die Freiheit der österreichischen Partnerin drastisch einzuschränken, sodass Partnerschaften, in denen solche Konflikte auftreten, meist nicht lange halten.

Im westlichen Individualismus wird diese Kontrolle der Männer über die Frauen als extremer Angriff auf das Recht des Individuums auf seine persönliche Freiheit gesehen. Freilich empfinden auch viele Frauen in islamischen Ländern diesen Ehrenkodex als Belastung und kämpfen dagegen an. Trotzdem sind Menschen in kollektivistischeren Kulturen eher gewohnt, in ein System wechselseitiger Abhängigkeiten und Verpflichtungen eingebunden zu sein, das ihnen auch Sicherheit bietet. Menschen aus diesen Ländern fühlen sich in individualistischen Kulturen oft sehr einsam und empfinden die Menschen als egoistisch. Konflikte treten aber auch in diesen Kulturen auf, wenn Kollektivismus mit hoher Machtsdistanz bzw. Hierarchie verbunden ist.

Ting Toomey (1988, 1999, 2000) stellt einen Zusammenhang zwischen Kollektivismus, indirektem Kommunikationsstil und *Konfliktvermeidung* her. Menschen mit kollektivistischen Wertorientierungen seien generell stärker auf die Erhaltung der Gruppenharmonie bedacht, stünden Konflikten negativer gegenüber, würden Konflikte eher vermeiden, sich in Konflikten entgegenkommender verhalten und im Konfliktfalle eher Vermittlungspersonen bevorzugen, als sich mit dem Konfliktpartner direkt konfrontieren zu müssen. Diese Einschätzung trifft meiner Meinung nicht auf kollektivistische Wertorientierungen im Allgemeinen, sondern insbesondere auf Menschen aus asiatischen Ländern zu, die sich oft – trotz Kommunismus, Multikulturalismus bzw. Multireligiösität (wie z. B. in Japan) – traditionellen konfuzianischen Werten verpflichtet fühlen, die die Wichtigkeit von harmonischen zwischenmenschlichen Beziehungen herausstreichen. Das drückt sich vor allem in Höflichkeit aus, z. B. dem Bestreben, andere nicht ihr Gesicht verlieren zu lassen. Im Falle eines Konfliktes ist es auch wichtiger, die Beziehung wieder in Ordnung zu bringen, als auf der Sachebene eine Lösung zu finden. „The philosophy of Confucianism emphasizes harmonious interpersonal relationships and the concept of proper facework negotiation in interpersonal relationships. Obliging the needs of the other person or avoiding the conflict situation altogether, is one way to 'give face' and also 'save face' for both conflict parties ... The empirical work of Ting-Toomey et al. (1991) and Trubisky et al. (1991) provides some evidence that Asian samples (i.e., Chinese and Taiwanese groups) tend to use higher degrees of obliging and avoiding conflict styles than European Americans when dealing with acquaintance conflicts. In addition, European Americans tend to use a higher degree of dominating conflict styles than Asian samples. Leung et al.'s (1992) work also provided some evidence that Asians tend to use avoidance and third-party to deal with conflict issues, while European Americans tend to use upfront, solution-oriented style (i.e., integrating and compromising) in dealing with conflict problems" (Ting Toomey et al., 2000: 54f.).

Konfliktvermeidendes und allzu entgegenkommendes Verhalten hat aus westlicher Sicht eindeutig eine negative Bedeutung: es sei notwendig, sich Konflikten im all-gemeinen zu stellen und nicht vor ihnen davonzulaufen. Konflikte anzusprechen und seine Interessen klar und bestimmt zu vertreten wird als ein Zeichen von psychischer Gesundheit interpretiert. „However, obliging and avoiding conflict styles are not necessarily perceived as negative by many Asian and Latin ethnic groups. These two styles are typically employed by collectivists to maintain mutual-face interests … (Ting-Toomey et al., 2000: 54)"

In arabischen Kulturen, in denen – wie bereits erwähnt – kollektivistische Wert-orientierungen ebenfalls eine große Rolle spielen, hat aber nicht Konfliktvermeidung, sondern Konfliktvermittlung eine lange Tradition. Im Westen weiß man zwar, was ‚Blutrache' ist, oft aber nicht, dass arabische Länder auch eine lange präislamische Tradition ziviler Konfliktvermittlung haben, um ‚Blutrache' gerade zu vermeiden. In arabischen Ländern ist es weit verbreitetes Gewohnheitsrecht, dass bei lokalen Zwis-ten oder Fehden eine ehrenhafte Verpflichtung für unbeteiligte Dritte vom gleichen Stand besteht, als neutrale Vermittler einzuschreiten (Gingrich 1999). Elias J. Jabbour berichtet von dieser Praxis ziviler Konfliktvermittlung, – ‚Sulha' genannt – aus Paläs-tina: „Suppose, for instance, that someone from a family has assaulted, for whatever reason, and caused some physical injury or wound to a member of another family. In the severest case this attack may lead to death. Regardless of the civil judgements, the loss of life can result in serious repercussions. According to our Arab tradition, and in order to prevent the vicious circle of a vengeful response, the family of the attacker should immediately consider going to a delegation of influential, notable people, ask-ing them to mediate between the two parties. These people should be influential, trustworthy, and well known to all those living in the area" (Jabbour, 1996: 26f.). *Für die Notabeln ist es eine Sache der Ehre, als Mitglied der Delegation zu fungieren, die sie auch ehrenamtlich ausüben und nicht ablehnen. Die Delegation besucht zunächst die Familie des „Opfers", hört sich ihre Sorgen und Klagen an, versucht ihren Schmerz und Schock zu „absorbieren" und mit ihr einen Konsens herzustellen, den Konflikt in die Hände der Delegation zu legen und auf einen eigenhändigen Rache-akt zu verzichten. Die Vermittler sprechen mit beiden Familien getrennt und handeln die Höhe des Schmerzensgeldes aus. In einer Zeremonie, bei der sich die Konflikt-parteien wieder direkt gegenüberstehen, wird das Schmerzensgeld vor den Augen aller Versammelten übergeben und der Konflikt rituell bereinigt. Abgeschlossen wird die Zeremonie mit Kaffee und einem großen gemeinsamen Mahl (Jabbour, 1996).*

Neben Individualismus/Kollektivismus ist *Machtdistanz bzw. Hierarchie* eine Dimension, die unter den unterschiedlichsten Bezeichnungen in vielen kulturvergleichenden Modellen und empirischen Studien auftaucht (vgl. Kluckhohn und Strodtbeck, 1961, Ellis et al., 1990, Hofstede, 2001, Chinese Culture Connection, 1987, Schwartz, 1997, Trompenaars, 1993, House et al., 2002, u.a.). Hof-stede versteht darunter das Ausmaß, zu dem die Menschen erwarten, dass Macht ungleich verteilt ist (hohe Machtdistanz) bzw. am anderen Pol darum bemüht sind, Machtunterschiede möglichst auszugleichen bzw. zu minimie-ren (niedrige Machtdistanz).

Im Islam existiert ein stark egalitärer Anspruch – alle Muslime sind gleich, un-abhängig von ihrer sozialen, regionalen oder nationalen Herkunft. Allerdings gibt es

*eine hohe Machtdistanz zwischen Älteren und Jüngeren, zwischen Vater und Sohn,
zwischen Schwiegermutter und Braut und zwischen Mann und Frau. Während sich
der Status einer Frau im Laufe ihres Lebens, insbesondere durch die Anzahl ihrer
Söhne und ihr steigendes Alter, stetig hebt, verlieren die Männer mit steigendem Alter
aber auch wieder an Status. In interkulturellen Partnerschaften mit einem (insbesondere männlichen) Partner aus einem islamischen Land kann es häufig zu Konflikten
kommen, die mit Machtdistanz zu tun haben: einerseits Machtdistanz zwischen den
Geschlechtern, andererseits aber auch Machtdistanz gegenüber älteren Familienangehörigen und Autoritätspersonen im Allgemeinen.*

*Von Brislin et al. (1986) stammt folgende „kritische Interaktionssituation", die
zum Abbruch einer wirtschaftlichen Kooperation führte: „Phil Downing, ein ehrgei-
ziger junger leitender Angestellter, war in den Aufbau einer Zweigstelle seiner Firma
involviert, die sich mit einer entsprechenden existierenden japanischen Firma fu-
sionieren wollte. Er kam mit seinen japanischen Kollegen, die mit ihm zusammen-
arbeiteten, sehr gut voran, einer von ihnen war gerade zum Vorsitzenden des Fir-
menausschusses gewählt worden, nachdem sein Großvater sich in dieser Funktion
zurückgezogen hatte. Nach einigen Wochen Diskussionen hatten sie allgemeine Fir-
menpolitiken ausgearbeitet und bestimmten Strategien zugestimmt, die der Firma
eine neuere Richtung geben würden, die sie für ihre Entwicklung brauchte. Einige
Tage später, als sie gerade dabei waren, einige Details zu besprechen, kam der
Großvater des neuen Vorsitzenden zur Türe herein. Er begann, darzulegen, wie die
Firma entstanden und nach traditionellen Praktiken aufgebaut worden war, er sprach
dabei über einige der Politiken, von denen sich der junge Vorsitzende gerade ver-
abschiedet hatte. Phil erwartete vom neuen Vorsitzenden, dass er einige der innovativen Politiken und neuen Entwicklungsstrategien erklären würde, über die sie beide
übereingekommen waren. Aber der junge Man sagte nichts. Im Gegenteil: er nickte
und stimmte seinem Großvater zu. Phil war verwirrt und frustriert über die vielen
Tage Arbeit, die in die Entwicklung der neuen Strategien geflossen waren und begann
zu protestieren. Die Atmosphäre im Raum wurde plötzlich sehr angespannt und niemand brachte mehr ein Argument vor. Eine Woche später machte die japanische
Firma einen Rückzug und kündigte die Verhandlungen bezüglich der Zusammenarbeit
mit Phils Firma auf. Phil war verständlicherweise sehr bestürzt" (Brislin et al,. 1986:
155f., Übersetzung aus dem Englischen, E.R.).*

*Auch in Wirtschaftkooperationen zwischen Österreichern und Partnern aus den
„postkommunistischen Nachbarländern" spielen Konflikte um Machtdistanz eine
große Rolle. Der israelische Psychologe Shalom Schwartz stellte bei Studenten und
Lehrern zwischen acht osteuropäischen und elf westeuropäischen Ländern einen Vergleich in den Wertorientierungen an: Die osteuropäischen Länder wiesen signifikant
höhere Hierarchiewerte auf als die westeuropäischen. Die kommunistische Vergangenheit hatte also paradoxerweise trotz einer weitgehenden Nivellierung der Einkommen auch eine stärkere Hierarchieorientierung der Menschen zufolge, die durch
Partei- und Kaderorganisation, die die Menschen kontrollierten, entstanden war. Die
Konflikte in solchen Wirtschaftskooperationen drehen sich oft darum, dass ost-
europäische Betriebe aus österreichischer Sicht sehr hierarchisch strukturiert sind,
auf der mittleren Managementebene kaum etwas entscheiden wird, Entscheidungen
bis ganz nach oben delegiert werden und sich die Dauer von Entscheidungsprozessen*

dementsprechend verlängert. Österreichische Manager, die in mittel-osteuropäischen Nachbarländern kooperative Führungsstile einführen wollen, stoßen auch oft auf Widerspruch (vgl. Fink und Meierewert, 2001).

Mit kulturellen Machtkonflikten in der Mediation umzugehen, ist sehr schwierig und stellt MediatorInnen vor Grundsatzfragen, die mit eigenen kulturellen Werthaltungen (wie z. B. Gerechtigkeitsvorstellungen) in Konflikt kommen können. Ein kompromisshafter Umgang besteht z. B. darin, zwar in der Mediation Verständnis dafür zu wecken, dass Menschen aus Kulturen mit hoher Machtdistanz auch dementsprechende Verhaltenserwartungen an andere Menschen haben, diese aber nicht als legitime Bedürfnisse zu akzeptieren (vgl. Galtung, 1997). Diese Haltung ist aber selbstverständlich nicht „kulturneutral" (siehe auch folgenden Abschnitt).

Ist das euroamerikanische Mediationsmodell ein kulturneutrales Verfahren?

Von westlichen MediatorInnen werden folgende Voraussetzungen und Bedingungen für eine Mediation genannt: neben der Bereitschaft zu kooperieren und fair zu verhandeln (d. h. die Bedürfnisse des anderen anzuerkennen und Informationen offen legen), sollen sie die Fähigkeit mitbringen, eigene Interessen wahrzunehmen und auch bestimmt („firm") zu vertreten (Haynes et al., 1993: 61). Personen, die psychisch und physisch beeinträchtigt sind, sodass sie in der Mediation ihre Anliegen nicht oder nur unzureichend vorbringen können, sollten in eigenem Interesse von Mediation Abstand nehmen. Weiters verhandeln die Klienten *eigenverantwortlich*, sind also niemand anderem gegenüber verantwortlich als sich selbst (vgl. Haynes et al., 1993: 15).

Das „Havard-Konzept" von Fisher, Ury und Patton (1999) ist als eine Art „Ratgeber" geschrieben, wie man sich selbst in einer Verhandlungssituation am besten verhält. So beschreiben sie etwa, dass es wenig Sinn macht, um Positionen zu feilschen, es provoziere unkluge Entscheidungen, sei ineffizient und berge Gefahren für künftige Beziehungen, aber auch „Nettsein" sei keine Lösung. „Durch weiches und freundliches Verhandeln werden Sie leichte Beute für jeden, der seinerseits hart um Positionen kämpft. Beim Streit um Positionen ist die harte Linie der weichen überlegen … Wenn Sie anhaltendem Positionenfeilschen mit sanftem Verhalten antworten, werden Sie wahrscheinlich auch noch Ihr letztes Hemd verlieren" (Fisher et al., 1999: 27 ff.).

Ist dann das euroamerikanische Mediationsmodell z. B. für Klienten mit konfuzianischen Werten zu empfehlen? Vielleicht würden sie den Konflikt überhaupt lieber vermeiden als sich einer Konfrontation stellen? Möglicherweise fällt es ihnen schwer, bestimmt für ihre eigenen Interessen einzutreten, weil sie es für unhöflich und egoistisch halten, außerdem fühlen sie sich vielleicht einer größeren Gemeinschaft gegenüber verantwortlich, entweder der Familie oder der Firma gegenüber – und gar nicht so „eigenverantwortlich"? Vielleicht wäre Ihnen wichtig, dass auch einige Ältere in den Vermittlungsprozess miteinbezogen werden? Vielleicht sind sie mehr daran interessiert, die Beziehung wieder in Ordnung zu bringen und weniger daran, auf der Sachebene eine Lösung auszuhandeln? Vielleicht ist für sie „nett sein" durchaus eine mögliche Verhaltensvariante, mit der auch Win-Win Lösungen möglich sind, nämlich dann, wenn man darauf hoffen kann, dass sich auch die andere Seite „nett" verhält und primär daran interessiert ist, wieder eine harmonische Beziehung herzustellen. Ist diese Art des Umgangs mit Konflikten dem euroamerikanischen Mediationsmodell wirklich unterlegen? Und kann man unter diesen Gesichtspunkten dieses Mediationsmodell wirklich als kulturneutral bezeichnen? Fisher, Ury und Patton geben sich selbstbewusst und schreiben im Vorwort zur deutschen Ausgabe von „Das Havard-Konzept": „Jede ausländische Ausgabe des Buches hat uns von seiner allgemeinen Anwendbarkeit überzeugt und von der Übertragbarkeit unserer Vorschläge in sehr unterschiedliche Kulturkreise" (Fisher et al., 1999: 10).

Ich betrachte das euroamerikanische Mediationsmodell nicht als kulturneutral, sondern als deutlich kulturell geprägte Form der Konfliktvermittlung, die aus einer individualistischen Kultur heraus entstanden ist. Das bedeutet aber nicht, dass ich diese Methode prinzipiell für interkulturelle Settings ungeeignet halte. Aber westliche MediatorInnen könnten sich ein Scheibchen der „asiatischen Bescheidenheit" abschneiden. Könnte man akzeptieren, dass die Methode eben nicht kulturneutral ist und nicht selbstverständlich auf alle Settings übertragbar ist, könnte man auch flexibler mit ihr umgehen und auch gezielt Maßnahmen einsetzen, um sie etwas „kulturneutraler" zu gestalten. So halte ich für interkulturelle Settings z. B. die Methode der kulturell gemischten Co-Mediation, bei der ein/e Mediator/in die Muttersprache des nicht-österreichischen Konfliktpartners spricht – so wie es z. B. im Wiener Integrationsfonds praktiziert wird –, für eine sehr sinnvolle Variante. Auch getrennte Einzelgespräche, bevor man sich für eine direkte Konfrontation der Konfliktpartner in der Mediationssitzung entschließt, sind meiner Meinung nach (nicht nur für interkulturelle Settings) sinnvoll, auch diese Praxis wird im Wiener Integrationsfonds durchgeführt. Es kann auch notwendig sein, zunächst eine Möglichkeit zu schaffen, dass die Konfliktparteien den/die Mediator/in kennen lernen können – und nicht gleich direkt zur Sache zu kommen –, um eine Vertrauensbasis herzustellen. „Neutrale, fremde, professionelle MediatorInnen", die von außen als Konfliktvermittler in das Konfliktgeschehen einbezogen werden, können für Menschen aus anderen Kulturen höchst ungewohnt sein (vgl. Lederach, 1995, Jabbour, 1996). MediatorInnen können die Konfliktparteien aktiv dabei unterstützen ihre Bedürfnisse zu formulieren, insbesondere dann, wenn sie es nicht gut können und versuchen, auch Verständnis für andere Kulturen zu vermitteln. Sie könnten auf Wunsch der Konfliktparteien zusätzliche Personen in das Verfahren mit einbeziehen, auch wenn diese – aus unserer Sicht – mit dem Konfliktfall nichts zu tun haben. Ist die Wiederherstellung einer harmonischen Beziehung für eine Partei ein vorrangiges Thema, so könnte das genauso viel Raum bekommen, wie die Arbeit an einer sachlichen Lösung. Auch kann man sich von den Klienten Anregungen holen, eventuell symbolische Handlungen aus dem jeweiligen kulturellen Kontext in die Mediationssitzung einbauen.

Wie viel interkulturelle Kompetenz brauchen MediatorInnen?

Wieviel interkulturelle Kompetenz MediatorInnen tatsächlich brauchen, um
in interkulturellen Settings arbeiten zu können, ist sehr schwer zu beantworten. Prinzipiell besteht natürlich die Gefahr, Menschen mit Vorurteilen
zu begegnen, indem man ihnen a priori kulturelle Werthaltungen zuschreibt.
Ich halte aber das andere mögliche Extrem – am Wesentlichen des Konfliktes
vorbei zu mediieren, weil man nichts verstanden hat –, für viel schlimmer.
Interkulturelle Erfahrung und Wissen darüber, *worin* sich Kulturen unterscheiden können, ist meiner Meinung nach eine Grundvoraussetzung. Denn
durch Begegnungen mit anderen Kulturen, durch Erleben von Missverständnissen und Konflikten kann man interkulturelle Unterschiede überhaupt erst
wahrnehmen und dadurch erst die eigene kulturelle Prägung erfahren. Auch
die eigene „Mediationsschule", der man sich verpflichtet fühlt, stellt so eine
kulturelle Prägung dar. „Keine Unterschiede zu sehen" birgt für mich viel
mehr die Gefahr „nur die eigene Kultur" zu sehen, und sie mit der absoluten
Wahrheit zu verwechseln.

Literatur

Balibar E (1990) Gibt es einen „Neo-Rassismus"? In: Balibar E, Wallerstein I (Hrsg) Rasse
– Klasse – Nation: ambivalente Identitäten. Argument Verlag, Hamburg/Berlin
Berlin B, Kay P (1969) Basic color terms. Their Universality and Evolution. University of
California Press, Berkeley/Los Angeles
Brislin R W, Cushner K, Cherrie C, Yong M (1986). Intercultural Interactions. Sage Pub-
lications, Newbury Park
Chinese Culture Connection (1987) Chinese values and the search for culture-free di-
mensions of culture. Journal of Cross-Cultural Psychology 18: 143–164
Ekman P (1972) Universals and cultural differences in facial expressions of emotion. In:
Cole J (Hrsg) Science 164: 86–88
Fink G, Meierwert S (Hrsg) (2001) Interkulturelles Management. Österreichische Per-
spektiven. Springer, Wien NewYork
Fisher R, Ury W, Patton B (1999, orig. 1984) Das Harvard-Konzept. 18. Auflage, Campus
Verlag, Frankfurt/New York
Galtung J (1997) Conflict Transformation by Peaceful Means (the Transcend Method).
Granada, Ritsumeikan, Tromsö and Witten/Herdeke Universities, Alfaz del Pi/Geneva/
Kyoto
Galtung J (1998) Frieden mit friedlichen Mitteln. Leske und Budrich, Opladen
Gingrich A (2001) Fremder Friede? In: Daim F, Kühtreiber Th (Hrsg) Katalog zur Nie-
derösterreichischen Landesausstellung „Sein und Sinn/Burg und Mensch" im Schloss
Ottenstein. St. Pölten, S 161–167
Hall E T (1959) The Silent Language, Garden City/NewYork
Hall E T (1976) Beyond Culture. Anchor, Garden City/NewYork
Haynes J H, Bastine R, Link G, Mecke A (1993) Scheidung ohne Verlierer. Kösel-Verlag,
München
Hofstede G (2001) Cultures Consequences. 2nd edn Sage Publications, Thousand Oaks
House R, Javidan M, Hanges P, Dorfman P (2002) Understanding Cultures and Implicit
Leadership Theories Across the Globe: An Introduction to the Project GLOBE. Journal
of World Business 37: 3–11

Hui C H, Triandis H C (1986) Individualism-Collectivism: A Study of Cross cultural Researchers. Journal of Cross-Cultural Psychology 17: 225–248

Jabbour E J (1996) Sulha. Palestinian Traditional Peacemaking Process. House of Hope Publications, Shefar'Am, Israel

Kagitçibasi C (1994) A critical appraisal of individualism-collectivism: Toward a new formulation. In: Kim U, Triandis H, Kagitçibasi C (Hrsg) Individualism and Collectivism: Theory, method and applications. Sage Publications, Thousand Oaks

Kluckhohn F, Strodtbeck F (1961) Variations in Value Orientations. Greenwood, Westport

Kohlberg L (1964) Development of moral character and moral ideology. In: Hoffman M L, Hoffman L W (Hrsg) Review of child development research, vol 1, New York, S 381–431

Lederach J P (1995) Preparing for Peace. Conflict Transformation Across Cultures. Syracuse University Press, New York

Lukas H (1994) Sprache als Medium der Kultur: Ethnologische Reflexionen zur Sprache, insbesondere zum Sprachrelativismus und zur interkulturellen Kommunikation. In: Zapotoczky K, Griebl H (Hrsg) Die Welt im Umbruch. Fremde Wirklichkeiten als gesellschaftliche Herausforderung , Frankfurt

Maletzke G (1996) Interkulturelle Kommunikation. Westdeutscher Verlag, Opladen

Maslow A H (1970) Motivation and Personality. Harper and Row, New York

Mernissi F (1987) Geschlecht, Ideologie und Islam. Frauenbuchhandlung München

Montada L (2000) Gerechtigkeit und Rechtsgefühl in der Mediation. In: Dieter A, Montada L, Schulze A (Hrsg) Gerechtigkeit im Konfliktmanagement und in der Mediation. Campus Verlag, Frankfurt/New York, S 37–62

Parin, P (1978) Der Widerspruch im Subjekt. Syndikat Verlag, Frankfurt

Peristiany J G (Hrsg) (1965) Honor and Shame: The Values of Mediterranean Society. London

Rotter J (1966) Generalised expectancies for internal versus external control of reinforcement. In: Psychological Monographs 80 (Whole No. 609)

Samovar L, Porter R, Stefani L (1998) Communication between Cultures. Wadsworth Publishing Company, Belmont

Schmied M (1999) Familienkonflikte zwischen Scharia und Bürgerlichem Recht. Konfliktlösungsmodell im Vorfeld der Justiz an Beispiel Österreichs. Peter Lang Verlag, Frankfurt

Schwartz S H, Bardi A (1997) Influences of adoption to communist rule on value priorities in Eastern Europe. Political Psychology 18.2: 385–410

Schwartz S H (1997) Values and Culture. In: Munro D, Schumaker J F, Carr St C (Hrsg) Motivation and Culture. Routledge, New York/London, S 69–84

Smith P B, Bond M H (1998) Social Psychology across Cultures. Prentice Hall, Harlow

Thomas A (Hrsg) (1993) Kulturvergleichende Psychologie. Eine Einführung. Hogrefe Verlag für Psychologie, Göttingen

Thomas A, Helfrich H (1993) Wahrnehmungspsychologische Aspekte im Kulturvergleich. In: Thomas A (Hrsg) S 145–180

Thompson M, Ellis R, Wildavsky A (1990) Cultural Theory. Westview Press, San Francisco

Ting-Toomey St (1988) Intercultural conflict styles: a face-negotiation theory. In: Kim Y, Gudykunst W (Hrsg) Theories in intercultural communication. Newbury Park

Ting-Toomey St (1999) Constructive Intercultural Conflict Management. In: dies. Communication Across Cultures, New York, S: 194–230

Ting-Toomey St, Gao G, Trubisky P (1991) Culture, face maintenance, and styles of handling interpersonal conflict: A study in five cultures. International Journal of Conflict Management 2: 275–96

Ting-Toomey St, Yee-Jung K K, Shapiro R B, Garcia W, Wright T J, Oetzel J G (2000) Ethnic/cultural identity salience and conflict styles in four US ethnic groups. International Journal of Intercultural Relations 24: 47–81

Trompenaars F (1993) Handbuch globales Managen: wie man kulturelle Unterschiede im Wirtschaftsleben versteht. Econ Verlag, Düsseldorf

Wiener Integrationsfonds (2001) MigrantInnen in Wien 2000. Wien

Whorf B L (1956) Language, Thought and Reality. Wiley, New York

Zimbardo Ph (1978) Lehrbuch der Psychologie. Eine Einführung für Studenten der Psychologie, Medizin und Pädagogik. Springer, Berlin Heidelberg New York Tokyo

Zentrale Problemfelder von Konfliktkulturen und ihre Konfliktdynamiken

JOSEPH DUSS-VON WERDT

Auch wenn wir uns verstünden, müssen wir uns denn verstehen?

Was wollen wir als Kultur benennen? Wie von der erdrückenden Einzahl unserer Kultur zur Mehrzahl kommen, ohne die Umrisse zu verwischen, Grenzen zu schließen oder alle zu vereinnahmen? Wie kann es gelingen, Kulturen nicht abgezirkelt in sich einzusperren, ihnen aber trotzdem ihre Identität zu lassen? Wie können wir uns Kulturen als menschlichen Gebilden und lebendigen Organismen annähern, geschaffen und getragen von Menschen, die sie leben?

Weil wir alle aktiv und passiv eine Kultur leben und mitgestalten, sind wir Kulturen gegenüber, der eigenen eingeschlossen, nicht neutral, sondern gehen von unseren Vorannahmen aus. Ich selber habe Neutralität aus anthropologischen Gründen nie für möglich gehalten. Es dürfte sonst keine Unterschiede zwischen dir und mir, Volk und Volk, Kultur und Kultur geben, sondern es wäre alles egal, ja es liefe sogar darauf hinaus, zu keiner Zeit und an keinem Ort zu sein, also gar nicht zu existieren. Denn dazu braucht jede und jeder einzelne einen unabtretbaren zeitlichen und örtlichen Raum, von dem aus Frau und Mann in die Welt blicken und in ihr handeln.

Anders gewendet dasselbe: Wir nehmen immer einen mehr oder weniger bestimmbaren Standpunkt ein, von dem aus nur eine perspektivische, also eine relative Sicht und ein begrenzter Handlungsraum zu gewinnen sind. Ein absoluter Standpunkt ist nicht möglich, ohne ebenfalls ein relativer zu sein, der als Teilansicht eines übergreifenden Ganzen auf andere bezogen ist. Wer sich selber gottähnlich für absolut, allein gut und wahr hält, vereinsamt beziehungslos und läuft wohl auch Gefahr, früher oder später wahnsinnig zu werden. Solche Prozesse individueller und kollektiver Art liefern uns jedenfalls die Medien täglich frisch ins Haus. Sie illustrieren zurzeit häufig verzerrte Wahrnehmungen von Kulturen durch andere.

Doch eins nach dem anderen; in drei Schritten. Der erste Schritt stellt ein paar relative Überlegungen zum Begriff Kultur an, in einem zweiten wird die Kreisförmigkeit von Verstehen und Verstanden diskutiert und ein dritter macht ein paar Anmerkungen zur Begegnung und „Vergegnung" (Martin

Buber) von Kulturen. Ich werde mich darum bemühen, soweit wie möglich nichts abstrakt und unterkühlt zu neutralisieren, sondern zum unentrinnbaren eigenen Standpunkt zu stehen.

Kulturen

Es ist ein Elend mit dem zerschundenen Begriff Kultur. Häufig ist er das Opfer einer geradezu manichäischen Trennung von Materie und Geist oder steht in feindlichem Kontrast zum Gebilde des Namens Natur. Romantiker steigern gern schön und geistig zu schöngeistig als dem Inbegriff von Kultur, die sich in den „Schönen Künsten" erschöpft. Alles, was mit Materiellem, Wirtschaft, Geld, Macht, Konflikt, Krieg, Alltag zu tun hat, fällt als Ungeist heraus, es sei denn, es habe Kunstwert. – Humanistisch eingefärbt wird geredet von Firmenkultur, Streitkultur, Gesprächskultur, sogar vom zivilisierten und klinisch sauberen Krieg zur Erhaltung kultureller Werte. – Der Kulturschock ist in den Reiseangeboten der Erlebniskultur inbegriffen. – Die Schweiz ex-importiert „Kultuhren", welche von Asien bis Europa zusammengebaut werden. – Multikultis feiern miteinander Feste und tanzen sich ihre Freude an der Buntheit der Menschheit aus dem Leib. Die Monokulturen in der Ernährungsindustrie und Landwirtschaft kosten einen Riesenaufwand von Schädlingsbekämpfung und gentechnischen Eingriffen. Kurz: Alles, was Menschen in die Hand kommt, missrät zur Kultur.

Wollen wir in diesen Tagen Begegnungen der Kulturen in Gedanken, Worten und Werken zum Mittelpunkt machen, was könnte dann Kultur der Begegnung heißen? Sie wäre dann, so hoffe ich es wenigstens, ein respektvoller Umgang miteinander, indem wir neugierig und gleichzeitig diskret, vertrauend und redlich aufeinander zugehen. Diese Art von Kultur wäre mitmenschlich menschlich, also eine Episode gelebten Mit-Menschentums.

Menschen sind immer Mitmenschen, ob sie sich mögen oder nicht. Mitmenschlich menschlich zu sein hat deshalb nicht im Voraus schon einen philanthropischen Akzent. Sowohl Liebe als auch Hass leben und erleben Mitmenschsein. Das macht Verstehen zu einem hohen Anspruch.

Dieser Ansatz, Kultur zu verstehen, geht also von der faktischen Mitmenschlichkeit aus. Ich will ihn nur in ein paar Fragmenten entfalten. Ein bisschen Wissenschaft kann auch dabei sein, sofern auch sie Kultur nicht vergegenständlicht und von den Menschen wegführt. Wissenschaft kann in der Tat Begegnung verhindern oder zumindest erschweren, zum Beispiel jener naive Realismus, der meint, wir könnten die Dinge so erkennen, wie sie unabhängig von unserer Erkenntnis sind und das dann noch als wertfrei und objektiv deklariert. Solche Naivität will dazu verführen, Kulturen ohne Distanz zur eigenen Kultur, einschließlich zu ihrer eigenen Wissenschaft, zu „bewältigen". Wissenschaftskritisch halte ich hingegen dafür, dass Menschen, wenn sie sich mit Menschen und ihrem Sosein beschäftigen, immer Richter und Partei gleichzeitig sind. Auch noch so gelehrte Menschenbilder sind rückbezügliche Selbstbilder von Menschen über Menschen, Theorie gewordene Subjektivität einer bestimmten Kultur.

Da die Wissenschaft mit den Wissenschaftlern steht und fällt, ist auch sie an Subjekte gebunden, die dabei von sich selber reden und erkenntnistheoretisch den gleichen Problemen des Verstehens anderer Menschen gegenüber stehen, wie wir alle im Alltag. Beschäftigen sie sich mit einer anderen Kultur, werden sie sich deshalb redlich darum bemühen, sie nicht intellektuell und theoretisch zu kolonisieren, auch wenn sie nicht anders können, als sich beim Entziffern des Fremden des Alphabets der eigenen Kultur zu bedienen. Worauf sie die Aufmerksamkeit richten, ist auch eine Entscheidung von ethischer Tragweite, die sie zu verantworten haben und nicht auf „die Wissenschaft" abschieben können, denn diese weiß nur das, was die Wissenschaftler wissen können. Ihr bestimmtes Interesse an einer von ihnen ausgewählten Kultur wird dort vielleicht niemand verstehen, aber viele beleidigen und demütigen. Wer lässt sich zum Beispiel schon gerne gelehrt attestieren, einer primitiven Kultur zu entstammen? Welcher Angehörige eines Klans, der sich bei uns etwas auskennt, wird nicht auch da politische, wirtschaftliche, religiöse und andere „Stammeskulturen" und gesellschaftliche Rituale entdecken? Wo gibt es zudem keine Fundamentalisten? Wo geht es immer nur zivilisiert und ohne Barbarei zu und her?

Kulturwissenschaft dient oft auch der Politik, obwohl beide sich argwöhnisch belauern und ihre eigenen Wahrheiten konstruieren. Konkrete Politik wird nicht wissenschaftlich begründet, ein Krieg nicht aus wissenschaftlichen Überlegungen heraus angefangen. Man sucht sich jedoch ein paar handverlesene Kulturexperten, zum Beispiel „Orientalisten", „Islamkenner" und „Afrikaspezialisten", um die eigenen Absichten zu rechtfertigen. Fachwissen wird politisch und propagandistisch umgemünzt, oder Fachleute liefern selber bereits entsprechend geimpfte Argumente, welche zum Beispiel eine grundsätzliche Verbindung zwischen „Islam und Terrorismus", einen „moslemischen Komplott" und dergleichen konstruieren, einen „arabischen Geist" figurieren, Schwarze als naturgegeben bildungsfähig erklären oder an der Erfindung so genannter „primitiver Völker" und der ersten bis x-ten Welt mitarbeiten. Die zurzeit das Weiße Haus besetzt haltende Gruppe hat den Islamkenner Bernard Lewis als Berater des Pentagons und des Nationalen Sicherheitsrates zum Garanten ihrer Islampolitik gemacht. Lewis vertrat schon seit langem die Idee von der „Islamistischen Gefahr". 1995 wurde er in Frankreich verurteilt, weil er die Tatsache des Völkermordes an den Armeniern leugnete. (Dazu Edward W. Said, Amerikaner palästinischer Herkunft in „Le Monde diplomatique" September 2003: 20)

Dunklen und demütigenden Klischees über andere werden solche über sich selbst als leuchtende Kontraste gegenübergestellt, z.B. „das Abendland", „die westliche Zivilisation", „Freiheit und Demokratie", „humane Grundwerte", „Menschenrechte". Experten dualistischer Sprachregelung haben zurzeit Hochkonjunktur. Unbestechliche Sachexperten schlittern zur gleichen Zeit in eine Rezession hinein. *Mit der Deutung anderer Kulturen kann der politische Wille zur Macht, die Absicht, sie zu beherrschen, getarnt werden.*

So stellt sich wieder die Frage: Wie ließe sich Kultur auch theoretisch ge-
waltfrei umschreiben, nachdem Gewalt und Gewaltlosigkeit doch zuerst in
den Köpfen – und den Herzen – beginnen? Ich probiere es einmal so: Eine
Kultur hat einen den ihr Angehörenden selbst mehr oder weniger bewussten
und einen von außen ebenso schwer bestimmbaren inneren Zusammenhalt
(Stammes- oder nationales Bewusstsein z. B.) gebildet durch als selbstverständlich angenommene Leitideen, Grundwerte und Überzeugungen. *Sie re-
gulieren das Zusammenleben, die Zugehörigkeit und den Ausschluss.*

Das ist natürlich viel zu grobmaschig. Innerhalb einer Makrokultur leben
wieder viele Mikrokulturen, die miteinander nicht unbedingt ein wirksames
Einheitsbewusstsein teilen, im Gegenteil. Häufig entstand die (politische)
Einheit ja auch nicht aus eigenem Willen, sondern durch willkürliche Grenz-
ziehungen durch Dritte, wie z. B. bei afrikanischen Staaten, im Irak und in
Afghanistan. Kann eine nationale Politik europäischen Zuschnitts anders als
scheitern, wenn sich die Völker dort ihrer selbst erinnern?

Auch feinere Strukturnetze einer Kultur sind noch zu grob. Denn da fehlt
das wesentliche Element: *der konkrete Mensch als die kleinste kulturelle Einheit.*
Wie erlebt er sich? Wie sind sein Lebensgefühl, seine Grundgestimmtheit,
seine mentale Infrastruktur und Bewusstseinslage beschaffen? Wer ist er für
sich und für andere in seiner Lebenswelt? Was motiviert seine Handlungen
und Unterlassungen?

Kulturen als Lebensgemeinschaften bestehen aus konkreten Menschen,
deren Zusammenwirken von jedem bestimmt wird und auf jeden bestim-
mend wirkt. Wie und wie weit lässt sich das alles verstehbar machen und mit
Außenstehenden kommunizieren? Wenn es schon schwierig ist, seine eigene
Kultur von innen heraus zu verstehen, wie viel schwerer ist es dann mit anderen?

Verstehen von Kulturen

Nun ist der zweite Schritt zu machen. Aus dem ersten ergibt sich, dass EIN-
SEITIGES Verstehen und Reden über Kulturen Missverstand bleibt. Gegenseitige Verständigung, also nicht über-, sondern miteinander reden, kann da
weiter führen, hat aber auch ihre Grenzen. Sie ist ein nach vorne offener
Weg, für den es keine Karten gibt.

Der Europäer österreichischer und französischer Abkunft, François A.
Viallet komme an der Stelle zu Wort. Vor seiner Weihe zum Zenmönch in
Japan quälten ihn tiefe Zweifel, die er so beschrieb: „*Ich kann mich nicht wie die
Japaner innerlich auf ein ererbtes Nicht-Sein zurückziehen. Die vielen Generationen
des Westens, denen ich schließlich entstamme, waren auf das Sein ausgerichtet: Auf
das Bleibende, auf das Erhalten, nicht auf das Schwinden und auf Annahme der
Zerstörung. Soll ich nicht doch noch einmal Audienz beim Rôshi erbitten, ihm für
alles danken und meinen Koffer packen? Zum Glauben meiner Kindheit zurückkehren, der mir früher einmal eine klare Antwort auf die Frage nach dem Woher und
Wohin gegeben hatte?*" (Viallet 1978: 167)

Erreichen wir einander beim Versuch zu verstehen, in dieser Grundschicht, aus der heraus unser Leben sich von klein auf gestaltet hat und es immer noch tut, selbst wenn wir uns von ihr verabschieden wollten? Können wir die Netze zwischen Menschen in ihren Mustern nachmachen? Wie gedeihen Setzlinge, die in einer ganz anderen Kultur gezogen wurden? Lässt sich eines Anderen Identität annehmen? Letzteres ist für mich die wichtigste Frage, auf die alle anderen sich zuspitzen. Wenn ja, ist ein Verstehen nicht mehr nötig, wenn nein, ist es nur möglich innerhalb nicht überschreitbarer Grenzen.

Ich versuche, mich verständlich zu machen soweit ich es kann. Hand an den Kopf und aufs Herz: Verstehen Sie sich selber jederzeit und überall? Gibt es Fremde nur um sie herum, oder wohnt einer davon in Ihnen selber? Werden Sie von jedem in jeder Situation verstanden? Kann ich Dich, und sie und ihn wirklich, d.h. wirksam, verstehen? Ist jede Gruppe, Religion, Kultur einfühlbar und erkenntlich? Was geht in mir emotional vor, wenn ich mir im Angesichte Anderer und Andersartiger verloren vorkomme?

Rational kann ich Informationen über sie analysieren und vergleichen, für mich Verständliches und Unverständliches voneinander trennen. Doch ist irrationale Befindlichkeit auch für die eigenen Handlungen mir und anderen gegenüber das Entscheidendere. Wenn ich meine Angst vor Fremden nicht loswerde und ihnen Gewalttätigkeit zuschreibe, werde ich mich innerlich entsprechend verhalten, auch wenn es keinen äußeren Anlass dazu gibt. Wer kennt nicht Sätze wie: „Ich habe nichts gegen Schwarze, Kosovaner, Moslems, aber …"

Verstehen ist das eine, Verstandenwerden das andere. Zum Verständnis braucht es beides. Um andere zu verstehen, nehme ich sie unentrinnbar in meinem eigenen Verstehenshorizont wahr, bin also nicht an ihrer Stelle; ihrer Identität kann ich sie nicht enteignen, um sie mir anzueignen. Meine eigene Identität bleibt die unaufhebbare Grenze zwischen dir und mir.

Das ist mein Teil. Wie weit ich andere verstehe, entscheidet sich gleichzeitig daran, ob sie sich von mir verstanden fühlen, was nur sie wissen und wir nur gemeinsam herausfinden können. Verstehst Du, was ich von dir verstehe? Verstehe ich, was du von mir verstehst? Verstehen ist wie ein Rundgang zwischen dir und mir, auf dem wir uns sowohl begegnen wie auch, um ein starkes Wort von Martin Buber nochmals zu gebrauchen, vergegnen können. Ob das von dir Kommunizierte in deinem Sinn bei mir ankommt, kannst Du an meinem Feedback überprüfen und umgekehrt. Wie weit kann jede und jeder sich selber dem anderen mitteilen? Wie weit ist Subjektivität kommunizierbar und in irgendeiner Form objektivierbar? Da wir nicht Menschen im Allgemeinen, sondern jeweils unverwechselbar konkret sind, kommunizieren wir jeweils unsere persönliche Resonanz auf diesen so oder so gearteten kulturellen Kontext mit.

Wir gehen nicht unbelichtet, wohl aber oft genug unterbelichtet aufeinander zu, machen Vorannahmen, die sich unwillkürlich einstellen, ohne dass wir uns dessen bewusst sind. Wir bilden uns gegenseitig gleichsam ab und jeder macht sich ein Bild vom Bild des anderen, ohne dass sie die Möglichkeit haben, zu überprüfen, ob die Bilder mit einer anderen als der Bildwirklichkeit übereinstimmen. Einander auch nur in etwa verstehen zu wollen, kann nur über den direkten Dialog erfolgen. Auch das ist mitmenschlich menschlich.

Ein Bild ist vermittelte Wiedergabe und kein Wechsel auf die von ihm losgelöste Wirklichkeit, vielmehr ist es selber die einzigartig wirksame Wirklichkeit, die mir zur Verfügung steht. In ihm begegne ich mir selber. Was ich über andere und ihre Kultur sage, sagt wahrscheinlich über mich mehr aus als über sie. Ihr Selbstbild und mein Fremdbild können sich zum Teil oder gar nicht decken. Wären sie deckungsgleich, was gäbe es dann noch zu bewundern, zu bestaunen, zu befürchten? Wo bliebe das Geheimnis dessen, was ich nicht auch selber schon bin? Vor was müsste ich Respekt haben, wenn nicht vor dem Anderen des Anderen, das mir nicht zugänglich ist?

Wenn ich mit Dir lebendig kommuniziere, überhole ich mein Bild von Dir ständig und bringe es fortlaufend wieder zum Verschwinden, um noch und wieder hinzuschauen, wie du auf mich wirkst, wie sich das ändert, was mich an Dir irritiert und wo ich mich selber darin finde.

Allerdings erreichen wir einander nicht ohne ein vermittelndes Bild. Energie sparender und beliebter ist es, das Bild irgendeinmal festzuklopfen und mir einzureden, ich hätte Dich jetzt ein für alle mal verstanden. So bist du nun mal! – Und schon bist du mein Objekt. Auch ist es beruhigend – und das gilt nun nicht nur für Individuen, sondern auch für Gruppen, Völker, Kulturen –, alle „einzukasteln" und in die hausgemachten (auch die theoretischen gehören dazu) Pferche hinein zu sortieren, Menschenbilder und Kulturgemälde im buchstäblichen Sinn wissenschaftlich zu erhärten. Lebendige Subjekte und die real existierenden Kulturen werden bei dieser Klonung gleichsam intellektuell umgebracht. Das ist handlich besonders dann, wenn man rasch zu den eigenen Zielen kommen will, um zum Beispiel weltweit den Terror zu besiegen, die Demokratie auszuführen, auch wenn man im eigenen Land nicht mehr genug davon auf Vorrat hat.

Solches geschieht aufgrund einseitiger und eindeutiger, nicht im Dialog erfolgter Identifizierung des anderen als Gegner und nicht als menschlicher Mitmensch. Reduziere ich ihn darauf, „gewalttätig" zu sein, veranlasse ich ihn wahrscheinlich selber zu einem solchen Verhalten, dessen ich ihn dann wieder umgehend bezichtige. Eine andere Richtung würde die Beziehung nehmen, wenn ich mich fragte, was ich selber dazu beitragen könnte, dass er sich mir gegenüber nicht bedrohend, sondern freundlicher verhält.

Wer nicht hört, trägt dazu bei, nicht gehört zu werden. Wer nicht gehört wird, macht sich früher oder später auf andere Weise bemerkbar, z.B. indem er sich lautstark Gehör verschafft, sich lautlos davon macht oder hinterrücks zuschlägt. Wer aus Hochmut gedemütigt wird, fasst vielleicht einmal den Verzweiflungsmut, zurückzuschlagen.

Verstehen kommt innerhalb nicht überschreitbarer Grenzen erst im Verstandenwerden zu sich selber. Weil Kommunizierbarkeit jedoch begrenzt ist, bleibt immer ein unverstandener und unverstehbarer Teil zwischen konkreten Menschen und ihren Kulturen. Es ist der Eigenraum, welchen der Respekt schützt, und auch ein Stück Einsamkeit. Der Gehirnforscher Gerhard Roth ist unerbittlich mit seinem Satz: „Missverstehen ist das Normale, Verstehen die Ausnahme." (2001: 367)

Homo homini homo – der Mensch sei dem Menschen ein Mensch

Damit zum dritten Schritt: Ob verstehende Begegnung intensiv oder oberflächlich ist, so oder so kommt sie an jene Wegkreuzung, wo Grenzen deutlich werden und entschieden werden muss, wie man mit ihnen umgehen will. Werden die unüberbrückbaren Unterschiede zwischen Menschen, Gruppen, Kulturen akzeptiert, erhalten sie positive Geltung, *indem sie einen dem andern in seinem interessanten Anderssein vermitteln.* Menschen und ihre Gesellungen gewinnen dann Identität durch Position, statt durch Negation: Ihr seid so, wir so, und das macht *Euch für uns,* vielleicht auch *uns für Euch* interessant, bereichernd, öffnet Horizonte. Die beidseitige bejahende Anerkennung ebnet Wege zum Zusammenleben oder gemeinsamem Weitergehen. Auch wenn wir uns nicht in allem verstehen, ist es, allerdings bei gutem Willen, dennoch möglich, miteinander im Gespräch zu bleiben. Einseitige Bejahung hat es da viel schwieriger und führt häufig zur Spaltung, beidseitige Verneinung überhaupt nie zu einer noch so oberflächlichen Einigung. Identifizierung durch Negation macht es sich einfach: Wir wissen, auch dann, wenn wir euch nicht kennen lernen wollen, *ihr seid anders als wir, und das tolerieren wir nicht.* Entweder ihr passt euch an, oder habt mit Sanktionen zu rechnen. Wir sind auserwählt, ihr verdammt, und die Guten siegen immer.

Hier sind, wenn auch in zu groben Strichen, zwei Muster des Umgangs mit Unterschieden nur flüchtig hingezeichnet, die sowohl für zwischenmenschlich Kleinräumiges wie für den Umgang mit ganzen Kulturen Modell stehen könnten. Dazu zwei Veranschaulichungen:

Der Apostel Paulus deutete in seiner Rede auf dem Areopag den Athenern die Widmung „einem unbekannten Gott", die er auf einem Stein gefunden hatte: *„Was ihr, ohne es zu kennen, verehrt, das verkündige ich euch."* (Apostelgeschichte 17.23) Da kommt also einer, der es nicht nur besser weiß, sondern die Zuhörer als ignorant in eigener Sache bezeichnet. Er deutet einseitig, ohne sich bei den Leuten zu erkundigen, wem sie den Stein zugeeignet hatten. Er bemächtigt sich des Brockens samt seiner Inschrift, welche auf seinen eigenen Gott hinweise. Euer unbekannte Gott ist mir bestens bekannt. Durch meine Mission sollt ihr endlich zu dem Gott kommen, den ihr immer schon kennen wolltet. Das Kernthema ist der wahre Gott. Wenn es um die Wahrheit geht, tut sich immer ein tiefer Abgrund zwischen Menschen auf, in welchem durch die ganze Geschichte hindurch Ströme von Blut flossen. Kulturen in der Mehrzahl sind Wahrheiten in der Mehrzahl. Die Einzahl führt zu Gewalt.

Ein Gegenbeispiel: Abdulay Wade, derzeit Präsident der Republik Senegal, schrieb im Vorfeld der Konferenz von Cancun einen Artikel zum Thema „Afrika ist keine Variable der Anpassung" (In „Le Monde" vom 10.09.2003:

L'Afrique n'est pas une variable d'ajustement). Im Unterschied zu Paulus will er sich Gehör bei jenen verschaffen, die bis jetzt und immer noch allein das Sagen für sich beanspruchten. Er setzt sich mit einem Selbst- und Fremd-bild auseinander, um die Identität afrikanischer Kulturen darzustellen und gleichzeitig deren Beitrag für etwas Gemeinsames in Aussicht zu stellen: *„Wir wünschen uns sehr, dass Afrika und andere Teile der Welt künftig nicht nur zu-stimmende Opfer einer Wirtschaftspolitik seien, die ihrer Situation nicht angemes-sen ist…"*

Es wird nicht ein vereinfachendes Täter-Opfer-Schema stilisiert, denn der Text endet mit einem Anspruch an sich selber – was können *wir* tun, damit *ihr* anders könnt?: „Wir werden uns anstrengen, zum Aufbau einer Weltwirt-schaft einen Beitrag zu leisten, einer Weltwirtschaft allerdings, die nicht eine bloße Summe von abstrakten Prinzipien ist und die Menschen ignoriert, von Prinzipien, welche anzuwenden und einzuhalten die Schwachen gezwungen werden, welche hingegen von den Starken je nach ihren eigenen Interessen verletzt werden. Um eine Weltwirtschaft aufzubauen ist es nicht wider die Vernunft, von den konkreten Wirtschaftssystemen und dem berechtigten Willen der einzelnen Staaten auszugehen." Hier begehrt einer auf gegen die von den Starken aufgezwungene Doktrin und zitiert dazu ein Wort von Louis Veuillot: *„Zwischen dem Starken und dem Schwachen ist es die Freiheit, die unter-drückt, das Gesetz hingegen schützt."* Es klingt das Thema einer interökono-mischen und damit auch interkulturellen Gerechtigkeit an, die miteinander auszuhandeln wäre, was in Cancun 2003 bekanntlich gescheitert ist, und prompt von der sich selbst die erste nennenden Welt der fremdbestimmten dritten Welt zur Last gelegt wurde. Im Scheitern der Konferenz kann ich allerdings das Zeichen einer erstarkenden Emanzipation sich anders ent-wickelnder, vielfach nur in wirtschaftlicher, nicht aber in humaner Hinsicht weniger entwickelter Völker sehen.

Kulturen sind eine Mehrzahl aus Vielfalt, Mehrheiten und Minderheiten, Zuwachs und Absterben. Kaum eine franst heute nicht in mehrere andere hinein. „Unberührte Kulturen" sind ebenso romantische Dünste wie die in-takte Natur. Sie offenbaren immerhin Sehnsüchte.

Der Entwurf einer globalisierten Welt ging vom Modell des Kaufhauses und von Warenkörben aus, die von Einheitsprodukten überfließen. Die Kom-merzialisierung griff immer mehr ins Alltagsleben, in seine Strukturen und Gebräuche hinein, was Kulturen verändert, zu Vereinfachungen führt, Se-rienklischees fabriziert, Unterschiede flach walzt. Zusammengenommen führt das gegenläufig zur Abstumpfung der Wahrnehmung von Abstufungen in Farbtönen, Geschmack, Düften im sinnlichen und übertragenen Sinne, zur langweiligen Standardisierung von Lebensweisen und anderem mehr. In mancher Hinsicht könnte man diesen Vorgang als herstellbare Dummheit bezeichnen, wenn dumm dasselbe ist wie unempfindlich gegenüber Unter-schieden. Es wäre illusorisch anzunehmen, dass das, was mit dem schwam-migen Wort Globalisierung bezeichnet wird, umkehrbar sei. Sich als Don Quijote vor Windmühlen aufzuspielen ergäbe auch heute wie damals nur die Gestalt eines lächerlichen Ritters von der traurigen Gestalt.

Aber an ihren Früchten werden wir erkennen, was aus dieser Art der Mondialisierung, wie die Franzosen sagen, werden wird. Symptome gibt es zu Hauf. So wachsen beispielsweise weltweit *politische* Polarisierungen und Eskalationen an. Da und dort führen sie zu Terror und (staatlich-militärischem) Antiterror, der sich an bestimmten Orten zu einem Amoklauf entwickelt: Naher und Mittlerer Osten, Tschetschenien, Indonesien stellen einige der großen Schaubühnen dar, deren Tragödien fast die ganze Menschheit täglich im Fernsehen mitverfolgen kann. Die *Religionen* und christlichen Konfessionen, die katholische wieder vermehrt, konturieren ihre Grenzen zum Teil wieder schärfer. *Wirtschaftlich* sind kaum Anzeichen zu erkennen, dass der Wirtschaftskrieg deeskaliert, auch wenn sich auf längere Sicht vielleicht ein Umschwung anbahnt. Solange unsere eigenen Staaten dem Dogma des Wachstums anhängen und Entwicklung nur ökonomisch linear konzipieren, tragen sie zur Verschärfung sozialer und ökonomischer Spaltungen ebenso bei, wie zur ökologischen Auszehrung unseres Planeten.

Nicht nur zwischen Kulturen und Staaten, sondern auch im Kleineren und Kleinsten spielen sich, strukturell betrachtet, vergleichbare Dinge ab. Sie reichen hinein bis in die Zweiungen von Mann und Frau, sozial der Geschlechter und der Generationen…

Nicht, wie sich Kulturen begegnen, sondern wie Menschen es tun, ist die Überschrift der Agenda, um die es deshalb gehen sollte. Denn nur da begegnen sich Kulturen. Je kleiner der Abstand zwischen Menschen und Kulturen weltweit wird, desto mehr wird die Frage dringlicher: Wie gehen wir, du wie ich individuell, wir alle kollektiv, sie und sie mit Unterschieden um?

Differenzen werden nicht verschwinden, solange mehr als nur ein Mensch auf dem Raumschiff Erde durch das Universum kreist. Um welche sozialen und kulturellen Gebilde es immer gehen mag, nach innen und gegen außen kommen Unterschiede und damit Spannungen und offene Konflikte zutage. Immer geht es auch um Einschluss und Ausschluss: Wer gehört dazu, wer nicht? Wer sind wir und wer ihr? Wen lassen wir herein und mit wem lassen wir uns ein, mit wem nicht? *Wo beginnt der Rand einer Gesellschaft und Gemeinschaft?* So oder so kommen nahe und ferne Nachbarn, Völker und Kulturen nicht darum herum, ihrem Verhältnis zueinander eine sich immer wieder verwandelnde Gestalt zu geben.

„Es gibt auf der Welt nichts, was nicht zu einem anderen in einem Wechselverhältnis stünde. Aber nur von einem Teil ausgehend kann man das nicht erkennen. Darum sage ich, … das eine wird durch das andere bedingt. Wenn nun demnach auch … Möglichkeit und Unmöglichkeit, Bejahung und Verneinung einander bedingten, … dann sieht man, das eine ist zugleich auch das andere, und jedes schließt seinen Gegensatz in sich. Gibt es aber dann tatsächlich noch den relativen Unterschied oder nicht?" (Tschuang-Tse)

Wer – statt in dieser *Wechselseitigkeit zu denken und zu handeln* – es einseitig versucht, gleicht einem, der auf einer Strasse gehen will, die nur eine linke oder eine rechte Seite hat. Dieser logische Nonsens entspricht der Egologik, nicht der Dialogik.

Damit ist das Thema Macht auf dem Tisch. Wo Menschen aufeinander treffen, ist immer Macht mit von der Partie, in den besten Partien ebenso, wie in Freundschaften und Arbeitsgemeinschaften. *Das gehört ebenso wie Unterschiede und sich daraus ergebende Konflikte zur Normalität.* Nicht die Macht, sondern wie damit umgegangen wird, ist die Frage.

Edward Said, ein Amerikaner palästinensischer Herkunft, machte jüngst in einem Artikel über „Der Humanismus, das letzte Bollwerk gegen die Barbarei", folgende Aussage: *„Der Wille, andere Kulturen zu verstehen mit der Absicht, mit ihnen zu koexistieren und seinen eigenen Horizont auszuweiten hat nichts mit dem Willen zu tun, sie zu beherrschen."* (Said, 2003: 20)

Dennoch wird (nach diesem Autor) Verstehen wollen immer wieder *zum Willen zur Macht.* Verstehen ist nicht neutral. Es deutet aus einer jeweiligen Sicht, welche zum Instrument der Macht werden kann. Die Vokabel von der *Deutungsmacht* hat hier ihren Sitz in der Erfahrung. Wird einer hartnäckig als Feind aufgebaut, ist ein paranoider Prozess individueller und kollektiver Art in Gang und kann sich bis zum Verfolgungswahn steigern. Die Medien wiederholen nach bewährtem Muster der Politpropaganda bis zum Überdruss, wie unvermeidlich es ist, dass der böse Feind des Guten verschwinde. Lügen werden zu „Wahrheiten".

Ist Macht gar der Zwilling der Angst? Der Mächtige fühlt sich von seiner eigenen Schwäche und dem Schwachen ebenso bedroht, wie der Ohnmächtige vom Mächtigen, hat jedoch wirksamere Mittel dazu, sich gegen seine eigene Angst nach innen und außen zu wehren. Verzagte Einschüchterung und Waffengetöse erscheinen wie die Tarnkappen der Angst.

Wieso haben wir Menschen vor niemandem so Angst, wie vor uns selber? Wieso leisten wir uns dafür eher, denn dagegen, einen größeren Aufwand als gegen alle Gefahren, die uns von den Lebensgrundlagen her bedrohen? Wieso ist es so schwer bis unerträglich, nur mit uns und mit dem, was aus uns geworden ist, konfrontiert zu sein?

Thomas Hobbes ahnte am Beginn der Neuzeit offenbar Schlimmes, als er das Bild vom Homo homini lupus entwarf. Wieso wird aus dem homo lepus, dem Angsthasen, ein Wolf? Hobbes beleidigte zwar damit den Wolf. Sah er eine Zukunft aufsteigen, wo sich Menschen unter sich immer ungeborener fühlen und eine Verlorenheit sich breit macht, die überall Menschen auf der Lauer nach Beutemenschen sieht? Es ist, als ob er sagen wollte, es sei kein Verlass auf Menschen, und deswegen sei das allgemeine Misstrauen schlauer, als ein Vertrauen, welches ohnehin nur schamlos ausgenützt werde ...

Da ist das zweitletzte Schlüsselwort gefallen – Vertrauen. In der Begegnung der Kulturen kann es Tore aufschließen, während das Misstrauen sie zuschließt und verschlossen hält. Doch verlieren wir das Augenmass nicht: Beide, Vertrauen und Misstrauen sind nur insofern Gegensätze, als sie zusammen gehören wie zwei Ufer einer Fliesseinheit, zwischen denen das konkrete Leben sich hin und her bewegt: Vertrauen gegen Misstrauen gegen Vertrauen gegen Misstrauen gegen Vertrauen ...

Eine Begegnung, die eine solche ist, braucht mehr an Vertrauen, als an Misstrauen. Bei der Vergegnung jedoch ist das Misstrauen größer. Wie sich

Vertrauen stärken, Misstrauen vermindern lässt, sagt Lao Tse im 17. und 49. Gesang.

> *„Wer nicht genug Vertrauen hat, dem wird man auch nicht vertrauen."*
> (Gesang 17)
> *„Ich vertraue den Menschen,*
> *die vertrauensvoll sind,*
> *und ich vertraue den Menschen,*
> *die nicht vertrauensvoll sind,*
> *denn so vermehre ich das Vertrauen."*
> (Gesang 49)

Der Aufbau und das Wirken von Vertrauen sind Bedingungen von bedingungslosen Begegnungen, Verhandlungen, Gesprächen. Das Vertrauen hat noch eine jüngere Schwester, die Gerechtigkeit. Oder ist Vertrauen nicht eher deren Mutter?

Ich erinnere mich an einen Schwarzafrikaner in Genf. In der Würde eines Häuptlings redete er in der Straßenbahn ganz ruhig vor sich hin: „Ihr habt uns das Gold weggenommen, unsere Götter gestohlen, unsere Frauen vergewaltigt, unsere Gemeinschaften zerstört." Es kam niemandem in den Sinn, ihm mit oder ohne Worte zu widersprechen.

Homo homini homo – Der Mensch sei dem Menschen ein Mensch. Der menschliche Mensch ist ein mitmenschlicher Mensch, sonst hieße er zu Unrecht Mensch. Wenn wir nicht hinter die europäische Aufklärung zurückwollen, sind alle als Menschen gleich bis hinein in ihr Anderssein.

Human ist ein großes Wort, und nur solange verstehbar, als man nicht versucht, es zu definieren. Humanismus wird denn auch nicht durch Erklärungen verwirklicht, sondern durch das ganz persönliche Mitmenschsein von Individuen und Kollektiven einander gegenüber, durch schöpferische Intuition, im Umgang miteinander gemeinsam etwas entstehen zu lassen, das zu einer Kultur der Kulturen zusammenwachsen lässt. Die Pluralität der Kulturen lässt der Vielfalt Raum, der einzelnen Kultur also ihre Integrität. Das ermöglicht eine Integration nicht der Anpassung der Wenigen und Kleinen an die Grossen, sondern aus gegenseitigem Respekt erwächst ein Miteinander im Nebeneinander. Eine mitmenschenfähige Weltgemeinschaft ist existenziell darauf angewiesen.

Der kleine Prinz von Saint Exupéry bringt die Voraussetzung der Verständigung auf diesem Weg auf den Punkt: „Man sieht nur mit dem Herzen gut."

Literatur

Lao Tse (1996) Tao-Te-King. Diogenes Verlag, Zürich

Roth G (2001) Fühlen, Denken, Handeln. Suhrkamp, Frankfurt/Main

Said W (2003) L'humanisme, dernier rempart contre la barbarie. In: Le Monde diploma-
    tique, September 2003, S 20

Saint Exupéry A (1999) Der Kleine Prinz. Verlag der Arche, Zürich

Tschuang-Tse (1936) Dichtung und Weisheit. Insel Verlag, Zürich

Viallet FA (1978) Zurück mit leeren Händen. Walter Verlag, Olten und Freiburg i.Brsg.

Zwingli Bibel (1959) Apostelgeschichte 17.23 Verlag Zwingli Bibel, Zürich

PETER HEINTEL und LARISSA KRAINER

Mediation, Macht, Gerechtigkeit.
Mediation macht Gerechtigkeit

Größere Mediationsverfahren und das sind alle, die mit verschiedenen Gruppen, Organisationen, ja Systemen zu tun haben, wie z. B. Umwelt-, Wirtschafts-, Politikmediation, bekommen es unvermeidbar mit dem Thema Macht zu tun. Dies in doppelter Gestalt:

Einmal vom Mediationsfeld selbst induziert. Organisationen sind meist hierarchisch strukturiert, es gibt in ihnen Machtgefälle. Die meisten Konflikte bewegen sich nicht horizontal auf der gleichen hierarchischen Ebene. Weiters gibt es Bereichshierarchien; nicht jeder hat die gleichen Einflussmöglichkeiten. Treffen im Konflikt Organisationen, Gruppierungen aufeinander, ist ebenso davon auszugehen, dass sie nicht mit gleicher „Machtfülle" ins Verfahren eintreten. In vielen Wirtschafts- und Umweltmediationen wird ein besonderes Machtproblem relevant:

Unsere Gesellschaft wird unseres Erachtens vom ökonomischen System und seiner technologischen Begleitung dominiert („Geld regiert die Welt"), so dass alle anderen von vorne herein „Machtrückstand" haben. Es gibt zwar rechtliche Einschränkungen (z. B. UVP-Verfahren), weil aber schließlich auch alle vom Funktionieren der Wirtschaft abhängig sind, wird ihr ebenso ein Rechtsanspruch zugebilligt, Maßnahmen für ein bestmögliches Überleben einfordern zu können. Dieses bringt Dividenden, diverse Steuern, Arbeitsplätze, Infrastrukturen, letztlich ökonomischen Wohlstand.

Es gibt aber kein auf bestimmte Zwecke gerichtetes System, das *nur* Vorteile hat. Zwecke und Eigenlogiken bestimmen es als *einseitig*, eigene Interessen fördernd, andere ausschließend. Das hat seinen Preis. In Umweltmediationen meldet er sich. Es geht um die anderen und vielfach ausgeschlossenen oder zumindest wenig berücksichtigten Interessen (zumeist organisiert in Bürgerinitiativen, die sich explizit gegen als störend empfundene Lärm- oder Umweltbelästigungen organisieren und dies häufig auch in ihrer Namensgebung zum Ausdruck bringen) gegen die aus ökonomischer Sicht nichts zu sagen wäre. Für das „zu-Wort-melden", für Widerstand-leisten bedarf es aber bereits einer gewissen Kraft und Anstrengung, die deutlich machen, dass man sich *seine* Macht, ja seine Existenzfähigkeit gegenüber der etablierten erst erwerben, ja erkämpfen muss.

Umgekehrt muss aber ebenso gefragt werden, was die bestehende ökonomische Macht (meist in Verbindung mit politischen Zusatzinteressen) veranlasst, oppositionelle Kräfte überhaupt wahrzunehmen, ihnen in Mediationsverfahren Geltung und damit ebenso partielle Macht zu verschaffen? Damit auch grundsätzlich auf eigene Macht zu verzichten? Im Prozess der Auseinandersetzung tritt häufig die Frage auf: Ist der Machtverzicht ehrlich gemeint oder handelt es sich eher um arbeitstherapeutische Beruhigungen, oder gar bloß um einen PR-Gag? Die Ausgangssituation ist klar: gegenüber den Mächtigen – selbst wenn die Größe seiner Macht in der Phantasie auch übersteigert wird – herrscht zunächst immer Misstrauen. Wir halten anscheinend Machtverzicht für etwas nicht ganz Normales, egal, welcher Seite man angehört; und so wittern vor allem die Schwächeren überall Taktik, Strategien, „über den Tisch gezogen" zu werden, während sich in Reaktion darauf Stärkere manchmal wiederum darauf zurückziehen, ihre Stärke zu demonstrieren. Würde, wie im besprochenen Fall, ein Wirtschaftsunternehmen für sich überhaupt keine Vorteile aus dem Verfahren lukrieren, wäre es tatsächlich nicht leicht einzusehen, warum es sich diesem unterzieht, Zeit, Geld, Aufregungen etc. riskiert. „Reine, selbstlose Menschlichkeit" wäre eine zu idealistische Unterstellung, zumal im eigenen System von dieser nur sehr eingeschränkt Gebrauch gemacht werden kann. Also, der Machtverzicht muss auch der Macht „etwas bringen" (z. B. Ansehen, die Vermeidung aufwendiger rechtlicher Verfahren, das Image, ein „guter" Arbeitgeber zu sein, Ruhe statt Protesten etc.; insofern wird schon hier die immer wieder anzutreffende Dialektik sichtbar: Macht kann auch durch Machtverzicht „gewinnen").

Allerdings – und das führt zu einem weiteren Widerspruch – das ökonomische System kann nur mit eigenen „Währungen" bezahlen. Diese bestehen in erster Linie in Geld (auf das wiederum der Shareholder, bzw. die Steuer verzichten müssen), und in zweiter Linie in technologischen Verbesserungsmöglichkeiten (Lärmreduktion, Umweltschutz etc.); letztere stellen sich oft als beschränkt heraus, zumal auch hier das ökonomische Kalkül ins Treffen geführt wird. Also werden eher „gerechtere" Umverteilungen ins Auge gefasst, die schon aus örtlichen Gründen nie ganz gelingen können. Dies heißt aber nicht mehr und nicht weniger, als dass es „Sieger" und „Verlierer" gibt und sich damit der von vorne herein bestehende Machtunterschied auch im Verfahren selbst reproduziert. Hier ist dann nicht mehr bloß der ursprüngliche und erste „Gegner" gefordert, sondern alle möglichen Gruppierungen, vor allem diejenigen, die besser „ausgestiegen" sind. Interessant zu beobachten ist, dass diese oft Schwierigkeiten haben, ihre „neue" Rolle anzunehmen und im Sinne des Verfahrens nun selbst Macht abzugeben. Gewinner zu sein ist doch zu verlockend, allerdings macht es manchmal „situationsblind". Hinzu kommt das Problem einer Akzeptanz der angebotenen „Währung". Hier mischt sich sehr oft die moralische mit der ökonomischen Argumentation: „Wir lassen uns den Lärm nicht abkaufen". Dabei zeigt sich wie in vielen anderen Beispielen der Widerspruch unterschiedlicher Systemlogiken:

„Schmerzensgeld" muss von moralischer Warte betrachtet als „Bestechung" gewertet werden. Ähnlich schwierig ist es, subjektive Betroffenheit quantitativ zu positionieren, weshalb erstere gerade dann, wenn sie mit rationaler Argumentation „überzeugt", d. h. tendenziell außer Kraft gesetzt werden soll, eher mit „fundamentalistischer" Gereiztheit und Hartnäckigkeit zu reagieren geneigt ist. Die Mediation gewährt auch letzterer zunächst Raum und damit gewinnt auch diese Seite Macht, zumal sie sehr rasch zum Symptomträger für alle möglichen sonst ungelösten Probleme werden kann. Hinzu kommen angestrebte Lösungsziele, wie Einstimmigkeit, Konsens etc. Sie gewähren sowohl ausnutzbare „Vetomacht", die sowohl für subjektive Betroffenheiten ausgenützt werden kann, als sie auch Vereinbarungen erschwert die Kompromisscharakter aufweisen. Von ihren Grundprinzipien her gesehen, befindet sich Mediation auf diese Weise selbst in widersprüchlicher Situation: sie muss ein zunächst von vielen zu Beginn phantasiertes win-win Resultat verlassen, zumindest laufend anpassen und uminterpretieren, sie muss Sieger und Verlierer zur Kenntnis nehmen, obwohl Konsens ihr Ziel ist, und sie muss gerade an diesen bestehend bleibenden unterschiedlichen Machtverhältnissen arbeiten (d. h. z. B.: wenn jemand aus nicht verhinderbaren Gründen nichts oder nur wenig gewinnt – es kann ja sogar so sein, dass sich seine Situation sogar verschlechtert, dann muss für ausgleichende Gerechtigkeit auf anderer Ebene gesorgt werden; dafür ist aber nicht bloß der „erste" Gegner, der anfangs Mächtigste verantwortlich zu machen, sondern auch alle anderen, die sich im Gewinn befinden).

Aus der Geschichte kennen wir hier allerdings eine organisationspsychologische Gesetzlichkeit: findet sich in solchen und ähnlichen Verfahren die Mehrheit der Parteien auf der Gewinnerseite, neigen sie zur Verfahrensbeschleunigung, wollen den schnellen Abschluss. Widersacher, d. h. meist die Verlierer, werden zu Störenfrieden, Querulanten, Verhinderern. Psychologisch durchaus verständlich; sie wollen noch irgendetwas – oft wissen sie selbst nicht genau was – was die anderen schon haben. Die Reaktion der anderen folgt dann entsprechend; man versucht sie „hinauszukippen" oder indirekt zu erreichen, dass sie von sich aus gehen. Meist sind diese Akte aber mit Problemen verbunden. Man zweifelt an der Mediation, zumindest ihrem Prinzip von Einstimmigkeit, man muss sich fürchten, dass die Ausgeschlossenen draußen aktiv werden, Gegner und Medien um sich sammeln, schließlich regen sich dort und da auch Schuldgefühle. Eine besondere „Pikanterie" ist es, wenn Ausgetretene oder Ausgeschlossene gleichsam als ständiges Mahnmal im Verfahren anwesend bleiben und somit an dessen Brüchigkeit ständig erinnern. Mediation gibt also durch ihre Grundanlage auch dem Schwächeren Macht, die diese natürlich für ihre Zwecke ausnützen können, von der sie manchmal nicht bereit sind, etwas abzugeben. Erinnern wir uns an die Ausgangssituation. Hier ist meist zunächst die Macht auf Seiten der Ökonomie; sie ist es schließlich auch, die das Mediationsverfahren finanziell trägt (allein das ist übrigens natürlich unter dem Blickpunkt der Währung der Ökonomie betrachtet bereits so etwas wie „Machtverzicht").

Das mächtige Wirtschaftsunternehmen tritt insofern als erster und ei-

gentlicher Gegner auf; alle wollen etwas und zwar nur von ihm. Bei näherer
Betrachtung stellt sich diese „binäre" Gegnerschaft sofort als problematisch
heraus. Es gibt nämlich Parteien, die ebenso vom Wirtschaftsunternehmen
profitieren (von der Kommunalsteuer bis zu sicheren Arbeitsplätzen) – also
ökonomische Vorteile haben. Durch diese Parteien, meist sind es die Kommunen, gehen jedenfalls zwei Widersprüche hindurch, die ihre Repräsentanten permanent in sich tragen: auf der einen Seite müssen sie am Blühen und
Gedeihen des Wirtschaftsunternehmens höchlich interessiert sein, auf der
anderen Seite gibt es „Wählerschichten", denen dafür der Preis zu hoch ist.
Man soll und will aber z. B. ein „Bürgermeister für alle" sein. Auf der anderen
Seite wird unterschiedlich profitiert. Wie soll eine Gemeindesolidarität erreicht werden, wenn Vor- und Nachteile so ungleich verteilt sind? Die lineare
Gegnerschaft kann also nicht halten, muss sich auflösen. Man hat einerseits
den Gegner in sich selbst, andererseits vielleicht sogar in der Nachbar-
gemeinde. Wenn diese Gegnerschaften nicht explizit werden, führt dies zum
starren Festhalten an der Ausgangssituation (der imaginierte Außenfeind
bleibt), zur Schwächung innerer Solidaritäten, bzw. zu informellen „Bypass-
Operationen"; letztere schaffen für das offizielle Verfahren die Gefahr, dass in
ihm nichts mehr Wesentliches besprochen wird, formalistische Taktik über-
wiegt. (Das soll nicht heißen, dass generell auf Informelles im komplexen Verfahren verzichtet werden soll oder kann, die Frage bleibt aber andererseits,
welche Transparenz für das Offizielle unabdingbar ist.) Verlieren aber die
sich in inneren Widersprüchen befindlichen Parteien an Verfahrensmacht,
wird dadurch ihre Aktivitätskraft beschränkt, konzentriert sich diese dann an
zwei Stellen. Einmal an der, die von sich meint, weder ökonomische Vorteile
zu haben, noch diese zu brauchen, also auf einzelne Individuen, die im
wesentlichen der subjektiven Bedürfnis- und Betroffenheitsseite das Wort
reden, zum anderen auf solchen, die im Verfahren selbst tragende Rollen
spielen. Also, die so etwas wie Verfahrensmacht durch inhaltliches oder
organisatorisches Engagement erworben haben.

An dieser Stelle mag es hilfreich sein, an Aristoteles zu erinnern. Nach
ihm lassen sich drei „Gerechtigkeiten" festhalten: die „Bedürfnisgerechtigkeit", die „Leistungsgerechtigkeit" und die „Gesetzesgerechtigkeit". In ers-
terer geht es um alles, wessen Menschen bedürfen; eine Mutter schenkt im
Allgemeinen jenem Kind mehr Aufmerksamkeit, das ihrer am meisten bedarf:
sie richtet sich nach ihm. Im Wirtschaftssystem aber auch anderswo bekommt der mehr Aufmerksamkeit, der mehr leistet. Was Leistung ist, wird
aber nicht von ihm, sondern vom System bestimmt. Zwischen Bedürfnis und
Leistung gibt es diverse Widersprüche, jedenfalls sind sie nicht immer in
Einklang zu bringen. In der ökonomisch dominierten Gesellschaft war es die
Idee, beide Pole durch den Markt zu vermitteln. Die eine Seite „leistet" für die
Bedürfnisse der anderen, die andere meldet dieser ihre Bedürfnisse. So weit,
so schön und „neoliberal-gleichgewichtig". Bereits Aristoteles wusste aber
schon um Ungleichgewichte, die Balance kann außer Tritt geraten und Un-
gerechtigkeit und Übervorteilung produzieren. Darauf sind mögliche Antworten „Räuberei", Revolution, Krieg. Damit letzteres nicht entsteht, existiert

„Gesetzesgerechtigkeit". Sie sorgt für die rechte Balance. Sie ist nach Aristoteles die Substanz des Politischen. Gerade in unserer gegenwärtigen Debatte sollte u. M. n. nachdrücklich an dieses Modell der Gerechtigkeiten erinnert werden. Und es hat auch für das zitierte Mediationsverfahren nachhaltige Bedeutung und dies auf den verschiedensten Ebenen. Die Frage lautet nämlich: wie kommt heute die Balance zustande, wo einerseits die Gesetzesgerechtigkeit sich hauptsächlich von der Leistungsgerechtigkeit (sprich: die Politik sich von der Ökonomie) abhängig gemacht hat, wo andererseits die Dominanz der Leistungsgerechtigkeit die Bedürfnisgerechtigkeit (sprich: die Ökologie, die Solidarität) zunehmend in den Hintergrund drängt.

Die erste Ebene, die hier zu beachten ist, betrifft die Mediation selbst. Sie verkörpert eine andere Form der Gesetzesgerechtigkeit, vor allem dort, wo einerseits Politik aus bestimmten Gründen versagen muss, wo man andererseits auch mit dem bestehenden Recht mehr „verkompliziert", als löst. (Vgl. dazu auch die wissenschaftliche Begleitforschung vom Mediationsverfahren Flughafen Wien-Schwechat: Vorläufiger Endbericht (unveröffentlicht). Klagenfurt, März 2003.) In der Mediation werden sozusagen die Widersprüche wiederum an die Akteure zurückgegeben und Verfahren etabliert, in denen es um problemadäquate Herstellungen von Gerechtigkeit geht. Bestehende Machtkonstellationen (vor allem die ökonomisch bedingten) müssen zwar akzeptiert werden, zugleich relativiert das Verfahren wiederum deren Einseitigkeit, indem es Bedürfnisgesichtspunkten wieder mehr Raum gibt („Betroffenheitskoeffizient"). Dies heißt aber in der Gegenrechnung natürlich *nicht*, dass jetzt allein dieser Gesichtspunkt verfolgt werden soll, weil der andere ohnehin genug Macht hat. Auch hier nützt binäres Denken nicht. Der Mediationsprozess ist ein dialektischer Vermittlungsprozess, in dem beide Seiten über prozessualen Machtverzicht schließlich mehr Macht gewinnen, bzw. für sich etwas „herausholen" können.

Die zweite könnte man in der Folge als die „Rache der Unterdrückten" bezeichnen. Wird über längere Zeit der im übrigen immer auch „ganzheitlich" orientierte Bedürfnisteil ständig verletzt (Lärm, Lebensqualität etc.), so ist es nicht verwunderlich, dass er seine „Ermächtigung" zunächst ausnützt, ja genießt; endlich!!! Vor allem in Individuen repräsentiert, die entweder großen Leidensdruck haben, oder die ökonomisch ausschließlich beanspruchte Leistungsgerechtigkeit ohnehin in ihrem Recht bezweifeln. Es neigen diese Positionen freilich dann oft zu einer gewissen Haltung der Unverrückbarkeit. Aber auch sie müssten sich bewegen. Tun sie dies nicht, schließen sie sich eigentlich selbst aus dem Verfahren aus, das ja niemals den Zweck haben kann, individuelle Bedürfnisinteressen als „Alleinsieger" aus dem Verfahren hervorgehen zu lassen. Wiederum wird hier im Hintergrund eine neue Machtdialektik sichtbar, nämlich die von individueller Betroffenheit und „übergeordneten" allgemeinen Interessen. Die Macht des Individuums im Verfahren ist eine doppelte: einmal kann sie, wie schon erwähnt, unter Zu-Hilfe-Name des Einstimmigkeitsprinzips blockieren, zum anderen seine „Unrelativierbarkeit" zur Darstellung bringen. Für ersteres Verhalten entwickeln die anderen Gruppierungen im Prozess im Allgemeinen korrigierende Umgangsformen (Gruppen-Anpassungsdruck, Ausschlussdrohungen, aber auch diverse Integrationsangebote, vor allem dann, wenn aus welchen Gründen auch immer ein gewisses Verständnis für die Position vorhanden ist, bzw. sich der Proponent für diverse Projektionen bestens eignet), im zweiten muss sich das Individuum selbst und freiwillig bewegen. Es ist gleichsam unmöglich, einer Person sein Leid, seine emotionelle Betroffenheit mit rationellen Gründen ausreden zu wollen, meist hilft hier ohnehin nur Mitleid und ähnliches Schicksal. Nun ist es aber, auch wenn wir uns so gern im Zeitalter eines fortgeschrittenen Individualismus wähnen, Tatsache, dass im Zusammenleben vieler den Bedürfnisansprüchen des Individuums Grenzen gesetzt sind. Das Allgemeine, das Gemeinwohl verlangt ein Gemeinsames, und dies ist nicht die Summe aller individuellen Wünsche. Auch wenn das Wort Gemeinwohl schon vom Begriff her Ausgleich und Gerechtigkeit nahelegt, es impliziert dennoch auch immer individuelle Verzichtleistung. Das Verlangen nach ihr desavouiert sich aber dann, wenn an Maß und Gerechtigkeit erhebliche Zweifel bestehen.

Da zunächst von ungleicher Machtverteilung ausgegangen werden muss, darf es nicht verwundern, dass vorerst einmal der Verzicht oder die Abwägung in den Hintergrund treten. Es bedarf längerer Prozesse, „vertrauensbildender Maßnahmen", die ihn ermöglichen. Und von vorne herein ist es ja auch nicht ausgemacht, wie viel an Selbstrelativierung von individueller Seite verlangt werden muss. Im Rechtsstaat wird diese Machtdialektik durch Gesetze geregelt. Es ist hier nicht zu untersuchen, ob diese nicht auch Produkte von Machtgefällen sind, jedenfalls als Ausdruck eben der beschriebenen gesamtgesellschaftlichen Verfasstheit verstanden werden müssen, gegenüber dem Mediationsverfahren haben sie jedenfalls einen großen Nachteil: Sie können die Unrelativierbarkeit des individuellen Standpunktes als Ausgangspunkt insofern nicht akzeptieren, weil emotionelle Betroffenheit, Leid etc., im rechtlichen Prozess nicht agiert, sondern delegiert werden (dies ist ja einer der Hauptgründe für die Unzufriedenheit der Individuen mit gerichtlichen Urteilen: irgendwie hat jedes das „dumpfe" Gefühl, dass man seinem Anliegen nicht ganz gerecht wurde).

Anders im Mediationsprozess: auch wenn hier vieles über Delegation an Repräsentanten laufen muss, sie sind selbst Betroffene und vertreten Betroffene, denen sie, auch emotionell, in Rückbindungen Rechenschaft schuldig sind. Da sie selbst den Prozess mitsteuern, inhaltliche Positionen vertreten, verändern etc., sind sie als Personen in ganz anderer Weise „anwesend", als dies in Rechtsverfahren möglich ist. Diese Tatsache kann genützt werden, hat aber auch ihre Mühsal an sich. Genützt wird sie im allgemeinen für Ergebnisse „rechtsschöpferischer" Art, die im „normalen" Rechtsgeschehen so nicht erreichbar sind (z. B. „Evaluationseinrichtungen", regionales Konfliktmanagement, Umweltfond: Rechtsverfahren legen, auch wenn sie es von sich aus gar nicht wollen, psychologisches Verhalten fest, das auf Interessenswahrung, Verteidigung und Angriff, Sieger- und Verliererphantasien ausgerichtet ist). Jedenfalls erweitert sich die Möglichkeitspalette und dies auch deshalb, weil Bedürfnisgerechtigkeit in zuerkannter Rolle mitprozessiert werden kann.

Eine letzte, hier verfolgte Ebene ist die der Politik. Was nämlich nicht ausschließlich rechtlich entschieden werden kann, muss sie entscheiden, wenn es um das Allgemeine, das Kommunale etc. geht. In der beschriebenen Dominanzlage, in ihrer Abhängigkeit von einer funktionierenden Wirtschaft befindet sie sich in einer gespaltenen Situation, egal, ob das nun ein ganzes Land oder auch nur eine kleine Gemeinde betrifft. Wenn sie nun noch dazu Shareholder am Unternehmen ist, mit reicher Kommunalsteuer rechnen will, verschärft sich die Situation. Im Grunde muss sie alles tun, um die Wirtschaft zu fördern. Wie aber schon erwähnt, die Pointierung der Leistungsgerechtigkeit hat ihren Preis, der in der notwendigen Einseitigkeit dieser Dominanz liegt. Und es meldet sich die andere Seite immer heftiger. Bürgerinitiativen, politische Parteien, usw. nehmen sich der Bedürfnisseite an und leisten Widerstand. Das politische System sollte sich nun im Sinne seines Auftrags, sofern sie sich nicht überhaupt als „reine" Wirtschaftspolitik verstehen will und die Prinzipien der Wirtschaft als für alle anderen Systeme als maßgebend und ausreichend qualifiziert, für alle, für das gemeinsame Wohl zuständig erachten. Wer das alltägliche pragmatische Tagesgeschehen der Politik kennt, weiß, wie schwierig dieser Spagat zu tätigen ist und wie schnell man, um das Problem vom Tisch zu haben, den Stärkeren (Lobbyisten, etc.), mit denen man öfter zusammen ist, wie mit den „Bürgern", nachgibt.

Dort aber, wo ökonomische Macht ihre negativen Auswirkungen verdichten muss (z. B. im Sinne von örtlichen Lärmkonzentrationen), entstehen Opposition und Gegenbewegungen, die auf plausibler Bedürfnisbasis sich quer durch die politischen Parteien ziehen. Das bedeutet, dass die Abhängigkeit der Politik von der Wirtschaft zu schaden beginnt, bzw. nicht wie real vorhanden, in den Vordergrund gestellt werden darf. Besonders prekär wird die Lage dann, wenn politische Parteien auftreten, die sich ausdrücklich der Bedürfnislage annehmen und aus ihr politisches Kapital schlagen. Möglicher Wählerverlust tut weh und man muss sich neue Strategien überlegen. Obwohl die generelle Abhängigkeit der Politik von der Wirtschaft gewiss kein Geheimnis mehr ist, die (nationalstaatliche) Politik damit von vornherein als geschwächt angesehen werden muss, wird in sie immer noch mehr Macht hineinphantasiert, als sie tatsächlich an Gestaltungsmöglichkeiten hat. Allerdings lässt sich mit diesen Phantasien operieren; vor allem mediale Geschäfte sind damit zu machen. Und auch wenn sich die Politik immer wieder eingestehen muss, dass sie schwächer ist als man sie sieht, will sie auf die ihr zuphantasierte Macht nicht gern verzichten, was ihr aber meist nur in Verbindung mit anderer bestehender Macht gelingt. Das derzeit eingerichtete Wirtschaftssystem lässt zusätzlich den Spagat und die mit ihm verbundenen Managementschwierigkeiten gar nicht gelten (abzulesen an der Diskussion über die Zurücknahmen der Sozialleistungen, der Solidarität mit der Armut, der Privatisierung öffentlicher Dienstleistungen etc.) und stellt damit, wie derzeit in Deutschland gut zu verfolgen, das politische System vor fast ausweglose Situationen. Auf der anderen Seite wächst der Widerstand (Streiks, Proteste etc.). Auch wenn hier die Politik zweifellos neue Wege wird einrichten müssen, in der kleinen Welt der Mediation wird bereits einer eingeschlagen: der Spagat wird „ausgelagert"; man selbst bleibt im Hintergrund und kann bei lästigen Anfragen auf das Verfahren hinweisen. Das ist, auch wenn man in der Position bleibt die „Reißleine" zu ziehen, und letztlich Resultaten seinen Segen zu geben hat, partieller Machtverzicht. Zwar gibt es im Verfahren politische Parteiungen, zumindest gewählte Mandatare, sie sind aber nicht mehr die letztlich Entscheidenden, sondern tendenziell „gleichberechtigte" Verhandlungspartner. Diesen Machtverzicht kann man entweder als sinnvoll akzeptieren – zumindest hat man eine Zeitlang ein Problem vom Hals – (das Mediationsverfahren am Flughafen Wien-Schwechat war bisher kein Wahlhauptthema), das Verfahren gewährt auch die Zeit, sich intensiv mit ihm zu beschäftigen, was im politischen Alltagsdruck nur schwer möglich ist, und damit einen Weg der „Zivilgesellschaft" anerkennen, man kann ihn aber auch strategisch verwenden. Sei es, dass man sich als Politiker das Mediationsverfahren als Profilierungsmöglichkeit verwendet, sei es, dass man informell mit steuert. Jene Politik, die sich insbesondere auf die Bedürfnisschiene gesetzt hat, sollte eigentlich ihre helle Freude haben; endlich kommt sie verfahrensgesichert zu Wort. Diese Freude mag bei einigen wohl ausbrechen, die anderen müssen das Verfahren als Konkurrenz empfinden, als Kanalisation ihrer politischen Anliegen. Sie werden daher genau beobachten, wie Entscheidungen zustande gekommen sind und ob sich nicht doch wiederum die bestehende Macht letztlich durchgesetzt hat. Dennoch, Mediationsverfahren müssten für die Politik ein interessantes Experimentierfeld bleiben, den für sie in gegenwärtiger Situation schwer handzuhabenden „Spagat" zu seiner berechtigten Geltung kommen zu lassen.

Zu Beginn dieses Artikels sprachen wir von den Machtvoraussetzungen der Mediation in doppelter Gestalt. Bisher haben wir nur die erste abgehandelt, die vom Mediationsfeld selbst induzierte. Es sollten noch einige kurze Bemerkungen über die zweite Gestalt angeschlossen werden. Machtbewegungen gibt es nämlich auch innerhalb des Verfahrens, *„durch es selbst"*. Nun geht man wohl gemeinhin davon aus, dass in Mediationsverfahren grundsätzlich alle Interessensgruppen „gleichberechtigt" sind, egal, welche reale Macht ihnen „draußen" zukommt; darüber haben wir bisher einiges kommentiert. Es ist aber das Geschehen, der Prozess selbst, der immer wieder aufs Neue Machtfragen stellt. Wiederum ist es allgemeine Ansicht, dass die Mediatoren Macht über den Prozess haben, also Prozessautorität sein sollten, nur es gibt zwei Prozessebenen: Mediatoren haben einerseits für die „Erledigung" der mitgebrachten Konflikte und Interessensunterschiede zu sorgen, andererseits jene Konflikte zu steuern, die im Verfahren selbst entstehen. Und letztere überlagern nur allzu oft die ersteren. Konzentriert man sich auf die Mitgebrachten, kann es geschehen, dass man die gegenwärtig Wirkenden aus den Augen verliert oder sie verdrängt, was meist dazuführt, dass sie an geeigneter und ungeeigneter Stelle wieder auftauchen. Wer also steuert diese Prozesse, wer hält sich den Kopf frei für die gemeinen Mediationsthemen? Prozesssteuerung ist aber nicht nur eine große Verantwortung, sie verführt zur Machtansammlung. Es ist ja nicht so, dass Designs, Prozessarchitekturen „neutral" sind. Vorgesehene Konstellationen (welche Arbeitsgruppe, wer ist dabei, wer wird als Experte eingeladen, was ist eine Klausur, wie viele braucht man etc.) beeinflussen wesentlich inhaltliche Entscheidungen. Organisiert man im Hintergrund auch noch den notwendigen und unterstützenden Bereich des Informellen, bedeutet dies neuerlichen Machtzuwachs. Wie wird diese Macht konkretisiert, wann ist sie überfordert, wo wird ihr zu Recht oder Unrecht Missbrauch unterstellt, wie wird überhaupt über dieses Thema gesprochen. Unterschiedliches Engagement im Verfahren schafft ein „Mehrklassensystem"; es gibt „Wissende", Experten und weniger Informierte. Damit letztere auch „glauben", was die anderen sagen, bedarf es eines hohen Vertrauenslevels; woher kommt dieses Vertrauen? Ein besonderes Thema ist das der Delegation und der Rückbindung. Jener Delegierte hat im Verfahren mehr Macht, der „sein Volk hinter sich weiß"; jener weniger, der auch vor Ort ständig um seinen Rückhalt kämpfen muss. Weiters: Was ist die Rolle der hinzugezogenen Experten. Sind sie wissenserweiternd oder besteht ihre Macht in unreflektierter Zeugenschaft für Teilinteressen. Schließlich prozessieren noch andere Machtunterschiede: es gibt geübte Verhandler und Neulinge, „Strategen" und „Naive"; „Bescheidene" und Geübte im Fordern, usw. Nur selbst naive Mediatoren messen diesem internen Machtgefüge keine Bedeutung zu, in der Meinung, vorweg angemeldete Spielregeln und Appelle würden schon dadurch Wirklichkeit, weil einmal gesagt. Wer aber sorgt dafür, dass diese Thematik sozialer Macht im Verfahren den ihr gebührenden Ort bekommt? Jedenfalls wäre die Mediation auch hier als Ort der Einübung in soziale und organisationsdynamische Kompetenz anzusehen, etwas, das wir für eine demokratische Zivilgesellschaft unverzichtbar brauchen.

Ein letztes Machtverhältnis ist jenes zur externen Öffentlichkeit und hier insbesondere zu den Medien. Wer Medien für sich zu nutzen weiß, hat in aller Regel gute Aussichten, öffentlich bekannt zu werden, die eigenen Interessen darzustellen und solcherart die Macht der Medien (Öffentlichkeit herzustellen) für sich zu nutzen. Die Logik der Medien – jedenfalls im Sinne ihres ursprünglichen gesellschaftspolitischen Auftrages – liegt aber teilweise quer zu jener eines Mediationsverfahrens. Und dies aus mehrerlei Grund:

– Innerhalb des Mediationsverfahrens wurde vereinbart, eine gemeinsame Linie der Öffentlichkeitsarbeit zu entwickeln und mit gemeinsamer Stimme zu sprechen – wenn auch unter Beibehaltung der Möglichkeit, die innere Pluralität im Verfahren darzustellen. Die Logik der Medien verfolgt demgegenüber – in ihrem idealistischsten Verständnis – das Ziel, einzelne Positionen sichtbar zu machen und mit jenen der KontrahentInnen zu konfrontieren. Dies prinzipiell zu dem Zweck, die Pluralität der Meinungen einem dispersen Publikum nachvollziehbar zu machen und dann die Meinungen in eine gegenseitige öffentliche Auseinandersetzung zu bringen. Das Mediationsverfahren selbst ist aber ein Ort, der eingerichtet wurde, um diese Auseinandersetzung der Meinungen innerhalb des Verfahrens weitgehend in direkter Kommunikation erfolgen zu lassen. Insofern tritt hier das Verfahren selbst an die Stelle des Mediensystems und probt eine andere Form von – teilöffentlicher – Auseinandersetzung.

– Die Funktion der Medien als kritische Instanz sollte immer dazu dienen, im Sinne einer Stellvertreterfunktion für jene, die an der Entscheidungsfindung nicht beteiligt sind, das Zustandekommen von demokratiepolitischen Entscheidungen kritisch zu beleuchten, zu hinterfragen und die Begründungen zu überprüfen. Innerhalb des Mediationsverfahrens sind aber alle potentiellen Betroffenen als Entscheidungsträger integriert, weshalb das Verfahren wiederum eine Funktion selbst erfüllt, die ansonsten Medien zukommen könnte.

– Eine weitere Funktion der Medien betrifft ihre aufklärerische Aufgabe: Sie sollten immer dort die Rolle der Opposition erfüllen, wo absolute Mehrheiten oder gar Einheitsmeinungen dominant werden und systemimmanente Opposition zu versagen droht oder zu schwach und daher chancenlos wird. Das Mediationsverfahren vertritt nun aber nach Außen immer Einheitsmeinungen, weil ein Prinzip darin besteht, erst an die Öffentlichkeit zu treten, wenn eine solche einheitliche Sichtweise – nach langen und teilweise harten Verhandlungen – hergestellt werden konnte. Insofern stellt sich aus Sicht der Medien die Frage, wie mit einem Verfahren umzugehen ist, das gemeinsame Sichtweisen herstellt und nach Außen trägt von dem aber zugleich anzunehmen ist, dass die Herstellung dieser Sichtweisen auf demokratischen Prozessen beruht, die anzuerkennen sind.

– Schließlich ist es viertens eine wichtige Funktion von Medien, Öffentlichkeit und Transparenz über Geschehnisse herzustellen, die hinter verschlossenen Türen und unter tendenziellem Ausschluss der Öffentlichkeit passieren. Was von politischem Interesse ist, wo politische Entscheidungen verhandelt werden, so die grundlegende Meinung dazu, muss in der Öffentlichkeit erfolgen, transparent und nachvollziehbar sein. Im Mediationsverfahren ist auch das – in Teilen – anders. Die Herstellung von Transparenz erfolgt zu jenen Zeitpunkten, die vom Verfahren her als sinnvoll erachtet werden. Die Gruppierungen tagen nicht öffentlich, wohl aber werden ihre Beschlüsse via Website allgemein zugänglich gemacht. Das Öffentlich-Werden erfolgt aber nicht auf Druck der Medien sondern auf Basis von Entscheidungen, in denen darüber befunden wird, ob die Zeit reif dafür ist.

Betrachtet man die bisherige Berichterstattung der Medien über das Mediationsverfahren am Flughafen Wien-Schwechat, so lässt sich immerhin eine medientheoretische Prämisse erkennen: Die Darstellung erfolgt in vielen Fällen entlang jener Faktoren, die den Nachrichtenwert bestimmen (Aspekte, die einzelnen Nachrichten dazu verhelfen von größerem Interesse als andere und daher publizierbar zu sein). Der Wert einer Nachricht steigt u. a. bei Vorhandensein folgender Faktoren:

– Nähe des Ereignisses, um das es geht: Es ist auffallend, dass in Wien und Umgebung die Berichterstattung über das Mediationsverfahren und seine inhaltlichen Ergebnisse deutlich intensiver erfolgt als weiter entfernt (in den Bundesländern beispielsweise).

– Das Ausmaß der potentiellen Betroffenheit der eigenen RezipientInnen:

Je nach Ausrichtung des Mediums können hier folgende Fragen eine Rolle spielen: Der Flughafen als Wirtschaftsfaktor, der Nutzen des Flughafens als Verkehrsknotenpunkt für Reisende in Tourismus und Wirtschaft, wie auch die negativen Aspekte des Flugverkehrs in all ihren diskutierten Konsequenzen, von Lärmbelästigung, Krankheitssymptomen, Verminderung der Lebens- und Freizeitqualität bis hin zu verschiedensten Facetten von Umweltfragen. Wiederum sind auch hier – je nach regionaler Ausrichtung von Medien – verschiedene Aspekte besonders relevant.

— Skandale und Negativismus: „Bad News are good News" lautete ein bekannter Spruch der Medienwelt. Negativ-Schlagzeilen sind in aller Regel bessere Verkaufsschlager als positive Meldungen. Insofern nimmt es wenig Wunder, dass Medien mit einiger Bereitwilligkeit jenen Stimmen Platz geben, die sich kritisch über das Verfahren äußern, gerne darüber berichten, wenn von Außen betrachtet Schwierigkeiten im oder gar potentielle Gefährdungen des Verfahrens auftreten (Sistierungen, Rücktritte, Ausstiege etc.), Vereinbarungen nicht in erhoffter Form zustande kommen (Nichtunterzeichnungen) oder auch die Kosten des Verfahrens in kritischer Form darstellen.

— Der Faktor Angst: Zwar ist es Medien verboten, Angst zu schüren. Dennoch sind Inhalte, die Menschen Angst machen können, von hohem medialen Interesse. Das kann den Verlust von Arbeitsplätzen ebenso bedeuten, wie Sorgen um den Wirtschaftsstandort wie auch Ängste, durch den Bau einer dritten Startbahn mehr Lärmbelästigung zu erhalten oder überhaupt plötzlich davon betroffen zu sein, Grundstücksentwertungen hinnehmen zu müssen etc. All diese Fragen wurden von Medien bislang durchaus mit Aufmerksamkeit verfolgt.

— Die Ausnahme ist interessant, nicht die Regel: Solange die Dinge ihren gewohnten Lauf nehmen, rücken sie weit schwerer in den Blickpunkt der Öffentlichkeit, als im Moment, da Überraschungen eintreten. Die Einrichtung des Mediationsverfahrens selbst stellte zu Beginn durchaus einen gewissen Überraschungswert dar, ist es doch nach wie vor eine eher selten gewählte Alternative zu anderen Verfahren (z. B. UVP-Verfahren). Insofern wurde es von Medien zunächst auch mit Interesse verfolgt, seine potentielle Bedeutung als eines der größten Mediationsverfahren Europas auch entsprechend gewürdigt. Das Voranschreiten des Verfahrens im Sinne seiner Konsensorientierung hingegen interessiert weit weniger, sofern nicht wiederum Überraschungen eintreten (Abschied der Einmütigkeit, Ausreißer aus dem Verfahren, unvorhergesehene Kritik, die laut wird etc.). Solche aber sind dann meist eher negativer Art für das Verfahren selbst. Ausnahmen stellen aber natürlich auch besondere Ereignisse dar, wie etwa der Abschluss eines Teilvertrages oder sonstige relevante Einigungen (Messverfahren, Verlängerung des Verfahrens etc.). Auch über sie wurde regelmäßig Bericht erstattet.

— Prominenz des Ereignisses oder der handelnden Personen: Medien widmen ihre Aufmerksamkeit in besonderem Ausmaß Personen (Unternehmen), die besonders prominent oder bedeutend sind. Dies trifft in unterschiedlichem Ausmaß auf die handelnden Personen (Einrichtungen, Gruppierungen) zu. Zweifelsohne besitzt der Flughafen Wien große Bekanntheit in der Öffentlichkeit, wie auch Fluglinien dies tun. Auch PolitikerInnen stehen im Lichte der Öffentlichkeit und besitzen in aller Regel mehr Prominenz als andere Menschen. Umgekehrt aber gilt auch hier, dass die Abweichung vom Normalbetrieb ebenfalls öffentlichkeitstauglich wird, beispielsweise wenn Bürgerinitiativen sich zu kritischen Massen formieren.

Worin liegt aber nun die Macht der Medien, und wie könnte sich diese auf das Verfahren auswirken?

– Medien können politische Interessengruppierungen unterstützen, ihnen solcherart zu Prominenz und öffentlichem Gewicht verhelfen, oder eben nicht;
– Medien können Themen aufgreifen, breit über sie Bericht erstatten oder sie mit Unaufmerksamkeit versehen;
– Medien können eine bestehende Meinungsvielfalt sichtbar machen, nach Konflikten suchen und diese hochspielen;

All diese Aspekte können positive, wie negative Auswirkungen zeitigen. Wo ein strukturelles Machtungleichgewicht herrscht, können Medien durchaus dabei behilflich sein, den Stimmen von Minderheiten oder schwächeren Gruppierungen mehr Lautstärke und Gehör zu verleihen. Umgekehrt können sie aber auch gezielt Einzelstimmen Ausdruck verleihen und damit zu einem Machtungleichgewicht beitragen. Das Aufgreifen des Mediationsverfahrens durch die Medien selbst kann positiv, wie auch negativ sein. Negativ, wenn damit der notwendige Schutzraum, in dem Verhandlungen stattfinden, irritiert würde oder unsinniger Zeitdruck entstehen würde, der die Qualität von Entscheidungen beeinflussen würde. Positiv, wenn damit das Mediationsverfahren selbst gegenüber einem zu hohen Außendruck (schneller, billiger etc. sein zu sollen) in Schutz genommen und argumentativ vertreten werden kann. Und schließlich ist es für das Verfahren zentral, dass nach Außen hin bekannt wird, welche Interessen innerhalb des Verfahrens vertreten sind, andererseits wäre es höchst problematisch, wenn die Konflikte plötzlich via Medien ausgetragen würden statt vor Ort verhandelt zu werden.

Und noch ein letzter Aspekt: Natürlich bestehen unterschiedliche Chancen und Möglichkeiten, die Macht der Medien für sich und die eigenen Interessen zu instrumentalisieren. Personen, Organisationen, die darin geübt sind, Presseauftritte zu organisieren und zu inszenieren, haben per se einen anderen Zugang zu Medien, als Personen, Gruppierungen, die darin weitgehend ungeübt sind, mitunter auch nicht die richtigen AnsprechpartnerInnen kennen etc. Jene, die die Logik der Medien für sich auszunützen wissen und zugleich als Drohung in den Raum stellen, an die Öffentlichkeit zu gehen, einen Medienskandal zu inszenieren etc. haben ein relevantes Druckmittel an der Hand. Letztlich aber wird für alle Seiten schnell klar, dass das Wechseln von einer Argumentations- und Verhandlungslogik (innerhalb der Mediation) in eine andere (jene der Medien) auch eine Missachtung der jeweils geltenden Spielregeln bedeutet. Wer also die Medien einseitig in das Mediationsverfahren einmischt, verletzt getroffene Vereinbarungen im Verfahren. Wer sich der Herstellung öffentlicher Transparenz über das Mediationsverfahren selbst entzieht, verweigert demokratiepolitisches Recht auf Information der Außenstehenden.

Betrachtet man Medien abseits ihrer österreichischen Realität (im Sinne ihrer problematischen Konzentrationsverhältnisse hierzulande) und denkt mehr an ihre ursprüngliche demokratiepolitische Funktion, so fällt auf, dass Medien seit dem Zeitalter der Aufklärung viele Aufgaben zugeschrieben wurden, die heute einem Mediationsverfahren abverlangt werden: Die Wahrnehmung von Meinungsvielfalt und -pluralität, die Organisation einer öffentlichen Konfrontation unterschiedlicher Meinungen mit dem Ziel der Herstellung eines Meinungsausgleichs, die Moderation solcher Prozesse, die Herstellung von Transparenz über nichtöffentliche Hintergrundinteressen etc. Dafür sollten Medien in manchen Vorstellungen die Rolle der unabhängigen Beobachter einnehmen. Manches davon ist in ähnlicher Form auch als Prämisse eines Mediationsverfahrens angelegt. Sein entscheidender Vorteil liegt unzweifelhaft in der Möglichkeit oder dem Versuch, Orte der direkten Kommunikation herzustellen, an denen Einigungen verhandelt werden können. Insofern es sich aber in dieser Betrachtungsweise um sehr ähnliche Zielsetzung handelt, könnten Medien und Mediationsverfahren auch als Konkurrenten betrachtet werden. Sich als Kooperationspartner zu begreifen und dem jeweils anderem System den Vortritt zu lassen, wenn es gerade das bessere Instrumentarium zur Herstellung partizipativer Demokratie bereit hält, wäre ein konstruktives gegenseitiges Verständnis.

Anmerkung

Dieser Text beruht weitgehend auf Forschungsergebnissen und Hypothesen, die im Rahmen eines Begleitforschungsprojektes zum Mediationsverfahren am Flughafen Wien-Schwechat gewonnen bzw. gebildet wurden. Auftragnehmerin des Projektes ist die IFF-Abteilung für Weiterbildung und systemische Interventionsforschung an der Universität Klagenfurt. Dem Forschungsteam gehören bzw. gehörten folgende Personen an: RA Dr. Gerhard Falk, MAS Dipl.-Psych. Harald Goldmann, MAS o. Univ.-Prof. Dr. Peter Heintel, ao. Univ.-Prof. Dr. Larissa Krainer, Mag. Sabine Petsch sowie (für abgegrenzte Zeiträume im Projekt) Mag. Armin J. Hanschitz und Mag. Ulrich Königswieser.

Literatur

Falk F, Heintel P, Krainz E (Hrsg) Handbuch Mediation und Konfliktmanagement. Leske+Budrich, Wiesbaden (erscheint Ende 2004)

Falk G, Heintel P, Pelikan C (Hrsg. 1998) Die Welt der Mediation. Entwicklung und Anwendungsgebiete eines interdisziplinären Konfliktregelungsverfahrens. Alekto, Klagenfurt

Heintel P, Krainer L (2004) Mediation im öffentlichen Raum. In IFF-Texte, Grossmann R (Hrsg.), Bd. 8: Das Öffentliche organisieren (erscheint 2004)

Pühl H (Hrsg. 2003) Mediation in Organisationen. Neue Wege des Konfliktmanagements: Grundlagen und Praxis. Leutner, Berlin

Töpel E, Pritz A (Hrsg) (2000) Mediation in Österreich. Orac, Wien

CHARLOTTE ANNERL

Zwei Konfliktkulturen?
Philosophische Aspekte der Trennungsmediation

Einleitung

Die Mediation in ihrer gegenwärtigen Form wird durch unterschiedliche Traditionen der Konfliktbewältigung geprägt. Dabei handelt es sich einerseits um Versöhnungspraktiken, wie sie in vorindustriellen europäischen und außereuropäischen Kulturen gebräuchlich waren. Die Mediation nimmt aber auch auf ein Modell zur Regulierung sozialer Machtkämpfe Bezug, das auf die frühe Aufklärung des 17. Jahrhunderts zurückgeht. Thomas Hobbes und John Locke entwarfen eine Theorie des „Gesellschaftsvertrages", die bis heute Aktualität besitzt. Umstritten war die Gültigkeit dieses neuen Ansatzes allerdings für die bürgerliche Ehe, die sich im 18. Jahrhundert als „Gemeinschaft der Liebe und Sorge" von den Sphären der Ökonomie und Politik abgrenzte. Die Skepsis, ob das rational-liberale Vertragsdenken auch das Zusammenleben der Geschlechter regeln könne oder sollte, hält bis in die Gegenwart an.

So ist es nicht erstaunlich, dass auch in der Mediationsforschung Uneinigkeit herrscht, ob dieser Besonderheit privat-intimer Beziehungen nicht auch durch einen methodischen Neuansatz Rechnung getragen werden sollte. Denn die Heftigkeit der bei Trennungen ausgelösten Gefühle droht immer wieder den Erfolg der Mediation zu vereiteln.

Die Appelle, die auf dem Vertragsmodell beruhenden „Dogmen" der Mediation zu hinterfragen, wecken aber auch Misstrauen. Denn ein Eingehen auf die emotionale Vorgeschichte von Trennungen, so die Bedenken, berge das Risiko eskalierender Schulddiskussionen.

Hier soll hingegen die These vertreten werden, dass, so individuell-persönlich sich Konflikte in modernen Beziehungen auch darstellen, ihr Ursprung dennoch in allgemeinen gesellschaftlichen Unstimmigkeiten zu suchen ist. Diese Unvereinbarkeiten belasten selbst dann das persönliche Glück, wenn die traditionellen Geschlechteridentitäten reformiert und umgestaltet werden. Wie diese Konflikte entstehen und wie darauf im Rahmen

der Mediation eingegangen werden könnte, soll im Folgenden untersucht
werden.

Der Siegeszug des Vertragsmodells

Die Kunst der Vermittlung besteht in der Geschicklichkeit, auch in jenen
Streitfällen Konfliktlösungen zu fördern, wo vermeintlich unvereinbare Ansprüche dies zu verhindern scheinen.

Das einfachste, auch in der Mediation angewandte Verfahren, um ver-
bitterte Kontrahenten von der Sinnhaftigkeit eines Dialoges zu überzeugen,
besteht darin, die als unüberbrückbar empfundenen Standpunkte als zwei
Varianten des Gleichen, als zwei Ausprägungen einer gemeinsamen Einheit
aufzuweisen. Mit der wechselseitigen Anerkennung, dass einander nicht
schlechthin Unvereinbares trennt, sondern immer auch Verwandtes verbindet, übereinstimmende Ziele, Erwartungen, Wünsche, Einstellungen oder
Werte bestehen, ist der Weg frei, einen Kompromiss auszuhandeln. Die so
erarbeitete Konfliktlösung besitzt die Form einer Tauschbeziehung. Ich
nenne diesen Typus von Vermittlung im Folgenden das rationale Verrechnungsmodell.

Damit wird an ein Konzept angeknüpft, das eine lange Tradition innerhalb moderner Gesellschaftstheorien besitzt. Als Prototyp einer solchen Vermittlung von scheinbar Verschiedenem über eine verborgene Identität gilt
die Geldtheorie von Karl Marx. Wie ist es möglich, so deren Ausgangsfrage,
dass „Rock" und „Leinwand", auf den ersten Blick grundverschiedene Dinge,
dennoch in einem Tauschakt einander gleichgesetzt werden? Dies, so die
Antwort, könne nur über eine in beiden Alltagsgegenständen enthaltene,
gemeinsame Entität geschehen. Als logische Basis dieses Schlusses wird explizit angeführt, „dass die Größen verschiedener Dinge erst quantitativ vergleichbar werden nach ihrer Reduktion auf dieselbe Einheit. Nur als Aus-
drücke derselben Einheit sind sie gleichnamige, daher kommensurable
Größen." (1970: 64) Die Gemeinsamkeit von Rock und Leinwand fundiert
Marx sodann bekanntlich in deren Eigenschaft, Produkte menschlicher Arbeit zu sein. Als zwei „geronnene Arbeitsquanta", als „Kristalle" einer „ihnen
gemeinschaftlichen gesellschaftlichen Substanz" (S. 52) sind sie nun vergleichbar. Ihr auf dieser „Substanz" beruhendes Austauschverhältnis wird so
am Markt verhandelbar.

Marxens Geldtheorie stellt freilich nicht die erste, sondern eine eher
späte Anwendung einer Vermittlung von scheinbar Verschiedenem, ja Ge-
gensätzlichem über eine verborgene Identität dar. Vorschläge zu einer solchen Vorgangsweise finden sich bereits in jenen aufklärerischen Gesellschaftstheorien, die es sich seit dem 17. Jahrhundert zur Aufgabe machten,
eine ideale Gemeinschaft freier Bürger zu konzipieren. Auch diese Utopie-
entwürfe enthielten gewissermaßen ein Modell der Mediation, das die bra-
chiale Konfliktentscheidung über hierarchisch-ständische Befehlsstruktu-
ren ablösen sollte. Als Alternative zu den Machtprivilegien des Adels wurde

nach einer Gemeinsamkeit gesucht, mit deren Hilfe in einer Welt aufgeklärter Individuen Kontroversen zur allgemeinen Zufriedenheit quantifiziert, verrechnet und damit beigelegt werden könnten.

Diese Aufgabe galt als ebenso dringlich wie schwierig, zählten doch Theoretiker wie Hobbes, Kant oder Schopenhauer Differenzen, Konflikte und Streit geradezu zum „Naturzustand" des Menschen, dem sie ein erschreckend „ungeselliges", ja „bösartiges" Wesen attestierten. In dieser Situation eines ständig ausbruchbereiten „Krieges eines jeden gegen jeden" entwarf Hobbes als Erster ein Vermittlungsverfahren, das auf dem Aufzeigen von Gemeinsamkeiten hinter den unvereinbaren Wünschen der Individuen beruhte. Der krassen Verschiedenheit der „Objekte der Gemütsbewegungen, welche die verlangten, gefürchteten erhofften etc. Dinge sind", stellt Hobbes die „Ähnlichkeit von Gemütsbewegungen, die bei allen Menschen die gleichen sind, Verlangen, Furcht, Hoffnung etc." (1996/1660: 6) gegenüber. Auf den allen Einzelkämpfern gemeinsamen Wunsch nach Selbsterhaltung und einem zufriedenen Leben verweisend, unternimmt es Hobbes, gestützt auf eine Kosten-Nutzen-Überlegung für die Einsetzung einer zentralen Machtinstanz zu plädieren, die alle Konflikte zu entscheiden vermag.

Auch Hobbes Nachfolger wählten vor allem die Kategorien der Selbsterhaltung, des Glücks und der Nützlichkeit, die als oberstes Ziel allen Handelns galten, als jene Recheneinheit, die divergierende Ansprüche vergleichbar und damit verhandelbar machen sollte. Diese Argumentationsfigur findet sich bis ins 19. Jahrhundert etwa in der bekannten, von Bentham entwickelten utilitaristischen Formel des „größten Glücks der größten Zahl". Damit, so hoffte Bentham, könnten einander ausschließende soziale Forderungen quantifizierbar und somit entscheidbar gemacht werden.

Gestützt auf das rationale Verrechnungsmodell wurden so menschliche „Gemeinwesen" als Resultat eines Aushandelns von Ansprüchen, von Rechten und Pflichten interpretiert, ihre Gründung mit dem Abschluss eines Vertrages durch frei disponierende Rechtssubjekte verglichen. Hobbes, Locke und Rousseau prägten in diesem Zusammenhang die Metapher des „Gesellschaftsvertrages" und beurteilten politische Verhältnisse danach, ob sich vernünftige Bürger auf dieselben hätten vertraglich einigen können. Bis in die Gegenwart greifen politische Philosophen wie etwa Rawls auf dieses Konzept zurück, wobei demokratische Prinzipien immer mehr Raum erhalten im Vergleich zu dem autoritär agierenden hobbesschen „Leviathan".

Damit wurde und wird an ein juristisches Instrument angeknüpft, das ursprünglich in der Sphäre der Ökonomie beheimatet war, wo es zur Abklärung umgrenzter Streitpunkte innerhalb eines funktionierenden Gemeinschaftslebens diente. Mit der Definition des Menschen als unverbesserlich feindseliges Einzelsubjekt weitet sich jedoch nunmehr der Begriff des Vertrages in seiner metaphorischen Bedeutung zu einer Basiskategorie für den gesamten sozialen Bereich aus.

Auch in den gängigen Verfahrensweisen der Mediation sind, wie eingangs festgestellt, Spuren dieser Tradition zu finden. Auch für sie spielt die Metapher des Vertrages eine große Rolle, auch sie versucht Trennendes über das

Auffinden von Gemeinsamkeiten zu überbrücken und empfiehlt die Kon-
zentration auf die Zukunft, auf gemeinsame Ziele und Aufgaben, auf quan-
tifizierbare, konkrete, sachliche Lösungsarrangements. Dabei gehe es „um
Geben und Nehmen" (Mähler, 1995: 44), um „den gemeinsamen Vorteil"
(Proksch, 1995: 149). Und dies ist ein fruchtbarer, erfolgreicher Weg.

Grenzen des Vertragsmodells

Doch wie verhält es sich bei Streitigkeiten, in denen tiefer reichende Differenzen aufeinanderprallen, die trotz des Aufzeigens von Gemeinsamkeiten
nicht auf einen gleichen Nenner gebracht werden können? Oder was ist zu
tun, wenn solche identischen Substanzen einfach nicht zu finden sind?

Als Beispiele einer derartigen Herausforderung für das rationale Tausch-
modell sozialen Ausgleichs ließen sich etwa Konflikte zwischen unterschiedlichen Kulturen oder Religionen, aber auch zwischen einzelnen Staaten an-
führen. Tatsächlich hatten die universalistischen Gesellschaftstheorien der
frühen Aufklärung, die davon ausgingen, dass das gesamte soziale Leben eine
einheitliche, kulturell invariante Grundstruktur aufwies wie etwa die Orientierung an Glück oder Nützlichkeit, im zwischenstaatlichen und interkulturellen Bereich nur wenig Erfolg, Feindseligkeiten zu besänftigen und Fremd-
heiten zu überbrücken.

Hier soll jedoch auf Differenzierungen eingegangen werden, die moderne
Gesellschaften in ihrem eigenen Binnenraum systematisch ausbilden, wobei
auch neuartige Konflikte entstehen. Seit der Mitte des 18. Jahrhunderts galt
es als unabweisbar, dass dieser Binnenraum kein homogenes Gesamtgefüge
darstellt, sondern in unterschiedliche Teilbereiche zerfällt, denen ein jeweils
besonderer Charakter und besondere Aufgaben zugesprochen wurde. Philosophische, ästhetische und schließlich auch soziologische Theorien setzten
sich mit den Eigentümlichkeiten von Kunst, Recht, Moral, Wirtschaft, Wissenschaft, Liebe, Freundschaft oder Kindheit auseinander. Aufgefordert, die
Kompetenzstreitigkeiten zwischen den autonom konzipierten sozialen Sphären zu schlichten, stießen die an einheitliche soziale Kategorien wie die
des Nützlichen anknüpfenden alten Konflikttheorien jedoch rasch an eine
Grenze. Auch Luhmann erklärte auf der systemtheoretischen Ebene dieses
Scheitern durch die Unmöglichkeit, universelle „Codes" anzugeben, um die
divergierenden Ordnungs- und Wertansprüche von Ökonomie und Kunst,
Moral und Politik oder Familie und Rechtssystem auf einer übergeordneten
Ebene auszusöhnen. Widerstand formierte sich aber auch gegen das An-
sinnen, Kontroversen innerhalb von Kunst, Moral oder Wissenschaft nach
dem herkömmlichen Vertragsmodell zu schlichten. Dieses, so wurde argumentiert, stamme aus der Sphäre der Ökonomie und mache so Nützlich-
keitskalküle zur Richtschnur künstlerischer oder wissenschaftlicher Leistungen.

Der Sonderstatus der bürgerlichen Familie

Auch für das Zusammenleben der Geschlechter innerhalb der bürgerlichen Familie war der Vergleich mit einem Vertrag von Beginn an umstritten. Diese gesellschaftliche Institution fügt sich insofern in die moderne Tendenz zur Ausbildung von separierten Teilbereichen ein, als sie durch die im Laufe des 18. Jahrhunderts sich vertiefende Trennung zwischen privater und öffentlicher Sphäre ihre spezifische Eigenart erhielt:

„Es kommt zu einer intensiveren Ausprägung der durch gegenseitige Zuneigung ihrer Angehörigen gekennzeichneten Familie, und diese Familie wird dann bewusst als enge Gemeinschaft der Liebe und Sorge aufgefasst, während die Beziehungen zu entfernteren Verwandten und Außenstehenden im Gegensatz dazu entsprechend formeller oder distanzierter gesehen werden." (Taylor, 1996: 518)

Obwohl die Sphäre des Häuslich-Privaten beide Geschlechter verbindet, wird die Frau unter Hinweis auf ihr sanftes Wesen zur Repräsentantin des „Geistes der Familie" (Hegel) stilisiert. Diese Koppelung ist so eng, dass Ehe und Familie als eigentlicher Lebensraum der bürgerlichen Frau festgelegt werden. Seit Rousseau entstanden zahlreiche Anthropologien des weiblichen Geschlechts, die diese Beschränkung rechtfertigten.

Der im 17. Jahrhundert von Hobbes eingeschlagene Weg, politische Theorie auf dem Fundament einer universalistischen Anthropologie des Menschen zu begründen, erfuhr im Zuge dieser Entwicklung eine einschneidende Relativierung. So betont Kant das Vorhandensein von „zwei Menschengattungen" und warnt davor, diesen „reizenden Unterschied" zu verwischen: „Denn es ist hier nicht genug, sich vorzustellen, dass man Menschen vor sich habe, man muss zugleich nicht außer Acht lassen, dass diese Menschen nicht von einerlei Art sein." (1960/1764: 851)

Die naturalistisch begründete Ausgrenzung von Frauen widersprach freilich dem kritisch gegen die ständischen Hierarchien gewandten liberalen Ideal einer freien Zugänglichkeit aller gesellschaftlichen Tätigkeitsbereiche und Karrierefelder. Dieses in den Verfassungsentwürfen jener Zeit erstmals verankerte Grundrecht individueller Selbstbestimmung stellte es jedem Bürger frei, sich entsprechend seiner Situation, seinen Begabungen und Talenten in und zwischen diesen Bereichen zu bewegen. Daher zählt auch Luhmann (1996: 137) die Unterscheidung männlich/weiblich zu den „altertümlichen Dualen" gegenüber den Unterscheidungskriterien der anderen modernen Teilbereiche.

Moderne Beziehungen – ein dunkler Kontinent?

So erstaunt es nicht, dass diese beiden miteinander verwobenen gesellschaftlichen Binnendifferenzierungen – die nach Teilbereichen und die nach Geschlechterrollen – im weiteren Verlauf der Geschichte eine abweichende Entwicklung nahmen: Während auch in der Gegenwart der autonome Status von Kunst und Wissenschaft in Abhebung von einer rein marktwirtschaftlichen Logik anerkannt wird, gilt die Berufung auf weibliche Wesensmerkmale mittlerweile als obsolet und unhaltbar. Vor allem in der Rechtssphäre wird – zumindest in den liberalen Teilen der Welt – der Grundsatz der Gleichheit der Geschlechter betont und die Frau als gleichrangiges Rechtssubjekt anerkannt.

Die Aufhebung der traditionellen Beschränkung der Frauen auf die intim-häusliche Sphäre führte jedoch nicht, wie teilweise erwartet, zu einer Infragestellung der Familie selbst. Im Gegenteil, die Anerkennung dieser vom öffentlichen Leben abgegrenzten privat-persönlichen Institution blieb intakt, eheliche oder der Ehe nachempfundene Lebensformen erfreuen sich weiterhin großer Beliebtheit. (Vgl. Fürst und Barta 2000: 17) Selbst homosexuelle und lesbische Paare kämpfen vehement um das Recht, an deren Riten und kulturelle Traditionen anzuknüpfen. Doch diese Akzeptanz lässt leider keinen Rückschluss auf deren Konfliktanfälligkeit zu.

Dass in der traditionellen bürgerlichen Ehe, einst als Oase des Friedens, der Loyalität und der innigen Verbundenheit ersehnt, Streit und Uneinigkeit den Alltag dominierten, hob bereits Schopenhauer hämisch hervor. Umso enttäuschender das Eingeständnis, dass auch die moderne Paarbeziehung weiterhin als Austragungsort schwer verstehbarer und oft heftiger Konflikte in Erscheinung tritt, deren Gewaltpotential selbst an den Mord- und Selbstmordstatistiken abzulesen ist.

Allen Aufforderungen zum Trotz, unterschiedliche Geschlechterrollen über die rechtliche Gleichstellung hinaus in allen gesellschaftlichen Bereichen einschließlich des Privaten als antiquierte „Konstruktion" zu verabschieden und möglichst rasch aufzulösen, scheinen diese ihre Bedeutung nicht so einfach einzubüßen, ja irgendwie ist alles noch heikler geworden.

„Liebesbeziehungen sind harte Arbeit", so fasst etwa Müller (2003) ihren Bericht über die gegenwärtige Situation der Paartherapie in der Schweiz zusammen:

„Vorbei und vergessen die Zeiten, als das gemeinsame Leben einfachen Faustregeln zu folgen hatte: ein wenig Respekt, ein bisschen Freiraum. Hin und wider ein paar Blumen? Heute ist alles viel komplizierter. (...) Die gängigsten Probleme sind allerdings immer noch so alt wie die Zweierbeziehung selbst und können aus einer Liste von gegenseitigen Vorwürfen abgeleitet werden, die der Zürcher Psychiater und Paartherapeut Jürg Willi anhand der Aussagen von 400 Probanden eruierte. Die Männer beklagen bei den Frauen Quengelei, überbordende Emotionalität, Kontrollsucht, Vereinnahmung, Rechthaberei oder mangelnde Mütterlichkeit. Frauen werfen den Männern Faulheit im Haushalt, Unnahbarkeit, verbale Verstocktheit, Unaufmerksamkeit, Egozentrik sowie Unehrlichkeit an den Kopf. Und anstelle von Zärtlichkeit wollten sie immer nur Sex." (S. 64)

Mohr (2003) zieht im Namen der „Generation Z" für eben jene Paare, die das Projekt der Emanzipation der Frauen begrüßt und mitgetragen hatten, eine ähnlich ernüchternde Bilanz:

„Die Scheidungsrate steigt und die durchschnittliche Beziehungsdauer sinkt. (...) Dreißig Jahre nach dem Beginn der Frauenbewegung und im Jahre 2 der Homo-Ehe

*ist kaum etwas so wie es sein sollte. (…) Das wirre Geflecht aus Gefühlen und Bezie-
hungen, Sehnsüchten und Kompromissen, alter Romantik und neuem Realismus
führt, so scheint es, in die pure Ratlosigkeit."* (S. 59 f)

Aus diesen Gründen sollen im Folgenden am Beispiel moderner Paarkonflikte die Grenzen des klassischen Verrechnungsmodells aufgezeigt und
über alternative Ansätze zu deren Vermittlung nachgedacht werden. Dieses
Modell wird sich deshalb als überfordert erweisen, da dessen Konzepte,
Überlegungen und Regeln oft der Logik von Liebesbeziehungen diametral
widersprechen, ja sie stören. Dass diese Beziehungen offenbar von grundsätzlich anderer Art sind als die Tauschverhältnisse der ökonomischen und
rechtlichen Sphäre, ist der tiefere Grund, warum sie nur beschränkt rational
zu beherrschen, zu korrigieren und zu befrieden sind. So ist es kein Zufall,
dass die Mediation in diesem Bereich mit besonders schwierigen Anforderungen konfrontiert ist.

Mediation zwischen Vertragsmodell und Psychotherapie

Die Mediation sah sich anfänglich von den Enttäuschungen und Unstimmigkeiten im Zusammenleben der Geschlechter nur indirekt betroffen.
Denn ihr Aufgabenfeld war zum allergrößten Teil nicht die intim-häusliche Mann-Frau-Beziehung selbst, sondern deren Auflösung im Falle einer
Trennung. Ja, der Erfolg der Mediation schien zunächst gerade auf einer
Strategie der Ausblendung und Deeskalation persönlicher Spannungen zu
beruhen, um „sachlichen Lösungen" eine Chance zu verschaffen. Mit der
vollzogenen Trennung sollte der Blick des einstigen Paares weg von den
Konfliktursachen zu den Konfliktfolgen, von Absichten zu Wirkungen, von
der Vergangenheit zur Zukunft, von emotionalen Schuldzuweisungen zu
sachlicher Zielorientiertheit und präzisen Verhaltensarrangements gelenkt
werden.

Verfahrenstechniken zur Quantifizierung divergierender Ansprüche, um
bestimmte Austauschrelationen verhandeln zu können, nahmen dabei naturgemäß großen Raum ein.

Damit war zugleich eine klare Abgrenzung zur Paartherapie vorgenommen, die auch programmatisch fixiert wurde. Demnach müsse sich Mediation „auf die zu lösenden Zukunftsfragen [beschränken] und der Versuchung
widerstehen, Sozialarbeit im Sinne von Fürsorge oder Therapie zu betreiben"
(Sauer 1997: 111).

Eine ähnliche Unterscheidung treffen auch Fürst und Barta (2000):

*„Gegenüber der Paartherapie liegen die Unterschiede vor allem darin, dass bei
einer Mediation eine aufgabenbezogene Lösung der Trennungsfolgen angestrebt
wird. Eine kognitiv-emotionale Bearbeitung der Beziehungskonflikte des Paares, der
persönlichen Enttäuschungen oder der Beziehungsgeschichte bleibt hingegen der Ein-
zel-, Paar- oder Familientherapie vorbehalten."* (S. 44)

Im Gegensatz zu dieser von Kressel et al. (1994) als „settlement-orientated
mediator-style" charakterisierten Richtung der Mediation plädiert eine

immer einflussreicher werdende zweite Mediatorengruppe dafür, diese Trennlinie weniger strikt zu ziehen und stärker die tiefer liegenden, emotionalen Paarkonflikte einzubeziehen, um der auszuhandelnden Lösung mehr Festigkeit zu verleihen. Sie ist bestrebt, einen eher „problem-solving mediator style" (ebd.) zu entwickeln und verweist auf aktuelle Studien, die bestätigen, dass Trennungen unerwartet tiefe Wunden zurücklassen, die über Jahre nachwirken. Gerade die Mediation in Scheidungsfällen sei daher bedroht, dass die zugefügten Kränkungen die Vorteile einer kooperativen Konfliktbewältigung vereiteln und in den Hintergrund drängen könnten.

„Sachlichkeitsgebot und Tabuisierung von Emotionen" zählen auch Montada und Kals (2001) explizit zu den „„Mythen' in der Mediation":

„Insgesamt gehen wir davon aus, dass das Erleben von Emotionen bei allen Konflikten subjektive Realität ist. Eine Leugnung dieser Realität durch die Mediatoren führt noch nicht zur Versachlichung oder schnelleren Lösung von Konflikten. ... Der Königsweg ist daher, Emotionen besondere Aufmerksamkeit zu schenken, sie im Mediationsverfahren zu thematisieren, zu analysieren und mit dem Emotionssubjekt zu klären." (S. 46.)

Verrechnung der Liebe?

Das Vorhaben, die in der Scheidungsverhandlung auftretenden Gefühle stärker zu berücksichtigen, setzt jedoch ein Vermittlungsmodell voraus, das auf die besonderen Konflikte, die durch abweichende Beziehungswünsche entstehen, einzugehen vermag. Ein Modell also, das diese schwer fassbaren Differenzen nicht einebnet und nach dem Vorbild der frühen Aufklärung über die Fiktion eines ungeschichtlich-starren Typus des Menschen an sich vorschnell zu homogenisieren versucht.

Wenig erfolgversprechend wäre allerdings eine Wiederbelebung der These des 18. Jahrhunderts, dass es „zweierlei Arten" von Menschen gebe, Männer und Frauen, die zwei ebenfalls starre und ungeschichtliche „Geschlechtscharaktere" repräsentierten. Wenn auch anzumerken ist, dass dieses Dogma noch immer in populären Geschlechterdiskursen nach dem Muster „Warum Männer nicht zuhören und Frauen schlecht einparken" (Pease, 2000) fortlebt. Denn auf die Aufgabenstellung der Mediation angewandt, würde ein radikales Differenzmodell nur mehr das Aushandeln quantitativer Austauschrelationen erlauben und den Anspruch, die Bedeutung der zu schlichtenden Konflikte zu verstehen, aufgeben. Zur Illustration einer solchen nur mehr quantitativen Vermittlung sei der Versuch eines amerikanischen Psychiaters angeführt, eine bei mehreren von ihm behandelten Paaren festgestellte Streitquelle mit Hilfe eines Verrechnungsmodells zu entschärfen:

„In allen Fällen gab die Ehefrau als ihren Wunsch Nr. 1 an, ihr Mann solle sich mehr mit ihr unterhalten. Jeder der Männer wünschte mehr körperliche Zärtlichkeit.

Dr. Stuart entwarf für sie ein Programm, in dem Gesprächsbereitschaft gegen sexuelle Intimität getauscht wurde. Jedesmal, wenn der Ehemann sich mit seiner Frau so unterhielt, dass sie zufrieden war, erhielt er eine ,Marke'. Die Marken konnte er gegen körperliche Zärtlichkeiten oder Sex eintauschen." (Fensterheim H, Baer, J. 1993: 137)

In diesem frappant an das Beispiel von Rock und Leinwand erinnernden Arrangement ist die von Marx gestellte Frage ausgeklammert, welche gemeinsame „gesellschaftliche Substanz" diesem Austauschverhältnis zu Grunde liegt und dessen Proportionen bestimmt. Die Differenz wird also nicht „substantialistisch" über eine in beiden Tauschobjekten vorhandene gemeinsame Entität, sondern rein „relationistisch", durch die Fixierung eines Austauschschlüssels, überbrückt.

Doch es ist nicht nur das Fehlen einer Erklärung für die nicht übereinstimmenden Erwartungen, das an diesem Vermittlungsvorschlag irritiert. Unbehagen löst auch die in diesem Therapieangebot versuchte Übertragung ökonomischer Kategorien auf die Liebesbeziehung und die Ehe aus, die, wie bereits angedeutet, auf eine lange Geschichte des Widerstands zurückblicken kann. Gerade der Bereich intimer Beziehungen erwies sich als besonders empfindlich gegenüber jener Art von Tauschbeziehung, die für die „settlement-orientated" oder vertragsorientierte Mediation gebräuchlich ist und die in einer Scheidungsvereinbarung durchaus Akzeptanz findet. Das Verstehen dieser Ambivalenz gegenüber der Definition der Ehe als Vertrag könnte die Grenzen des rationalen Vermittlungsmodells bei der Mediation von Trennungskonflikten deutlich machen.

Schon Kant (1956/1797) sorgte mit seiner Definition der Ehe als Vertrag „zweier Personen verschiedenen Geschlechts zum lebenswierigen wechselseitigen Besitz ihrer Geschlechtseigenschaften" (S. 390) für Empörung. Gegenentwürfe ließen nicht lange auf sich warten. Als „roh" bezeichnete etwa Hegel (1970/1821) Kants Versuch, die Ehe zu einem „bürgerlichen Kontrakt … herabzuwürdigen" (§ 161). Nur der Eintritt in die Ehe und deren Auflösung erfolge in der „modernen Welt" über einen freiwilligen Vertrag. Die Ehe selbst bedeute hingegen eine Überwindung des Vertragsstandpunktes, des Aushandelns von gemeinsamen Interessen und Vorteilen. Hegel zeichnet das Bild einer innigen, durch Gefühle vermittelten Einigkeit, welche eine „sittliche Einheit" darstelle, die durch einen Vertrag grundsätzlich nicht herzustellen sei. Denn dieser gehöre der Sphäre der bürgerlichen Gesellschaft, der Ökonomie und ihrer Logik des Eigennutzes an und gehe daher von einer Getrenntheit aus, die gerade die Liebe zu überbrücken habe.

Vor allem die Sexualität schien gegen ihre Vereinnahmung durch die Logik einer Tauschbeziehung besonderen Schutzes zu bedürfen. Fichte (1971/1797) verstieg sich in diesem Zusammenhang zu der Argumentation, dass die verheiratete Frau, um ihre Sexualität von jeder kalkulatorisch-instrumentellen Perspektive kategorisch auszunehmen, generell auf ihren Status als Verträge schließendes Rechtssubjekt verzichten sollte, obwohl sie die dafür erforderliche „Vernunft" als Mensch durchaus besitze. Doch der Verdacht einer Tauschbeziehung, ja eines „Geschäfts" ließ sich von der bür-

gerlichen Ehe dennoch nie ganz entfernen und führte immer wieder zu
polemischen Vergleichen der Ehe mit der Prostitution, etwa durch Karl
Kraus.

Das Dogma zweier geschlechtsspezifischer Konfliktkulturen

Um die auf engen und dauerhaften Bindungen beruhende Privatsphäre,
die immer auch als Ort des Friedens erträumt wurde, nicht zu gefährden,
wurde Frauen wie erwähnt der Eintritt in all jene Tätigkeitsbereiche ver-
wehrt, in denen Kampf und Konkurrenz dominierten. Diese gesetzlich ver-
ankerten Zugangsschranken zur öffentlichen Welt sind in vielen Ländern
heute weitgehend aufgehoben. Dies weckte die Erwartung, dass sich die
geschlechtsspezifischen Beziehungsmuster und Konfliktkulturen einander
angleichen würden. Dass sich diese Erwartung nicht zu erfüllen schien, versuchte Gilligan (1984) nachzuweisen. Sie konstatierte, dass weibliche Be-
fragte in existentiellen Entscheidungssituationen ein Grundgefühl der Verbundenheit mit anderen, eine Skepsis gegenüber abstrakten moralischen
Regeln sowie eine Bevorzugung kooperativer Verfahrensweisen, die beide
Positionen anerkennen und versöhnen, äußerten. Auch in der feministischen Ethikdebatte, zu der Gilligans Untersuchung den Anstoß bildete, ist
die Frage, ob ein gleichberechtigtes Zusammenleben der Geschlechter sich
auf das frühaufklärerische Vertragsmodell stützen sollte, heftig umstritten.
(Vgl. Pauer-Studer, 1998)

Zweifellos lassen sich auf einer rein phänomenologischen Ebene im Alltagsleben weiterhin Anzeichen für geschlechtertypische Beziehungs- und
Konfliktstile finden. Dass dieser Befund hier nicht durch die Annahme weib-
licher oder männlicher Wesensmerkmale erklärt werden soll, wurde bereits
betont. Das im ökonomischen Bereich dominierende Vertragsdenken bringt
keine genuin männliche und die enge Verbundenheit einer Ehe- und Liebesbeziehung keine authentische weibliche „Natur" zum Ausdruck.

Aus solchen Dogmen wurde aber auch der Fehlschluss gezogen, dass Ehe-
und Paarkonflikte ihren Urprung darin hätten, dass der Mann das rational-
ökonomische Subjektsdenken in die Ehe hineinträgt. Dort, so das herkömmliche Bild, trifft es auf eine familiär geprägte weibliche Beziehungskultur und
führt unausweichlich zu Missverständnissen und Dissonanzen, zu einer Art
„Clash of Civilizations".

Hier soll hingegen gezeigt werden, dass dieses Aufeinanderprallen von
zwei „Konfliktkulturen" nur für einen Teil der in intim-privaten Beziehungen
auftretenden Kontroversen verantwortlich ist. Dies unter anderem deshalb,
weil sich mittlerweile beide Geschlechter in mehreren gesellschaftlichen
Tätigkeitsfeldern bewegen und weil die Privatsphäre auch allein aus sich heraus unvereinbare Ansprüche entstehen lässt. Um diese Konflikte in ihrer
Gesamtheit zu versehen, schlage ich vor, die Herausbildung der bürgerlichen
Familie, ihre allmählichen Veränderungen und ihre Probleme im Rahmen
einer Theorie der Modernisierungsbewegung zu betrachten. Dadurch wird

die Tendenz moderner Gesellschaften zur Aufspaltung in scheinbar autonome Teilbereich nicht einfach als Faktum vorausgesetzt, sondern selbst untersucht.

Die Wurzeln des Streits

Um die innovativen Möglichkeiten einer geschichtlich-genealogischen Perspektive zu illustrieren, greife ich aus dem umfangreichen Theorieangebot den von Giddens (1995) geprägten Terminus der „Entbettung sozialer Systeme" heraus. Mit Hilfe dieser Metapher kennzeichnet Giddens einen Grundzug des geschichtlichen „Übergangs von der traditionalen zur modernen Welt". Er hebt damit eine Tendenz moderner Gesellschaften hervor, lokal gebundene Traditionen aus ihrer ursprünglichen Umgebung herauszulösen und an einen globalisierten, regionale Grenzen auflösenden Handlungsraum anzupassen. In Giddens' Worten:

„Unter Entbettung verstehe ich das Herausheben sozialer Beziehungen aus ortsgebundenen Interaktionszusammenhängen und ihre unbegrenzte, Raum-Zeit-Spannen übergreifende Umstrukturierung." (S.33)

Giddens bezog diese Theorie vor allem auf die Bereiche der Ökonomie und des technischen Expertenwissens. Ein verwandter Vorgang lässt sich jedoch, so meine These, auch in allen anderen gesellschaftlichen Teilbereichen feststellen. Auf die Geschlechterpolarität angewandt ergäbe dieser Ansatz, dass etwa in der bürgerlichen Ehe modernisierte Momente traditionaler Formen des Zusammenlebens weiterbestehen. Deshalb haben Liebes- und Ehekonflikte eine wesentlich komplexere, vertracktere Tiefenstruktur als jene Verteilungskämpfe um knappe Ressourcen, die Hobbes in seiner eingangs beschriebenen Theorie des Gesellschaftsvertrages als einzige Art sozialer Widersprüche behauptete.

Diese Struktur lässt sich dadurch deutlich machen, dass jener Vorgang der Modernisierung der Paarbeziehung schrittweise dargelegt wird.

1. In Marxens „Bauernfamilie" (1970: 92) bestimmen nicht Gefühle der Liebe, Treuegelübde oder sonstige Ideale den Zusammenhalt, dieser erwächst vielmehr aus der gemeinsamen Lebensbewältigung, der „gemeinsamen, unmittelbar vergesellschafteten Arbeit". Dies ist zwar zu ökonomistisch gedacht, also ohne Beachtung des kulturellen Stellenwerts der alltäglichen Tätigkeiten, doch es trifft den Umstand, dass nicht Ideen, Konzepte oder Gefühle die Grundlage menschlicher Beziehungen sind. Wodurch ist jedoch dieser falsche Eindruck entstanden?

2. Durch die Trennung von häuslichem Bereich und Wirtschaftsleben im Zuge der Entstehung und Ausdifferenzierung neuer Arbeitsformen lösen und entfernen sich die fest verbundenen Alltagshandlungen des Familienverbandes voneinander. Um das Familiengefüge aufrecht zu halten, werden Ideale formuliert und abgetrennte, unsicher gewordene Gefühlsbeziehungen hochstilisiert. Gefühle und Ansprüche machen sich selbstständig und artikulieren sich vordergründig als Pathos der reinen grenzenlosen Liebe.

Diese Umformungen beschreibt etwa Taylor (1996: 513) als Vorgang der „Verinnerlichung und Individualisierung".

3. Elemente der Alltagspraxis verlagern sich dabei ins Subjekt und scheinen schließlich allein der „Liebe als Passion" (Luhmann) zu entspringen. Diese
‚hohen‘, großen Gefühle müssen jedoch umgesetzt, gelebt, realisiert werden.
Da aber die Bezüge, die einstigen Zusammenhänge nicht mehr aktiviert werden können, bergen diese Ideale ein hohes Konfliktpotential:

Auch wenn in der Wertschätzung dieser Ideale alle Akteure übereinstim-
men, verbindet jede und jeder einzelne mit dem Abstractum Liebe eigene
Vorstellungen, Phantasien, Idyllen, deren stofflicher Inhalt meist dem traditionellen Repertoire entlehnt ist. Die Vielzahl der szenischen Entwürfe,
Romane und Dramolette nehmen jedoch nicht nur eine immer individuellere
Form an. In ihnen manifestiert sich auch das Weiterbestehen separierter
Männer- und Frauenphantasien zu fast allen Aspekten des modernen Alltags,
von der Ausstattung der Wohnung, dem Feiern von Festen, den Freundes-
oder Verwandtschaftsbeziehungen bis zur Gestaltung des Urlaubes. Dafür ist
der Umstand entscheidend, dass bei jeder Szene phantasierend auf Hand-
lungsweisen zurückgegriffen wird, die einem männlichen oder weiblichen
Rollenrepertoire im Kontext des Traditionalen entstammen.

Selbst die von einem einzigen Individuum gehegten Träume gemeinsamen Lebens und Liebens passen nicht immer zusammen, sodass sie bei
ihrer Realisierung zu Brüchen führen würden.

Sogar wenn in seltenen Fällen Übereinstimmung erzielt werden konnte
und sich alle Umstände glücklich ineinander fügen, so ist es für gewöhnlich
so, dass die sehnsüchtig erhofften Gefühle ausbleiben, inneres Empfinden
und äußeres Tun enttäuschend auseinander treten.

Über die Anerkennung von Idealen wie gegenseitige Achtung, gemeinsames Glück, Treue und freie Selbstentfaltung ist also in der Regel allgemeine Zustimmung zu finden. Die konkreten Vorstellungen ihrer Umsetzung
sind jedoch, wie angeführt, individuell höchst unterschiedlich. Zudem müssen sie auch mit den unverzichtbaren Subjektsansprüchen auf autonome Le-
bensgestaltung und Vertragsfreiheit in Einklang gebracht werden, die mittlerweile von beiden Geschlechtern erhoben werden.

Der Umstand, dass eine lebbare, zufriedenstellende Kombination dieser
inhomogenen Aspekte kaum gelingen kann, wird im Streitfall stets dem jeweiligen Kontrahenten angelastet. Am Ende der Ehe dominieren die konkreten Beschuldigungen, das völlige Unverständnis und die Verblüffung, wie
eine derart falsche Beurteilung des Partners möglich war.

Praktische Konsequenzen

Einhelligkeit herrscht auch unter Scheidungsexperten über die Erklärung
der weiterhin steigenden Scheidungsraten, die mit der obigen Analyse über-
einstimmt: Als Hauptursache der gegenwärtigen Krise von Paarbeziehungen
gilt nicht eine kritische Ablehnung dieser Art von Beziehung, sondern viel-

mehr eine allzu große Erwartung in deren Möglichkeiten, ein allzu großes Vertrauen in deren Glücksverheißungen. Anlässlich des neuerlichen Höchststandes der Scheidungszahlen in Deutschland im Jahr 2002 recherchierte Bauer (2003):

„Gefragt nach ihrer liebsten Lebensform, nennen die Deutschen regelmäßig und in großer Mehrzahl das Traditionelle als Ideal. Um so erstaunlicher muten die steigenden Scheidungszahlen an. Ein Widerspruch? Nur scheinbar, sagen Fachleute. Die lebenslange Bindung werde so sehr mit Ansprüchen und Projektionen überfrachtet, sagt etwa Familienforscher Walter Biem vom Deutschen Jugendinstitut in München, dass der Alltag der Wunschvorstellung kaum standhalten kann."

Die Romantisierung der Ehe droht nun brüsk in die Kalkulationshaltung des freien Vertragssubjekts umzukippen:

„Allgemein nehmen Familienforscher übereinstimmend an, dass sich Heiratswillige nicht nur von Gefühlen leiten lassen, obwohl zum Zeitpunkt der Heirat fast nur die Liebe zählt. Sind die ‚Kosten‘ einer Ehe höher als der ‚Nutzen‘, kommt es zur Scheidung. Je nach Lebenslage kann der Preis steigen oder fallen, entsprechend ändert sich auch die Neigung, trotz aller Schwierigkeiten beieinander zu bleiben – oder eben nicht." (ebd.)

Eine Interpretation dieser Desillusionierungen als bloß zufälliges Auseinanderklaffen individueller Wünsche würde das Unbehagen der Geschlechter *subjektivieren*, Streit und Trennung zu einem nur privaten Scheitern machen. Ebenso problematisch ist aber auch der Ansatz, hinter den unerfüllten Wünschen der Liebespartner differierende natürliche Anlagen zu sehen, denn dies würde die Geschlechterbeziehungen *naturalisieren* und damit auch die Konflikte verewigen.

Hier wurde versucht, enttäuschte Beziehungserwartungen vor dem Hintergrund der widersprüchlichen „Gemengelage" (Max Weber) moderner Gesellschaften zu untersuchen. Eine solche genealogische Betrachtungsweise moderner Paarkonflikte erlaubt es in der Mediation

- erstens, von der oft fetischisierten reinen Verrechnungsebene wegzukommen und die historische Herkunft überzogener und häufig unvereinbarer Beziehungsbilder einzubeziehen
- zweitens, personalisierende Schuldzuschreibungen dadurch zu vermeiden, dass nicht individuelle Gefühle, sondern allgemeine Konstellationen thematisiert werden, die in der gesellschaftlichen Evolution ihre Wurzeln haben. Die Berücksichtigung der Vorgeschichte der Trennung führt so nicht notwendig zu einer Mediation als „quasi-therapy" (Beck 2001: 195)
- drittens, eine klare Unterscheidung zwischen „legal" und „emotional divorce" (ebd.) zu treffen. Die Abweichung der Liebes- und Ehebeziehung von einem Vertragsmodell macht einsichtig, dass die eigentlichen Kränkungen einer Trennung nicht durch materielle Zugeständnisse kompensiert werden können. Daher ist die Gefahr sehr groß, dass die Trennungsverhandlung als „weapon to harass and punish the other parent" (ebd.) benutzt wird. Durch das vorgestellte Modell könnte den Kontrahenten deutlich werden, dass nicht in erster Linie individuelle Verfehlungen die moderne Partnerschaft so schwierig machen. Durch diese

„Objektivierung" ließe sich unter Umständen ein Teil der Emotionen reduzieren.

Grenzen findet die Mediation jedoch bei dem Bemühen vor, jene existentiellen Verletzungen zu lindern, die einander vereinzelte Subjekte unweigerlich zufügen. Denn jede Loslösung aus einer tiefen Bindung setzt nicht nur Hoffnungen frei, sondern zwingt das Individuum, den Geburtsschmerz der modernen Welt aufs Neue zu erleben.

Literatur

Bauer F (2003) Der Alltag hält dem Wunsch nicht stand. Frankfurter Allgemeine Zeitung 259: 9

Beck C, Sales B (2001) Family mediation. Facts, myths, and future prospects. American Psychological Association, Washington

Fensterheim H, Baer J (1993) Sag nicht Ja, wenn du Nein sagen willst. Orbis, München

Fichte I H (1971/1797) Grundlage des Naturrechts nach Principien der Wissenschaftslehre. In: Fichte I H (Hrsg) Fichtes Werke. De Gruyter, Berlin, Bd. III.

Fürst U Barta E (2000) Mediatorische Konfliktlösung. Trauner, Linz

Giddens A (1995) Konsequenzen der Moderne. Suhrkamp, Frankfurt

Gilligan C (1984) Die anderen Stimme. Piper, München

Hegel G W F (1970/1821) Grundlinien der Philosophie des Rechts. In: Moldenhauer E, Michel K M (Hrsg) G.W.F. Hegel. Werke in 20 Bänden. Suhrkamp, Frankfurt/Main, Bd. 7

Hobbes T (1996/1660) Leviathan. Meiner, Hamburg

Kant I (1960/1764) Beobachtungen über das Gefühl des Schönen und Erhabenen In: Weischedel W (Hrsg) Theorie-Werkausgabe. Suhrkamp, Frankfurt/Main Bd. 2

Kant I (1956/1785) Grundlegung zur Metaphysik der Sitten. Theorie-Werkausgabe Bd. VIII

Kressel K, Frontera E A, Florenza S, Butler F, Fish L (1994) The settlement-orientation vs. the problem-solving style in custody mediation. Journal of Social Issues 50: 76–84

Luhmann N (1996) Frauen, Männer und George Spencer Brown. In: Luhmann N (Hrsg) Protest. Suhrkamp, Frankfurt/Main, S 107–155

Mähler H-G, Mähler G (1995) Zur Institutionalisierung von Mediation. In: Duss-von Werdt J, Mähler G, Mähler H-G (Hrsg) Mediation: Die anderen Scheidung. Klett-Cotta, Stuttgart, S 35–52

Marx K (1970) Das Kapital. Kritik der politischen Ökonomie. MEW, Dietz, Berlin, Bd. 23

Mohr R (2003) Generation Z. Argon, Berlin

Müller F K (2003) „Reparieren Sie bitte meine Frau". Die Weltwoche 42: 64–71

Pauer-Studer H (1998) „Vereinbarungen unter freien und gleichen Bürgern"? Das zwiespältige Verhältnis von Vertragstheorie und Feminismus. In: Horster D (Hrsg) Weibliche Moral – ein Mythos? Suhrkamp, Frankfurt/Main, S 189–220

Pease A, Pease B (2000) Warum Männer nicht zuhören und Frauen schlecht einparken. Ullstein, München

Proksch R (1995) Praxiserfahrungen mit Vermittlung (Mediation) in streitigen Sorge- und Umgangsrechtsverfahren. In: Duss-von Werdt, J, Mähler G, Mähler H-G Mediation (Hrsg) Die andere Scheidung. Klett-Cotta, Stuttgart, S 144–165

Sauer C (1997) Mediation im Rahmen der Familienberatung. Ein Plädoyer. In: Gumpinger M (Hrsg) Mediation. Wenn sich zwei streiten, hilft der Dritte. pro mente, Linz, S 97–113

Taylor C (1996) Quellen des Selbst. Die Entstehung der neuzeitlichen Identität. Suhrkamp, Frankfurt/Main

Methodische Besonderheiten der kultursensitiven Mediation

MICHAEL WANDREY

„Treffen sich zwei Mediatoren …"
– Fallverstehen in der Mediation

Einführung

Mediation gewinnt als ursprünglich in den USA entwickeltes Verfahren der Konfliktregelung und -lösung zunehmend auch in Europa an Interesse und Bedeutung. Als Einsatzfelder sind vor allem zu nennen:

- Familienmediation, v.a. bei Scheidungs- und Sorgerechtskonflikten
- Schulmediation, v.a. in der Form von Schüler-Steitschlichter-Programmen
- Mediation bei zivil- und strafrechtlichen Auseinandersetzungen, bspw. in der Form des Täter-Opfer-Ausgleichs
- Gemeinwesen- und Stadtteilmediation, v.a. im interkulturellen Kontext
- Mediation in der Arbeitswelt, v.a. bei Team- und Arbeitsplatzkonflikten und Konflikten zwischen Einrichtungen oder Abteilungen
- Mediation zwischen Verwaltung und Bürgern bei öffentlich-rechtlichen Planungsverfahren, v.a. im Umweltbereich

Mediation ist als Ansatz ein interprofessionell und interdisziplinär angelegtes Verfahren zur Vermittlung in Streitfällen durch sich allparteilich verhaltende Dritte, die von allen Konfliktparteien als Vermittler akzeptiert werden. Die vermittelnden MediatorInnen fällen hierbei kein (Schieds-)Urteil, sondern unterstützen die Konfliktparteien dabei, einvernehmliche Regelungen zum beiderseitigen Vorteil zu finden. Sie übernehmen die Verantwortung für die Gestaltung des Verhandlungsprozesses, während die Verantwortung für das Ergebnis bei den Konfliktparteien verbleibt. Betrachtet man das Methodenrepertoire der Mediation genauer, so bewegt sie sich in drei verschiedenen Handlungssphären:

- *Sach- und ergebnisorientierte Verhandlung.* Im Mittelpunkt steht hierbei die Orientierung an den Interessen der Konfliktparteien mit dem Ziel einer beiderseitigen Gewinnmaximierung, von „Win-Win"-Situationen durch Interessensausgleich. Der Schwerpunkt liegt auf dem Beurteilen und Eingrenzen von Problemstellungen sowie der daraus abgeleiteten Entwicklung von Handlungsoptionen; wesentliche methodische Elemente hierzu sind der Organisations-, Rechts- und Politikberatung entlehnt (Fischer, Ury, 1984, Glasl, 1990)

- *Prozess- und systemorientierte Klärung:* Im Mittelpunkt steht hierbei die Orientierung an den wechselseitigen, aufeinander bezogenen Bedürfnissen der Konfliktparteien mit dem Ziel einer möglichst umfassenden Kommunikations-, Beziehungs- und Rollenklärung, wobei wesentliche methodische Elemente der psychosozialen Beratung entlehnt sind (Thomann, Schulz von Thun, 1993)
- *Individuell personenorientierte Würdigung:* Die Betonung liegt hier auf Hilfestellungen für die Betroffenen, um das Geschehene individuell verarbeiten und in ihr Selbstsystem integrieren zu können. Die wesentlichen Elemente sind hierbei dem therapeutischen Arbeitsfeld entlehnt.

Kennzeichnend für die Mediationspraxis ist, dass sich stets alle drei Handlungssphären *gemeinsam* in der konkreten Fallarbeit wieder finden und dort ein jeweils spezifisches Mischungsverhältnis eingehen. Breidenbach spricht bspw. von Variationen des Mediator-Verhaltens zwischen rein ergebnisorientiertem Verhandeln und therapeutischer Integration (Breidenbach, 1995). Die Professionalität einer Mediation ist hierbei im wesentlichen dadurch gekennzeichnet, dass dieses Mischungsverhältnis nicht der Beliebigkeit des Mediators überlassen ist, sondern der jeweils zugrunde liegenden Konfliktsituation adäquat ist.

Auch wenn diese Aussage zunächst banal klingt, ist sie – zumindest zum gegenwärtigen Zeitpunkt – alles andere als selbstverständlicher Erkenntnisstand in der Mediationspraxis. Der derzeitige Zustand der Mediationslandschaft lässt sich vielmehr als „vorprofessionell" charakterisieren in dem Sinne, dass eine gemeinsame, arbeitsfeldübergreifende Fachlichkeit noch wenig ausgeprägt ist. Stattdessen herrscht einerseits eine starke Orientierung an lehrenden „Meistern" und ihren jeweiligen Schulen vor („Sag mir, bei wem du deine Ausbildung gemacht hast, und ich sage dir, wie du mediierst …"). Andererseits muss eine starke Zerklüftung in Spezialbereiche (Trennungs- und Scheidungsmediation, Wirtschaftsmediation, Schulmediation, Täter-Opfer-Ausgleich etc.) mit jeweils eigenen Curricula, Standards und Strukturen konstatiert werden. Die Folge hiervon sind starke Polarisierungen in der Fachdiskussion.

Als typisches Beispiel hierfür kann der anhaltende Streit zwischen Anhängern eines eher kosten-nutzen-orientierten „service-delivery"-Ansatzes und Anhängern eines eher versöhnungsorientierten „reconciliation"-Ansatzes oder eines eher auf Veränderung der gesellschaftlichen Konfliktkultur abzielenden „social-transformation"-Ansatzes in der US-amerikanischen Mediationsszene dienen (Breidenbach, 1995, S.212 ff). *Ein weiteres, deutsches Beispiel ist die Auseinandersetzung um die Zulässigkeit bestimmter Settings in der Mediation. Gelten bspw. im Täter-Opfer-Ausgleich (TOA) getrennte Vorgespräche mit den Konfliktparteien als verpflichtender Standard, so sind diese in der Trennungs- und Scheidungsmediation eher verpönt. Ähnlich weit reichen die Unterschiede in der Frage, welcher Stellenwert der Bearbeitung von Geschehnissen der Vergangenheit in der Mediation zukommt: Gilt in der Trennungs- und Scheidungsmediation der Grundsatz „Zukunftsorientierung statt Vergangenheitsbe-*

*wältigung!", so wird im TOA davon ausgegangen, dass ohne Thematisierung und zu-
mindest teilweise Aufarbeitung des Tatgeschehens eine einvernehmliche Lösung in der
Regel nicht zu erreichen ist. Entsprechendes wird dann in aller Regel in den unterschiedlichen Ausbildungsgängen dieser Arbeitsfelder als jeweils „richtiges" professionelles Handeln gelehrt und anschließend in der beruflichen Praxis umgesetzt.*

Eine fall- und konfliktorientierte, arbeitsfeldübergreifende Auseinandersetzung über die Frage, warum sich diese unterschiedlichen Vorgehensweisen in
der Mediation herausgebildet haben, findet hingegen aufgrund der ausgeprägten Spezialisierung in der Regel nicht statt, mit der Gefahr, dass die
erlernten Standardmethoden unreflektiert auch hierfür ungeeigneten Fällen
übergestülpt werden, wenn das ursprüngliche Arbeitsfeld einmal verlassen
wird.

Sobald Mediation hingegen in einem breiteren Einsatzfeld – wie bspw.
der Sozialen Arbeit – eingesetzt wird, erfordert dies einerseits klare Falleig-
nungskriterien und andererseits eine große Bandbreite an verschiedenen
Settings und methodischen Werkzeugen, über deren Angemessenheit die
Fachkräfte jeweils nur *fallbezogen* entscheiden können. Individuelles Fallverstehen und fachliches Handeln auf der Basis am Fall begründeter, nach-
vollziehbarer Arbeitshypothesen sind daher – anders als in anderen Arbeitsfeldern der Mediation mit klar eingrenzbaren, immer wiederkehrenden Kon-
fliktarten und -konstellationen – unabdingbare Voraussetzungen für ihren
fachgerechten Einsatz.

Die folgenden Überlegungen hierzu beruhen auf der systematischen Aus-
wertung eigener Fallerfahrungen in unterschiedlichen Arbeitsfeldern der
Mediation und der Sozialen Arbeit sowie langjähriger Fortbildungs- und
Supervisionstätigkeit in diesem Bereich. Der nachfolgend beschriebene
„Konfliktwürfel" wird speziell in der Ausbildung und Supervision von Media-
torInnen in der Sozialen Arbeit eingesetzt und hat sich dort als diagnosti-
sches Instrumentarium zur fachlich angemessenen Methodenauswahl und
Interventionsgestaltung bewährt.

Das Bild des „Konfliktwürfels" als Orientierungshilfe zum Fallverstehen in der Mediation

Der „Konfliktwürfel" steht als Sinnbild für die Mehrdimensionalität von zwischenmenschlichen Konflikten, zu deren Verständnis die Einnahme unterschiedlicher Blickwinkel erforderlich ist: Ein Konflikt kann – ebenso wie ein
Würfel – nur dann mit all seinen Seiten erfasst werden, wenn die Beteiligten
ihn „drehen und wenden", sich darüber verständigen, was sie aus ihrem
Blickwinkel jeweils erkennen und anschließend das so gewonnene Bild in
seiner Gesamtheit interpretieren. Legt man dieses Grundverständnis zugrunde, dann setzt professionelles fachliches Handeln in der Mediation die
Fähigkeit voraus, die spezifischen Merkmale eines Konflikts in dieser Mehrdimensionalität zu beschreiben, die ihnen zugrunde liegenden Wirkungs-

mechanismen zu erklären und hieraus das angemessene methodische Vorgehen in der Fallbearbeitung ableiten und begründen zu können („*Fallverstehen*“).

Wichtig ist hierbei, den Konflikt nicht technokratisch exakt „vermessen" zu wollen. Vielmehr geht es darum, mittels einer Reihe von Orientierungshilfen den Konflikt als Konfliktgeschichte aus unterschiedlichen subjektiven Blickwinkeln (dem der Konfliktparteien *und* dem des Mediators) heraus „erzählen" zu können, um dann auf der Grundlage dieser Interpretationen mit ihren erkennbaren Übereinstimmungen, Differenzen, Unschärfen und Fragezeichen entsprechend begründete Arbeitshypothesen für die methodisch angemessene Fallbearbeitung abzuleiten. Grundlage jeder Konfliktbetrachtung sind hierbei die durch die Konfliktparteien selbst erfolgenden Beschreibungen und Charakterisierungen ihrer Konfliktsituation.

Bei der Bearbeitung komplexer Mediationsfälle hat sich hierbei eine Betrachtung des Konflikts unter folgenden vier Blickwinkeln bewährt:
– *Die Betrachtung des Konfliktumfelds* im Hinblick auf die Kontextbedingungen des Konflikts
– *Die Betrachtung des Konfliktausmaßes* im Hinblick auf Eskalationsmerkmale des Konflikts
– *Die Betrachtung des Konfliktinhalts* im Hinblick auf die Anliegen der Konfliktparteien
– *Die Betrachtung der Konfliktgestalt* im Hinblick auf das Zusammenspiel der individuellen Grundstrebungen und Ressourcen der Konfliktparteien
Ziel der Konfliktbetrachtung ist es, fachlich begründete Arbeitshypothesen für das geplante Vorgehen in der Mediation zu entwickeln. Um die Strukturierung der Konfliktbetrachtung unter diesen vier Blickwinkeln zu erleichtern, wurden die folgenden – kursiv gesetzten – Leitfragen entwickelt. Aus jeder dieser Leitfragen ergibt sich eine Reihe von fallbezogenen Differenzierungen, deren Auswirkungen auf das methodische Vorgehen im Anschluss jeweils kurz erläutert werden.

Leitfragen zur Betrachtung des Konfliktumfelds

Mediation ist ein Verfahren, welches voraussetzt, dass die betroffenen Konfliktparteien die Möglichkeit haben, ihren Konflikt eigenverantwortlich zu regeln. Um der Gefahr unzulässiger Individualisierung entgegenzuwirken und einschätzen zu können, ob Mediation die geeignete Methode zur Konfliktbearbeitung ist, ist es daher erforderlich, zu Beginn jeder Konfliktbearbeitung zunächst sorgfältig abzuklären, welche Systeme, Subsysteme und Personen für die Konfliktbearbeitung von Bedeutung sind und in welchem Verhältnis sie zueinander stehen. Als Orientierungshilfen haben sich folgende Leitlinien bewährt:

Wem gehört der Konflikt?

– Die an der Mediation beteiligten Konfliktparteien sind *„Besitzer"* des Konflikts, wenn sie über alle Möglichkeiten und Ressourcen verfügen, ihren Konflikt eigenverantwortlich und ohne Mitwirkung anderer zu regeln.

– Die an der Mediation beteiligten Konfliktparteien sind *„Teilhaber"* des Konflikts, wenn sie zur Regelung des Konflikts auf die Mitwirkung bzw. Zustimmung anderer Personen bzw. Institutionen angewiesen sind.

– Die beteiligten Konfliktparteien sind *„Stellvertreter"* des Konflikts, wenn sie lediglich austauschbare Akteure in einem umfassenderen Konflikt sind, auf dessen Ursachen, Verlauf und Regelung sie keinen nennenswerten Einfluss haben.

Auswirkungen auf das methodische Vorgehen:

Soll die Mediation das Ziel einer umfassenden Konfliktregelung haben, müssen die Beteiligten im Besitz des Konfliktes sein. Sind die unmittelbar Beteiligten lediglich Teilhaber, ist daher zunächst zu überlegen, ob die übrigen Teilhaber (aktiv mitwirkend bzw. passiv zustimmend) in die Mediation miteinbezogen werden können bzw. sollen.

Kann bzw. soll nur ein Teil der Teilhaber einbezogen werden, ist eine umfassende Konfliktregelung nicht möglich. Der Konflikt kann dann nur partiell bearbeitet werden, mit dem Ziel, die Beteiligten bei der individuellen Konfliktverarbeitung sowie der Entwicklung eigener Handlungsstrategien und ggf. Teillösungen zur Bewältigung des Konflikts zu unterstützen.

Sind die Beteiligten hingegen lediglich Stellvertreter, eignet sich der Fall nicht für eine Mediation in engerem Sinne. Hier bedarf es anderer Formen der Klärungs- und Konflikthilfe (Konfliktberatung, Supervision, Coaching, Organisationsentwicklung etc.), in die allerdings mediative Elemente ergänzend mit einfließen können.

In welcher Arena findet der Konflikt statt?

– Der Konflikt ist *„privat"*, solange nur die an der Mediation beteiligten Konfliktparteien und ihr unmittelbares Lebensumfeld (Familie, Partner, enge Freunde) Verlauf und Ausgang des Konflikts verfolgen.

– Der Konflikt ist *„halböffentlich"*, wenn darüber hinaus auch ein weiteres soziales Umfeld (Nachbarschaft, Bekannte, Kollegen etc.) Verlauf und Ausgang des Konflikts verfolgt.

– Der Konflikt ist *„öffentlich"*, sobald auch das institutionelle bzw. gesellschaftliche Umfeld Verlauf und Ausgang des Konflikts verfolgt.

Auswirkungen auf das methodische Vorgehen:

Bei Mediationen in einer halböffentlichen und öffentlichen Arena ist die Konfliktbearbeitung keine „Privatsache" mehr! Im Rahmen der Auftragsklärung und ggf. einer Prämediation müssen infolgedessen mit den Klienten Umgang und Informationspolitik gegenüber dieser (Halb-)Öffentlichkeit in Bezug auf die Mediation besprochen und festgelegt werden.

Vom wem geht die Mediation aus?

– Der Mediationsversuch geschieht auf *„Eigeninitiative"* hin, wenn ihn die Konfliktparteien aus eigenem Antrieb unternehmen.
– Der Mediationsversuch geschieht auf *„sozialen Druck"* hin, wenn er nicht aus eigenem Antrieb geschieht, sondern informell durch eine andere Konfliktpartei oder das soziale Umfeld der Konfliktparteien (Familie, Klasse, Gruppe, Team etc.) initiiert wurde.
– Der Mediationsversuch geschieht auf *„institutionellen Druck"* hin, wenn er nicht aus eigenem Antrieb geschieht, sondern formell durch Dritte eingeleitet wurde, die Entscheidungsgewalt über die Konfliktbearbeitung haben (Richter und Staatsanwälte, Vorgesetzte, Lehrer und Erzieher etc.).

Auswirkungen auf das methodische Vorgehen:

Nur bei Konfliktparteien, die auf inneren Druck hin einen Mediationsversuch unternehmen, kann von einer Eigenmotivation ausgegangen werden. Konfliktparteien, die auf sozialen oder institutionellen Druck von außen hin teilnehmen, weisen demgegenüber lediglich eine Sekundärmotivation auf, die zunächst einmal vorrangig darauf abzielt, keine Nachteile durch eine Verweigerung erfahren zu müssen.

Mediationen, die auf institutionellem Druck hin zustande kommen, sind zudem kein Angebot, sondern eine massive Intervention von außen, bei denen eine Teilnahme nicht freiwillig im engeren Sinne ist, sondern lediglich Wahlfreiheit zwischen verschiedenen Konfliktbearbeitungsformen besteht.

Eine innere Bereitschaft der Konfliktparteien zur aktiven Mitwirkung an der Mediation kann daher in diesen Konstellationen trotz „körperlicher Anwesenheit" nicht vorausgesetzt werden, sondern muss erst noch abgeklärt und ggf. erarbeitet werden. Hierzu sind vor Beginn der eigentlichen Mediation entsprechende Vor- und in der Regel Einzelgespräche erforderlich.

Wie intensiv haben die Konfliktparteien miteinander Kontakt?

– Sind die Konfliktparteien *in ständigem direkten Kontakt* (bspw. in der Familie, in der Klasse, am Arbeitsplatz)?
– Sind die Konfliktparteien nur *sporadisch in direktem Kontakt* (bspw. zu vereinbarten Terminen und Besprechungen, alle 14 Tage im Sportverein, hin und wieder im Jugendhaus)?
– Sind die Konfliktparteien *ohne direkten Kontakt* (man verkehrt nicht miteinander oder nur über Dritte)?

Auswirkungen auf das methodische Vorgehen:

Falls sich die Konfliktparteien in ständigem direkten Kontakt befinden, sind Sofortmaßnahmen zum „Einfrieren" des Konflikts erforderlich, um das Risiko einer fortschreitenden Eskalation zu vermeiden. Hierzu erfolgt in der Regel eine Prä-Mediation mit Vereinbarung von Spielregeln und „Not-To-Do-Listen". Bei Konflikten in Organisationen sind ggf. auch institutionelle Maßnahmen zur Kontaktminimierung denkbar.

Leitfragen zur Betrachtung des Konfliktausmaßes

Bei der Betrachtung des Konfliktausmaßes steht die Einschätzung im Mittelpunkt, wie weit der zu bearbeitende Konflikt bereits eskaliert ist. Die theoretische Grundlage hierfür bietet das neun Stufen umfassende Eskalationsstufenmodell von Glasl (1994). Dieses Eskalationsstufenmodell wird zum einen in einer vereinfachten, auf die drei Stufen „gering" „mittel" und „extrem eskaliert" reduzierten Form angewandt, zum anderen aber mittels der Kategorien „Konflikthöhe", „Konflikttiefe" und „Konfliktbreite" in drei unterschiedliche, für die Entscheidung über das weitere methodische Vorgehen in der Mediation jeweils wesentliche Eskalationsebenen weiter ausdifferenziert, da diese ein jeweils unterschiedliches Ausmaß annehmen können, was wiederum Auswirkungen auf die methodisch angemessene Vorgehensweise in der Mediation hat.

Wie hoch ist der Konflikt?
Gradmesser für die Höhe eines Konflikts sind Eskalationsmerkmale im Konfliktverhalten der Parteien. Als Orientierungshilfe können die folgenden Unterscheidungsmerkmale dienen:
- *Geringe Höhe* = Die Konfliktpartei orientiert sich im eigenen Konfliktverhalten an Gewinner:Gewinner-Strategien; der Konflikt wird aktuell im Wesentlichen als Streit mit einem (schwierigen) Partner betrachtet
- *Mittlere Höhe* = Die Konfliktpartei orientiert sich im eigenen Konfliktverhalten an Gewinner:Verlierer-Strategien; der Konflikt wird aktuell im Wesentlichen als (Konkurrenz-)Kampf mit einem (gefährlichen) Gegner betrachtet
- *Extreme Höhe* = Die Konfliktpartei orientiert sich im eigenen Konfliktverhalten an Verlierer:Verlierer-Strategien; der aktuelle Konfliktverlauf wird im wesentlichen als Krieg mit einem (zu allem bereiten) Feind betrachtet

Auswirkungen auf das methodische Vorgehen:
Sobald ein Konflikt auf mittlerer Höhe eskaliert ist, muss in der Regel davon ausgegangen werden, dass das Verhältnis zwischen den Konfliktpartien bereits soweit gestört ist, dass deeskalierende, vertrauensbildende und exemplarisch wirkende Maßnahmen im Vorfeld der eigentlichen Mediation erforderlich sind, um die Eskalationsdynamik zu stoppen. Hierzu wird in der Regel eine Prä-Mediation mit dem Ziel einer Vereinbarung über die Art und Weise der Konfliktbearbeitung eingesetzt. Bei Konflikten von extremer Höhe muss zusätzlich davon ausgegangen werden, dass die Eskalationsdynamik in der Regel nur noch dann gestoppt werden kann, wenn es gelingt, die Konfliktparteien – ggf. durch Machteingriff von außen – voneinander getrennt zu halten. Bei einem Mediationsversuch kann dies Formen indirekter Vermittlung („Pendeldiplomatie") erforderlich machen.

Wie tief ist der Konflikt?

Gradmesser für die Tiefe eines Konflikts ist das Ausmaß, in dem das Konfliktgeschehen die Konfliktparteien in ihrem Selbstbild tangiert und entsprechende Emotionen und psychische Schutzmechanismen aktiviert. Als Orientierungshilfe:

– *Geringe Tiefe* = Irritation durch eine Tat/Differenzierung zwischen Eigen- und Fremdanteilen/Tendenz zur Integration („etwas lernen, eine neue Erfahrung machen")

– *Mittlere Tiefe* = Kränkung und Verletzung durch einen Täter/Schwarz-Weiß-Denken/Tendenz zur Abspaltung („ich bin das Opfer, das sich wehrt")

– *Extreme Tiefe* = Gefühl existenzieller Bedrohung durch ein feindliches System/Abschottung/Tendenz zur Eliminierung („das Böse" will mich vernichten, also muss ich das „Böse" vernichten)

Auswirkungen auf das methodische Vorgehen:

Je tiefer der Konflikt, desto wichtiger werden Schutz- und Schonmechanismen in der Mediation.

Ab einer mittleren Tiefe sind Konflikte oftmals subjektiv mit derart starken (oftmals durchaus wechselseitigen) Opfer- und Ohnmachtserfahrungen verbunden, dass Einzelgespräche geboten sind, um den Konfliktparteien in einem geschützten Rahmen ohne Anwesenheit von Kontrahenten die Thematisierung und ggf die erforderliche Abklärung in Bezug auf die mit der Konfliktbearbeitung verbundenen Interessen und Bedürfnisse zu ermöglichen.

Bei der Mediation handelt es sich zudem um kein therapeutisches Setting. Bei Konflikten, die eine große Tiefe vermuten lassen, sind in jedem Fall individuelle Vorabklärungen notwendig, um sicherzustellen, dass die Einleitung einer Mediation den psychischen und emotionalen Bedürfnissen einer Konfliktpartei nicht widerspricht. Ist zu befürchten, dass die Mediation eine Konfliktpartei psychisch überfordern und gefährden könnte, muss die Mediation ggf. abgelehnt oder aber zumindest ausgesetzt werden und stattdessen mit der Konfliktpartei alternative bzw. ergänzende individuelle Hilfeleistungen beraten werden (zur Abklärung eines individuellen Unterstützungsbedarfs in der Mediation s. a. weiter unten)

Wie breit ist der Konflikt?

Gradmesser für die Breite eines Konflikts ist seine Komplexität im Hinblick auf die Anzahl der Konfliktparteien und -teilhaber, die Anzahl der Konfliktthemen, die es zu verhandeln, zu klären und zu würdigen gilt (s. Konfliktinhalte. weiter unten) und die Zeitdimension des Konflikts im Spektrum Vergangenheit/ Gegenwart/ Zukunft.

Komplexität wirkt deshalb als ein eigenständiges eskalierendes Moment, weil die Konfliktparteien einerseits zum Schutz ihrer Handlungsfähigkeit kognitiv meist mit Simplifizierungen und Ausblendungen reagieren, um subjektiv „den Überblick zu behalten", andererseits aber gleichzeitig mit zunehmender Dauer des Konflikts dazu neigen, den Konflikt sowohl auf weitere Themenbereiche als auch auf das personelle Umfeld hin auszuweiten, die

Komplexität also weiter zu erhöhen – ein klassischer Teufelskreis, der das Risiko des Miss-Verstehens und Außer-Kontrolle-Geratens stetig erhöht.

Als Orientierungshilfe:

- *Geringe Breite:* Keine besondere Komplexität (Bsp.: zwei Konfliktparteien, wenige Konfliktthemen, seit kurzem bestehender, akuter Konflikt)
- *Mittlere Breite:* Besondere Komplexität in ein bis zwei Bereichen (Bsp.: zwei Konfliktparteien, viele Konfliktthemen, lang anhaltender, latenter Konflikt)
- *Extreme Breite* = besondere Komplexität in allen drei Bereichen (Bsp.: Viele Konfliktparteien/Großgruppenkonflikt, viele Konfliktthemen, lang anhaltender, latenter Konflikt mit weit in die Zukunft reichenden Auswirkungen)

Auswirkungen auf das methodische Vorgehen:

Je breiter der Konflikt, desto stärker müssen Visualisierungs-, Strukturierungs- und Problemlösungstechniken aus dem Bereich der Verhandlungshilfe eingesetzt werden, mit dem Ziel, einerseits die Überschaubarkeit zu erleichtern und andererseits eine gemeinsame Informations- und Interpretationsgrundlage zu schaffen. Im Hinblick auf Vielparteienkonflikte kann dies die Arbeit mit Delegiertensystemen und Fishbowl-Techniken beinhalten, bei Themenvielfalt die Arbeit mit Prioritätensetzungen und Kriterienbildungen unter Einsatz von Metaplan-Techniken, bei langen Zeitdimensionen die Arbeit mit exemplarischen Situationen in Bezug auf die Vergangenheit oder der Unterteilung in überschaubare Zeitabschnitte in Bezug auf die Zukunft.

Stimmiger oder unstimmiger Eskalationsverlauf?

In einer abschließenden Zusammenschau von Höhe, Breite und Tiefe sollte darauf geachtet werden, ob der Eskalationsverlauf als in sich stimmig erscheint (vergleichbare Ausprägung in allen drei Bereichen), oder ob sich Unstimmigkeiten erkennen lassen. Häufiger auftauchende Unstimmigkeiten sind bspw. mehr Tiefe als Höhe auf der individuellen Ebene (das Empfinden wurde noch nicht in Handlung umgesetzt – Eskalationsgefahr!) oder Unterschiede zwischen den Konfliktparteien im Eskalationslevel (löst Unverständnis gegenüber der anderen Seite aus – Gefahr von Missverständnissen!).

Leitfragen zur Betrachtung des Konfliktinhalts

Um eine Mediation fachgerecht vorbereiten und durchführen zu können, ist es erforderlich, einen umfassenden Überblick über die zu behandelnden Anliegen der Konfliktparteien zu gewinnen, um die zu ihrer Bearbeitung jeweils passenden Methoden und Techniken auswählen zu können. Als Orientierungshilfe können die folgenden Unterscheidungen genutzt werden:

Was gilt es miteinander zu verhandeln?

Hierunter fallen all diejenigen Aspekte des Konflikts, für die die Konflikt-parteien einen konkreten Regelungsbedarf geltend machen. Diese verhand-lungsrelevanten Themenstellungen können in Anlehnung an Besemer (1993) in folgende Kategorien unterteilt werden:

- *Auseinandersetzung über Sachverhalte* (unterschiedliche Beurteilungen: ja/ nein; richtig/falsch; regelkonform/nicht regelkonform etc.)
- *Auseinandersetzung über Interessen* (angenommene oder tatsächliche Kon-kurrenz um materielle und immaterielle Güter)
- *Auseinandersetzung über Bedürfnisse* (subjektiv empfundene Beeinträchti-gung menschlicher Grundbedürfnisse wie körperliche Unversehrtheit, Zugehörigkeit, Individualität etc.)
- *Auseinandersetzung über Beziehungen und Rollen* (Verhaltenserwartungen, Statusfragen etc. innerhalb eines Beziehungssystems)
- *Auseinandersetzung über Werte und Normen* (differierende Überzeugungen, Regeln, Geschmäcker, Glauben, Lebensstile etc.)
- *Auseinandersetzung über Strukturen* (Kontroll-, Eigentums-, Verteilungs-, Macht-, Kommunikationsverhältnisse etc., denen die Konfliktparteien unterliegen)

Auswirkungen auf das methodische Vorgehen:

Der Mediator fungiert in diesem Kontext in erster Linie als Verhandlungshelfer. Zunächst ist gemeinsam mit den Konfliktparteien zu erarbeiten, unter welchen Über-schriften der Konflikt angemessen zu verhandeln ist. Oftmals sind die Sichtweisen der Konfliktparteien hierzu weder einhellig noch eindeutig, so dass zu Beginn der Me-diation ein gemeinsamer Interpretations- und Verständigungsprozess initiiert werden muss, dessen Ausgang wiederum von erheblicher Bedeutung für das weitere metho-dische Vorgehen in der Mediation sein kann.

So bietet sich für eine Mediation, in der es vor allem um „Sachverhalte" und/oder „Interessen" geht, eine stark ergebnisorientierte Methodik wie die des „Sachgerecht Verhandelns" von Fisher u. a. an. Zur Bearbeitung von Themen der Kategorien „Be-dürfnisse", „Beziehungen und Rollen" und „Werte und Normen" hingegen eignet sich eher eine prozessorientierte, „transformative" Methodik, wie sie bspw. von Montada /Kals beschrieben wird, da es in diesen Fällen weniger um die Suche nach einver-nehmlichen Verteilungs- und Tauschlösungen geht („faires Geben und Nehmen"), als um die Initiierung eines sozialen Lernprozesses, welcher den Aufbau wechselseitiger Empathie und Toleranz beinhaltet („Leben und Leben lassen").

Professionelles Handeln in der Mediation bedeutet in diesem Kontext die sorg-fältige Klärung der Konfliktdefinition gemeinsam mit den Konfliktparteien. Nur so ist gewährleistet, dass sich die methodische Gewichtung (eher ergebnisorientiert oder eher transformativ?) an der Definition des Konflikts durch die Klienten festmacht und nicht an den jeweiligen methodischen Vorlieben und Vorprägungen des Me-diators.

Im weiteren Verlauf der Mediation geht es dann unabhängig von dieser metho-dischen Gewichtung darum, sicherzustellen, dass die Themenstellungen nicht (evtl. erneut) vermischt, sondern voneinander getrennt behandelt werden.

Was gilt es wechselseitig zu klären?

Hierunter fallen diejenigen Aspekte des bisherigen Konfliktverlaufs, für die eine Klärung und Aussprache mit dem Ziel des Ausräumens von Missverständnissen, des Füllens von Informationslücken und des Weckens wechselseitigen Verständnisses unumgänglich erscheint, um den Boden für eine zukunftsbezogene Konfliktlösung bereiten zu können. Der Mediator fungiert in diesem Kontext in erster Linie als Klärungshelfer. Zur Strukturierung von Klärungsthemen in der Mediation kann in Anlehnung an Thomann/Schulz von Thun (1993) auf folgende Unterscheidung zurückgegriffen werden:

– *Selbstklärung* („Was habe ich gefühlt? Was habe ich gewollt? Was waren meine Beweggründe?")
– *Persönlichkeits- und Rollenklärung* („Was hatte das mit mir und ggf. meiner Rolle zu tun?)
– *Kommunikationsklärung* („Wie ist das, was für mich klar war, bei der anderen Seite angekommen?")
– *Systemklärung* („Was ist bislang zwischen uns abgelaufen? Welches Spiel haben wir bislang miteinander gespielt?")

Auswirkungen auf das methodische Vorgehen:

Die Behandlung von Klärungsthemen in der Mediation lenkt den Blick der Konfliktparteien auf das bisherige Konfliktgeschehen. Gleichzeitig ist Mediation als Konfliktregelungsverfahren aber methodisch darauf ausgerichtet, den Blick weg von der Vergangenheit und hin auf die Zukunft zu lenken. Der Einsatz von Methoden der Klärungshilfe in der Mediation dient daher anders als in der Therapie lediglich dazu, diejenigen Störungen im hier und jetzt abzutragen, die einer Suche nach zukunftsorientierten Lösungen unmittelbar entgegenstehen, und so die eigentliche Verhandlungsphase vorzubereiten.

Wie viel Raum und Intensität die Klärungshilfe im Rahmen einer Mediation einnimmt, ist infolgedessen fallabhängig und hängt von einer im Rahmen der Konfliktbetrachtung zu treffenden fachlichen Einschätzung ab, in welchem Ausmaß Erfahrungen aus der Vergangenheit den Übergang zu einer zukunftorientierten Verhandlung emotional blockieren. Dies kann es in Einzelfällen (bspw., wenn es sich um lang anhaltende Beziehungskonflikte mit einem eingetretenen massiven Vertrauensverlust handelt) durchaus erforderlich machen, einzelnen Konfliktparteien ein gesondertes individuelles Unterstützungssetting zu bieten, welches den größten zeitlichen Anteil im Rahmen einer Mediation ausmacht.

In jedem Fall wichtig zu beachten ist: Klärungsthemen sind nicht verhandelbar! Stattdessen stehen Übersetzungsleistungen hinsichtlich der individuellen Sichtweisen und der Aufbau wechselseitiger Empathie im Mittelpunkt. Wenn dies gelingen soll, muss die Kommunikation in der Regel stark über den Mediator in seiner Funktion als Katalysator, Moderator und Übersetzer laufen und gesteuert werden.

Was gilt es individuell zu würdigen?

Überall dort, wo Mediation mit massiven zwischenmenschlichen Konflikten konfrontiert ist, ist sie über die Situationsklärung und die Suche nach zukunftsbezogenen Lösungen hinaus auch mit den „Wunden und Narben" des Konflikts konfrontiert, d.h. all denjenigen Konfliktfolgen, welche die Konfliktparteien im Nachhinein „nicht mehr ungeschehen machen" können.

Hierzu gehören irreparable Schädigungen und Verluste, Vergebliche Mühen und Anstrengungen, Körperliche Verletzungen und Schmerzen, Seelische Verletzungen (Kränkungen, Ängste und Sorgen, Schmerz und Trauer etc). Diese sind nicht ohne weiteres allein durch Klärung oder Verhandlung zu „heilen" sondern bedürfen in aller Regel zusätzlich noch einer angemessenen Würdigung, die neben der Enttabuisierung durch Benennen auch Elemente der Wiederherstellung von Gerechtigkeit, der Rehabilitierung, der Wiedergutmachung, der Verantwortungsübernahme, Ent-Schuldigung und Versöhnung in sich tragen kann. Gerade in Konflikten, die spürbare Schäden hinterlassen haben, kann dies eine wichtige Hilfestellung für die Betroffenen darstellen, um das Geschehene in ihr Selbstsystem zu integrieren und damit einen Schlussstrich unter den Konflikt ziehen zu können.

Auswirkungen auf das methodische Vorgehen:

Würdigungsthemen benennen zentrale Interessen und Bedürfnisse der Konfliktparteien. Sie nicht ausreichend zu beachten, gefährdet den Erfolg der Mediation! Es ist daher wesentlich, ihnen einen angemessenen Raum in der Mediation einzuräumen.

Viele Würdigungsthemen beinhalten zudem Kompensationsforderungen, die sich später als Verhandlungsthemen wieder finden. Verhandelt werden dann aber – selbst, wenn es vordergründig um Sachverhalte (Schaden entstanden ja/nein, Anspruch auf Schadenersatz ja/nein, faire Kriterien zur Wertermittlung etc.) geht – gleichzeitig immer auch symbolisch und emotional hoch besetzte Ansprüche auf Anerkennung und Wiedergutmachung von subjektiv erlittenem Leid und Unrecht, die sich zu weiten Teilen der Logik einer rein ergebnisorientierten Verhandlung entziehen. Sind diese Würdigungsthemen noch unerledigt, besteht die Gefahr, dass sie in der Verhandlungsphase auf den vordergründig zu verhandelnden Sachverhalt „aufgepfropft" werden. Auf diese Weise können unnachgiebige und für die andere Seite inakzeptable Maximalforderungen entstehen, die ggf. den gesamten Mediationsprozess zum Scheitern bringen (vgl. hierzu auch die Kapitel zu Psychologie der Gerechtigkeit und Emotionen bei Montada/Kals (2001)).

Es gehört daher zu den Aufgaben des Mediators, bei der Konfliktbetrachtung auf die Existenz von Würdigungsthemen zu achten, diese auszuhalten und empathisch aufzunehmen („containing") und ggf. dafür Sorge zu tragen, dass diese in angemessener Form ins Verfahren eingeführt und im Ergebnis berücksichtigt werden. Dies kann auch beinhalten, diese Aspekte dann als Mediator stellvertretend zu benennen und zu würdigen, falls dies nicht von den Konfliktparteien selbst geleistet werden kann.

In Fällen, bei denen diesem Bereich eine herausgehobene Bedeutung zukommt und/oder besondere psychische Belastungen einer Konfliktpartei erkennbar sind, ist zudem fallbegleitende Supervision geboten, um zu vermeiden, ungewollt die Schwelle zur therapeutischen Arbeit zu überschreiten. Ggf. sind die Betroffenen dabei zu unterstützen, parallel zur Mediation zusätzliche, individuelle Hilfe und Beratung in

Anspruch zu nehmen, falls sich Anzeichen einer posttraumatischen Störung erkennen lassen.

Leitfragen zur Betrachtung der Konfliktgestalt

Das systemische Zusammenspiel der einzelnen Konfliktparteien mit ihren individuellen Fähigkeiten, Grundstrebungen und Eigenarten macht das Besondere, Einzigartige jedes Konflikts aus. Diese individuellen Eigenschaften sollen in der Mediation soweit als möglich als Ressourcen für die Konfliktregelung genutzt werden; zugleich gilt es aber auch, die Konfliktparteien vor psychischen Überforderungen, Verletzungen und Grenzüberschreitungen zu schützen.

Wie spielen die individuellen Grundstrebungen der Konfliktparteien zusammen?
Aufgabe des Mediators ist es, den Konfliktparteien das wechselseitige Verständnis zu erleichtern, Differenzen auszutarieren, gemeinsame blinde Flecken auszuleuchten und insgesamt ein ressourcenorientiertes Vorgehen in der Mediation zu ermöglichen.

Als Orientierungshilfe hierzu werden im Folgenden in Anlehnung an Redlich (1997) die Spannungsverhältnisse innerhalb von vier grundlegenden Dimensionen menschlicher Eigenschaften skizziert. Die Innenbereiche beschreiben die jeweils innewohnenden Ressourcen und Stärken, die Außenbereiche die jeweils innewohnenden Risiken und Schwächen:

	Problembewältigung		
Rigider Schematismus	Zielgerichtete Ordnung	Kreative Offenheit	Chaotische Widersprüchlichkeit

	Beziehungsgestaltung		
Destruktive Egozentrik	Individuelle Unabhängigkeit	Zwischenmenschliche Verbundenheit	Harmonisierende Verschmelzung

	Handlungsorientierung		
Dominanzstreben	Einflussnahme	Zurückhaltung	Fatalismus

	Inneres Erleben		
Gefühlskälte	Selbstkontrolle	Expressivität	Gefühlsüberschwemmung

Auswirkungen auf das methodische Vorgehen:

Diese Polaritäten können zunächst dazu genutzt werden, jede Konfliktpartei subjektiv in diesen vier Dimensionen zu verorten, um hieraus die jeweiligen Nähen und Distanzen zu erkennen, welche sich voraussichtlich im Mediationsprozess artikulieren werden.

Gleichzeitig geben die polaren Dimensionen Hinweise darauf, dass die Übergänge zwischen Stärken und Schwächen fließend sind und dass daher auch sehr negative Charakterisierungen und ggf. Überzeichnungen der anderen Seite durchaus ein Anzeichen für sehr unterschiedliche Ressourcen der Konfliktparteien im betreffenden Bereich sein können, die es bewusst zu machen und zu nutzen gilt.

Darüber hinaus kann die Zusammenschau aller Konfliktparteien dazu genutzt werden, um der Frage nachzugehen, welche Positionen innerhalb dieses Gefüges der Mediator einnehmen kann und soll. Hieraus lassen sich wichtige Hinweise darauf ableiten, ob die beabsichtigte methodische Vorgehensweise von jeder Konfliktpartei in der Summe als allparteilich erlebt werden kann. So würde bspw. bei einem Konflikt zwischen einer hinsichtlich ihrer Problembewältigungsstrategien sehr zielorientierten und einer sehr offen-kreativ orientierten Konfliktpartei eine methodische Herangehensweise, die nur auf spielerische, prozessorientierte Elemente setzt, ebenso auf den Widerstand der einen Konfliktpartei stoßen, wie eine ausschließlich ergebnisorientierte Vorgehensweise auf den der anderen.

Wie liegen die Machtverhältnisse zwischen den Konfliktparteien?

Allparteilichkeit in der Mediation ist nicht mit Unparteilichkeit zu verwechseln. Ungleichgewichte bei den personalen und strukturellen Machtressourcen müssen daher berücksichtigt und soweit als möglich durch Empowermentstrategien ausgeglichen werden. Als Orientierungshilfe kann auf das bei Besemer (1999) dargestellte Machtstruktur-Modell von Patfoord zurückgegriffen werden, welches Hinweise auf die Auswirkungen verschiedener Machtkonstellationen auf die Konfliktaustragung – und damit auch auf den Mediationsprozess – gibt:

Unterschieden wird hierbei nach den strukturellen Ressourcen (Status, formale Macht, Geld etc.) einerseits und den personalen Ressourcen (soziale Kompetenzen, informelle Macht etc.) andererseits, welche die Konfliktparteien sich selbst und ihrem Gegenüber jeweils subjektiv zuschreiben.

Subjektives Erleben	Handlungstendenz
Jede Konfliktpartei sieht sich gegenüber der anderen Konfliktpartei sowohl personal wie strukturell in allen Belangen als überlegen an.	Gefahr ungehemmter Eskalation, direkte, gezielte Aggression, Unterwerfungs-„Krieg"
Die Konfliktparteien sehen sich gegenüber den anderen Konfliktparteien sowohl personal wie strukturell im Wesentlichen als gleichrangig an.	Konkurrenzkampf; stufenweise Eskalation, direkte, gezielte Aggression; der klassische „heiße Konflikt"
Mindestens eine Konfliktpartei sieht sich gegenüber der anderen Konfliktpartei zwar als strukturell unterlegen, personal/moralisch aber überlegen an.	Auflehnung gegen eine als ungerecht empfundene Herrschaft, spontane, explosionsartige Eskalation, direkte gezielte Aggression
Mindestens eine Konfliktpartei sieht sich gegenüber der anderen Konfliktpartei als in allen Belangen unterlegen an.	Flucht, Unterwerfung, Unterordnung; Aggressionsabfuhr
Alle Konfliktparteien sehen sich als gegenüber der anderen Konfliktpartei in allen Belangen unterlegen an.	Vermeidung, Tabuisierung; Aggressionsabfuhr; der klassische „kalte Konflikt"

Auswirkungen auf das methodische Vorgehen:
        Das Ausgleichen von personalen Machtunterschieden erfolgt in der Mediation in der Regel durch besondere Formen der Co-Mediation bzw. durch individuelle Konfliktberatung/Coaching und/oder durch Einbeziehung von Unterstützern. Strukturelle Machtunterschiede können nur mittels ausgleichender Maßnahmen durch die mächtigere Partei selbst (Entscheidungsmoratorium, zur Verfügung Stellen von Ressourcen für die schwächere Partei etc.) ausgeglichen werden, was wiederum Inhalt einer Prä-Mediation sein kann. Falls Machtungleichgewichte nicht ausreichend austariert werden können, muss von einer Mediation abgesehen werden, da die schwächere Konfliktpartei nicht ausreichend vor Benachteiligung geschützt werden kann.

Wie ist es um die individuelle Handlungsfähigkeit der Konfliktparteien bestellt?
Grundbedingung für das Gelingen einer Mediation ist die Handlungsfähigkeit jeder Konfliktpartei in dem Sinne, dass sie sich über ihre Anliegen, berechtigten Ansprüche, Ziele und Handlungsalternativen im Klaren ist und

diese selbst vertreten kann. Besondere Bedeutung kommt hierbei der Er-
arbeitung der *„Besten Alternative"* (BATNA) zur Mediation zu (vgl. Fisher u. a.,
1993).

Auswirkungen auf das methodische Vorgehen:

Sobald erkennbar wird, dass eine Konfliktpartei in diesem Sinne aktuell nicht
ausreichend handlungsfähig ist, benötigt sie als Voraussetzung für eine Mediation
individuelle Unterstützung bei der diesbezüglichen Selbstklärung. In der Regel ge-
schieht dies durch Einzelgespräche; sowie ggf. durch externe Beratung/Unterstüt-
zung/Coaching.

Konfliktspektrum und fachlich angemessene Arbeitsstile in der Mediation

Die skizzierten Leitfragen sind in erster Linie ein Hilfsmittel zur Bildung von
Arbeitshypothesen zur Fallbearbeitung („Mediationsplan") und zur Fallrefle-
xion. Die dargestellten Überlegungen können aber auch als Element einer
arbeitsfeldübergreifenden Konflikttheorie genutzt werden, die es erlaubt,
Unterschiede und Gemeinsamkeiten der verschiedenen Einsatzfelder der
Mediation zu beschreiben.

Fasst man die bislang skizzierten Auswirkungen bestimmter Konfliktmerk-
male auf die methodische Vorgehensweise in der Mediation zusammen, so
lassen sich zunächst drei verschiedene Mediationsstile in Anlehnung an
Glasl (1994) beschreiben, der Moderation, Prozessbegleitung, soziothera-
peutische Prozessbegleitung und Vermittlung als dem steigenden Eskala-
tionsniveau entsprechend immer eingriffsintensiver werdende beraterische
Interventionsformen beschrieben hat.

Mediation als eingrenzende Konfliktmoderation	Mediation als weitergehende Prozessbegleitung	Mediation als Teil umfassender soziotherapeutischer Konflikthilfe
Die Methodik des „Sachgerechten Verhandelns" als verbindendes, übergreifendes Element aller Mediationsstile		
Spezialisierter Beratungsansatz mit Kommstruktur	Spezialisierter Beratungs- wie Interventionsansatz mit Geh- und Kommstrukturen	Integrierter Beratungs- wie Interventionsansatz mit Geh- und Kommstrukturen Grundsätzlich Co-Mediation bzw. Arbeit als Mediatorenteam
Der „runde Tisch" als ausschließliches Setting	• Getrennte Vorgespräche • Verstärkter Einsatz von Methoden aus der Gesprächstherapie	• Getrennte Vorgespräche • Verstärkter Einsatz von Methoden aus der Gesprächstherapie • Verstärkter Einsatz indirekter Vermittlungsmethoden („Pendeldiplomatie") • Einbettung des Mediationsprozesses in eine intensive parteibezogene Einzelfallhilfe vor, während und nach der Mediation
Klärungs- und Würdigungsthemen werden nur soweit aufgegriffen, als es situativ zum Vorankommen in der Verhandlungssituation erforderlich ist	Klärungs- und Würdigungsthemen werden explizit als gleichrangige Themen bearbeitet, da sie für die Konfliktparteien derart zentrale Themen darstellen, dass eine Negierung die Verhandlungssituation blockieren würde	Klärungs- und Würdigungsthemen werden explizit als gleichrangige Themen bearbeitet, da sie für die Konfliktparteien derart zentrale Themen darstellen, dass eine Negierung die Verhandlungssituation blockieren würde
Das angemessene Programm für gering bis mittel eskalierte und/oder „rechtsdrehende" Konflikte (Sachkonflikte mit Auswirkungen auf die Beziehungsebene)	Das angemessene Programm für mittel bis stark eskalierte und/oder „linksdrehende" Konflikte (Beziehungskonflikte mit Auswirkungen auf die Sachebene)	Das angemessene Programm für stark eskalierte Konflikte und/oder Konflikte mit besonderen Erschwernissen hinsichtlich der Konfliktgestalt

Setzt man diese Typisierung in Zusammenhang mit den eingangs kurz skizzierten Polarisierungen in der Methodendiskussion der Mediation (Ergebnis- versus Prozessorientierung, Runder Tisch versus Einzelgespräche, Zukunftsorientierung versus Vergangenheitsbewältigung), so wird deutlich, dass sich diese Gegensätze bei einer konfliktorientierten Fallbetrachtung als künstlich auflösen: Keine dieser Fragen lässt sich grundsätzlich in die eine oder andere Richtung beantworten, sondern kann nur anhand der konkreten Konfliktkonstellation und der damit verbundenen Interessen- und Bedürfnislage der Betroffenen entschieden werden.

Die Reichweite der Mediation in Form eingrenzender Konfliktmoderation umfasst demnach solche Fälle, in denen Konflikthöhe und Konflikttiefe sowie Klärungs- und Würdigungsthemen nur gering ausgeprägt sind und in denen die Konfliktgestalt keine besondere Komplexität aufweist. Dieser Mediationsstil ist vor allem als offenes Angebot zur Regelung von akuten Alltagskonflikten „im hier und jetzt" geeignet.

Mediation in Form weitergehender Prozessbegleitung ist hingegen der adäquate Mediationsstil für diejenigen Fälle, in denen das Konfliktausmaß eine mittlere bis starke Ausprägung hat, die Konfliktgestalt in Teilbereichen eine erhöhte Komplexität aufweist und in denen Klärungs- und Würdigungsthemen eine besondere Rolle spielen. Dieser Mediationsstil ist v. a. für länger anhaltende Beziehungs-, Gemeinwesen- und Teamkonflikte geeignet, in denen lebensweltliche Barrieren, systemische Verstrickungen und/oder eine bereits relativ weit vorangeschrittene Eskalation des Konflikts die Betroffenen daran hindern, eigenaktiv Konfliktberatung und Mediation in Anspruch zu nehmen, bzw. in denen das Mediationsangebot als Intervention von außen an die Betroffenen herangetragen wird.

Weist der Fall darüber hinaus extreme Ausprägungen in Konflikthöhe und -tiefe und/oder besondere Erschwernisse in der Konfliktgestalt auf, kommt Mediation lediglich als Teil einer umfassenderen soziotherapeutischen Konflikthilfe in Betracht. In diesen Fällen ist der Erfolg einer Mediation davon abhängig, dass sie in einen längeren parteienbezogenen Beratungs- und Betreuungsprozess eingebettet wird, der zunächst die unmittelbare Lebenssituation stabilisiert, die erforderlichen Selbstklärungsprozesse vorantreibt und Machtungleichgewichte ausbalancieren hilft. Diese Unterstützungsleistungen können entweder durch externe Berater erbracht werden, oder durch Bildung eines Konflikthilfeteams, welches jeder Konfliktpartei einen Konflikthelfer zuordnet und im weiteren Verlauf die Mediation gemeinsam als Team durchführt. Dieser Mediationsstil eignet sich besonders für Arbeitsbereiche der Sozialen Arbeit, die für die Beratung und Betreuung von Menschen in Extrem- und/oder Multiproblemlagen zuständig sind und für solche Fallkonstellationen, in denen sich die Möglichkeit einer Mediation erst im Verlauf einer parteilichen Beratung/Begleitung herauskristallisiert und/oder die Abgabe an andere Stellen nicht angezeigt erscheint.

Fazit

Angesichts veränderter gesellschaftlicher Rahmenbedingungen – als Stichworte mögen Individualisierung und Pluralisierung in einer postmodernen Chancen- und Risikogesellschaft genügen (Beck, 1986) – spricht alles dafür, dass der Bedarf an Ansätzen zur Konfliktregelung weiter zunehmen wird. Wenn Mediation in diesem Kontext mehr sein soll als eine kurzlebige Mode-erscheinung, dann muss dieser Ansatz weiter in Richtung auf eine Theorie der Konfliktbearbeitung fundiert werden. Strukturierungs- und Analyse-raster wie der „Konfliktwürfel" sind erste Schritte einer Kasuistik der Media-tion, die in diese Richtung führen können.

Literatur

Beck U (1986) Risikogesellschaft. Auf dem Weg in eine andere Moderne, Frankfurt a M.

Besemer Ch (1993) Mediation. Vermittlung in Konflikten, Freiburg

Besemer Ch (1999) Konflikte verstehen und lösen lernen. Ein Erklärungs- und Hand-lungsmodell zur Entwurzelung von Gewalt nach Pat Patfoort, Freiburg

Breidenbach S (1995) Mediation. Struktur, Chancen und Risiken von Vermittlung im Konflikt, Köln

Faller K (1998) Mediation in der pädagogischen Arbeit. Ein Handbuch für Kindergarten, Schule und Jugendarbeit, Mühlheim an der Ruhr

Fisher R, Ury W (1984) Das Harvard-Konzept. Sachgerecht Verhandeln – erfolgreich Ver-handeln. Frankfurt am Main, New York

Glasl F (1990) Konfliktmanagement. Ein Handbuch für Führungskräfte und Berater, Bern, Stuttgart

Montada L, Kals E (2001) Mediation. Lehrbuch für Psychologen und Juristen, Weinheim

Redlich A (1997) Konfliktmoderation, Hamburg

Riskin L (1996) Understanding mediators orientations, strategies and techniques. A Grid for the perplexed. Harvard Negotiation L Rev 7: 24–35

Thomann C, Schulz von Thun F (1993) Klärungshilfe. Handbuch für Therapeuten, Ge-sprächshelfer und Moderatoren in schwierigen Gesprächen, Reinbek

STEFAN KESSEN

Kultur in der Mediation

Der Titel des Beitrags lässt noch weitgehend offen, was mit Kultur in der Mediation gemeint ist: die Bedeutung von Kulturen in der Mediation oder eine Kultur der Mediation. Ich skizziere für beide Ansätze einige gedankliche Herleitungen und unternehme den Versuch, letztlich beide miteinander zu verknüpfen. Es bleibt indes eine vorsichtige Annäherung an das Thema.

Konflikte

Um den Politikwissenschaftlern Dirk Berg-Schlosser und Jacob Schissler recht zu geben, die das Werten und Bewerten als deutsche Kulturtradition bezeichnen (1987: 11), scheinen viele Konfliktbearbeitungen mit dem Schluss beginnen zu wollen: der Lösung des Problems. Sobald ein Problem ansatzweise sichtbar wird, erfüllt die meisten Menschen in unseren kulturellen Kontexten der Drang, eine Lösung beisteuern zu wollen oder zumindest sofort in diese Richtung zu denken. In komplexeren Problemsituationen ist diese Herangehensweise an Konflikte selten von nachhaltigem Erfolg gekrönt. Entsprechend liegt eines der zentralen Potenziale von Mediation in der Strukturierung der Konfliktkommunikation durch die vorgegebenen Phasen und Schritte eines Mediationsverfahrens (Kessen & Troja 2002), wo die Klärung der jeweiligen Interessen und Bedürfnisse als Grundlage für eine nachfolgende Lösungssuche im Mittelpunkt steht. Dennoch interpretiere ich viele Mediatoren aufgrund ihrer Erzählungen, Berichte und Publikationen eher so, dass auch sie frühzeitig Licht am Ende des Tunnels sehen wollen, um beruhigter die nächste Sitzung angehen zu können. Dabei ist zu hoffen – um im Bild zu bleiben –, dass das Licht im Tunnel nicht von einem entgegenkommenden Zug auf der eingleisigen Strecke stammt.

Schlieffen (2002) schildert z.B. die Vorgehensweise einer Mediatorin in einem Nachbarschaftskonflikt und beschreibt, wie die Beteiligten nach der Festlegung der Reihenfolge der Themen sofort zur Lösungssuche übergehen (ebd., 40ff.). Die Mediatorin behält zwar vorbildlich ihre allparteiliche Rolle bei, verliert dabei jedoch den Überblick über die Struktur der Mediation. Es ist bemerkenswert, dass die Mediation auch in diesem konstruierten Beispiel nicht ohne die ausreichende Berücksichtigung der jeweiligen Interessen funktioniert, da es unmittelbar bei der Bewertung der gesammelten Vorschläge zu einer konfliktreichen Auseinandersetzung zwischen den Beteiligten kommt. Es wird sichtbar, dass die vielfachen Interessen bei den unterschiedlichen Themen überhaupt noch nicht zur Sprache gekommen sind (49ff.).

Hinter der mangelnden Fähigkeit, den vorübergehenden Zustand von Lösungslosigkeit auszuhalten, ist das archaische Muster der Flucht und Vermeidung von Konfliktauseinandersetzung zu vermuten. Die vorrangig negativen Assoziationen der meisten Menschen in unserem Kulturkreis zum Wort „Konflikte" unterstützen derartige Verhaltensmuster. Dabei ist, wie Max Frisch formuliert, eine Krise gar nicht so schlimm, wenn man ihr den negativen Beigeschmack der Katastrophe nehmen würde.

Mediation lenkt den Akzent auf den positiven, zukunftsorientierten Bestandteil von Konflikten. Sofern konstruktiv mit ihnen umgegangen wird, sind Konflikte der Motor zur Veränderung und ein enormes Lernfeld für die Beteiligten: „We have used the conflict to become more aware of ourselves and others; we feel more able to solve problems; (…); our relationships are stronger and more able to deal with future difficulties" (Tjosvold 1993: 13).

Durch das Zulassen von Konflikten und deren adäquate Bearbeitung besteht in der Mediation die Chance, einen Raum zu schaffen, der mehrere Wahrnehmungsperspektiven gleichzeitig erlaubt, um eine gemeinsame neue Wirklichkeit der Konfliktbeteiligten zu formulieren. Damit durchbricht die Mediatorin die „im Alltag erlernten, tief verwurzelten Gesprächsmuster, wo Menschen häufig bewerten, sich solidarisieren, interpretieren, bagatellisieren und sich aufgefordert sehen, Lösungsvorschläge anzubieten" (Troja/Schwitters/Kessen 2002: 1309).

Kultur

„Kultur ist voller Fragwürdigkeiten und Verunsicherungen, voller Antinomien, Ambivalenzen und Aporien" (Glaser 2001: 5).

In seinem 1871 erschienenen Werk „Primitive Culture" definiert Edward Burnett Tylor (1832–1917), der als einer der ersten, nach heutigen Maßstäben wissenschaftlich arbeitenden Kulturanthropologen gilt, sein Untersuchungsfeld wie folgt: „Kultur (…) bezeichnet in einem weiten ethnographischen Sinn jenes komplexe Ganze, das Wissen, Glauben, Kunst, Moral, Gesetze, Brauchtum und andere Fähigkeiten und Gewohnheiten des Menschen als Mitglied einer Gesellschaft einschließt" (zitiert nach Bohannan/Elst 2003: 30). Gehen wir von der pointierten Behauptung aus, dass alles was nicht Natur ist, Kultur sein muss (allerdings bedeutet das nicht, dass es nicht starke Beziehungen zwischen beiden Bereichen gibt) (Werner 1993), ist die Definition von Tylor heute noch sehr anschaulich und hilfreich.

Kultur zeichnet den Rahmen, wie Menschen wahrnehmen, wie sie mit anderen Personen und ihrer Umwelt interagieren und welche Bedeutung und Werte sie einzelnen Handlungen und Kommunikationen beimessen. „Culture constructs reality; different cultures construct reality differently; communication across cultures puts different constructions of reality against each other" (Cohen 1996: 122). Anschaulich werden in der Literatur zum Beispiel die Unterschiede zwischen amerikanischer und japanischer Kultur beschrieben (Goodpaster 1997: 258). Während Japaner zu einer indirekten Kommunikation neigen, die aus westlich geprägter Sicht immer (zu) viele Türen offen lässt, bevorzugen Amerikaner eine direkte und sehr ums Konkrete bemühte Kommunikation, die wiederum auf Asiaten oft unhöflich und respektlos wirkt.

Das Zusammentreffen verschiedener Kulturen wird immer wieder für vielfältige Integrationsprobleme verantwortlich gemacht. Eine zentrale Ursache, dass beispielsweise jede zweite Großfusion von Unternehmen in den USA in den 90er Jahren des letzten Jahrhunderts gescheitert ist, wird darin gesehen, dass unterschiedliche Werte, Normen, Präferenzen der Vorgehensweise und nicht zuletzt unterschiedliche Sprachen zunächst Konflikte verschärften und letztlich zum Chaos in der Leitungsebene und am Ende zum Bruch der Allianzen führten (vgl. Tenbrock 1998).

Bereits in regionalen Bereichen existiert eine enorme Vielfalt an Kulturen. Die Unterschiede sind „between them both too great and too nuanced to allow developing a universally valid guidebook for cross-cultural negotiation sensitivity" (Goodpaster 1997: 259). Menschen unterscheiden sich auf vielfältige Art. Jemand kleidet sich anders, lebt, sitzt, isst und badet anders, und für viele dieser Lebensinhalte gibt es bereits ein Wort mit „-kultur". Wenn indes ein Begriff mit dem Zusatz „-kultur" belegt wird, schwingt gleichzeitig bereits mit, wie diese Kultur (Esskultur, Streitkultur, etc.) im besten Fall zu sein hat und wie sich Menschen entsprechend verhalten sollten. Verstößt jemand gegen die unausgesprochenen Regeln, wird ihm oft die Kultur abgesprochen (Knapp/Novak 2002: 4). Damit ist der Begriff zumindest im alltagssprachlichen Sinne seines analytischen, a-priori nicht bewertenden Charakters bereits enthoben.

Unsere auf Kultur basierenden Überzeugungen, Gewohnheiten und Traditionen prägen nicht nur unser Handeln, sondern ebenfalls unsere Art wahrzunehmen und zu denken. Selbst grundlegende Denkvorgänge sind kulturell geprägt (Nisbett 2003).

In einer Untersuchung mit amerikanischen und japanischen Testpersonen konnte das Forscherteam von Takahiko Masuda und Richard Nisbett aufzeigen, dass unser jeweiliger kultureller Hintergrund signifikant nicht nur darüber bestimmt, worüber, sondern auch wie wir nachdenken (Masuda/Nisbett 2001). Den Versuchspersonen wurde eine realistisch animierte Unterwasserszene mit großen Fischen im Vordergrund, kleineren Meerestieren im Hintergrund und mit einigen Steinen und Wasserpflanzen gezeigt. Sie sollten, nachdem das Bild erlosch, beschreiben, was sie gerade gesehen haben. Während sich die Amerikaner in der Auswertung deutlich stärker auf die großen Fische im Vordergrund bezogen, nannten die Japaner viel mehr Details auch aus dem Hintergrundbereich. In einer zweiten Testphase wurden den gleichen Versuchspersonen Standbilder aus der Animation gezeigt, auf denen jeweils ein großer Fisch mit Hintergrund zu sehen war. Auf einigen Bildern entsprach das Bild exakt der Originalanimation, auf anderen unterschieden sich sowohl Fisch wie Hintergrund, auf weiteren stimmte der Fisch, doch nicht der Hintergrund und auf einigen entsprach zwar der Hintergrund aber nicht der Fisch dem Original. Bei den Autoren auf die Frage, ob das jeweils gezeigte Tier auch in der Originalanimation zu sehen war, wurde deutlich, dass die Japaner in viel stärkerem Maße den jeweiligen Fisch in seinem ganzheitlichen Kontext wahrgenommen haben, während die Amerikaner sich vorrangig auf den großen Fisch konzentriert hatten und diesen auch in einer fremden Umgebung zielsicherer wiedererkannten.

In einer weiteren Untersuchung von Shinobu Kitayama (Kühnen 2003) betrachteten die Probanden aus Japan und den USA wenige Sekunden lang ein Quadrat, in das oben von der Mitte herab ein senkrechter Strich eingezeichnet ist. Anschließend wurde das Quadrat ausgeblendet und ein neues, leeres Quadrat anderer Größe eingeblendet. Nun sollten die Probanden selbst einen Strich einzeichnen, so dass das Verhältnis von Länge des Strichs zum gesamten Quadrat gleich dem Ursprungsquadrat war. Die eher ganzheitlich, kontextdenkenden Japaner waren bei dieser Aufgabe deutlich überlegen. Als die Probanden dann aufgefordert wurden, den Strich in der ursprünglichen Länge in ein neues Quadrat anderer Größe einzutragen, hatten die Amerikaner den Vorteil auf ihrer Seite, da sie sich leichter taten, den Kontext zu ignorieren und sich nur die absolute Länge einprägten. Nach einer Wiederholung dieser Untersuchung mit japanischen und deutschen Versuchspersonen kommt Kühnen zu der Feststellung, dass sich westliche und östliche Kulturangehörige demnach systematisch darin zu unterscheiden scheinen, „worauf sie ihre Aufmerksamkeit richten, wenn sie Bilder betrachten" (Kühnen 2003: 12).

Die eher objektorientierte westliche Wahrnehmung (und Kühnen vermutet hier als historische Wurzeln die reduktionistische Denkweise und das Formulieren kausaler Gesetzmäßigkeiten in der philosophischen Tradition des antiken Griechenlands) unterscheidet sich deutlich von der ganzheitlichen, holistischen Denktradition des Ostens. Und nicht nur die Wahrnehmung, „auch wesentlich komplexere kognitive Prozesse stehen unter dem Einfluss unserer Denktraditionen, etwa das Schlussfolgern und Bewerten" (Kühnen 2003: 12).

Die Wahrnehmung in einzelnen Kulturen ist auch dadurch beeinflusst, woran sich die betreffenden Personen bei Beobachtungen orientieren. *In einem Experiment wurden vor den Versuchspersonen auf dem Tisch drei Spielzeugtiere aufgestellt (bspw. links eine Kuh, in der Mitte ein Schwein und rechts ein Pferd). Sie sollten sich die Anordnung der Tiere einprägen. Nach einer kleinen Pause wurden die Personen wieder an den Tisch geführt, nur diesmal auf die andere Seite, so dass sie im Vergleich zu vorher um 180 Grad gedreht saßen. Nun sollten sie die drei Tierfiguren wieder vor sich aufstellen. Die meisten Europäer entwickeln ein Bezugssystem, welches vom Auge des Betrachters abgeleitet wird. Folglich stellten diese Personen wieder die Kuh links, das Schwein mittig und das Pferd rechts von sich betrachtet auf. Tatsächlich haben Kuh und Pferd jedoch ihren Platz im Raum im Vergleich zur Originalaufstellung verändert. Für die australischen Gungu Yimithirr existieren die Begriffe links und rechts gar nicht. Sie orientieren sich anhand fest-stehender geographischer Gegebenheiten. Bei ihnen würde analog die Kuh immer westlich vom Pferd stehen, unabhängig von ihrem eigenen Standpunkt* (Lessmöllmann 2003).

Die kulturelle Prägung eines jeden Menschen hat einen enormen Einfluss auf seine mentalen Modelle und seine Wahrnehmung. Menschen sehen die Welt mitunter durch ganz verschiedene Brillen und nichts variiert so sehr wie die Vorstellung von dem, was selbstverständlich sei. Doch was ist wem selbstverständlich und wie wichtig? Mit Blick auf unterschiedliche Kulturen wird sichtbar, dass sich diese Frage nicht nur durch eine Betonung unter-schiedlicher Inhalte beantworten lässt, sondern man immer auch mit ein-beziehen muss, wie welche Nachricht überbracht wird. *Barley (1998) berichtet von einigen Königskulturen in Afrika, bei denen allein der Kontakt mit der königli-chen Hoheit entscheidend und bedeutend war. Was tatsächlich gesprochen wurde, war oft irrelevant und wurde zudem von sogenannten Hofübersetzern zumeist sinn-entstellend verändert.*

Es ist anzunehmen, dass jede Kultur eine Ethnographie der Kommunika-tion, Regeln darüber, worüber man sprechen kann, in welchem Medium und wie die Botschaften lauten sollen, besitzt. Zum einen wird deutlich, dass unterschiedliche Kulturen vor ähnlichen Problemen stehen, doch jeweils ganz anders damit umgehen. Zum anderen belegen die vorgenannten Bei-spiele die Vielfalt signifikanter Unterschiede in den Kommunikationsabläu-fen, in der Wahrnehmung, im Beobachten, im Denken von Menschen aus unterschiedlichen Kulturen. Es würde jedoch in die Irre führen (bzw. hand-lungsorientiert eher in eine Sackgasse), aufgrund dieser Erkenntnisse auf jede einzelne Person zu schließen. Wenn auch wahrscheinlich mit unter-schiedlicher Intensität, so trägt doch nahezu jeder Mensch ein vielschich-tiges Wahrnehmungs- und Reaktionspotenzial in sich.

In einer Neuauswertung der Untersuchungsergebnisse von Geert Hoste-de zum Unterschied der Kulturen (Hofstede 1980;1994) kommt Meyer (1998) zu der Erkenntnis, dass innerhalb der gleichen Kulturkreise signifikante Un-terschiede in der Geltung zentraler Grundwerte sichtbar werden, ebenso wie sich deutliche Ähnlichkeiten und Überlappungen im Werteprofil gänzlich unterschiedlicher Kulturen erkennen lassen. Und umgekehrt treffen diese Erkenntnisse ebenfalls zu. Ein spezifisches Bedürfnismuster eines Konflikt-beteiligten aus seiner kulturellen Zugehörigkeit heraus ableiten zu wollen, erscheint für die Tätigkeit eines Mediators nicht nur wenig zweckdienlich, sondern grob fahrlässig zu sein. Unabhängig vom jeweiligen kulturellen Hin-tergrund geht es in der Mediation darum, die konkreten Interessen der Be-teiligten herauszuarbeiten. Der Mediator unterstützt die Beteiligten, sich über ihre eigenen Interessen Klarheit zu verschaffen, so dass sie selbst er-kennen, was ihnen in welchem Ausmaß wichtig ist. Mitunter vertraut eine Person aufgrund ihrer kulturellen Prägung bestimmten Symbolen und Ritua-len, ohne darüber zu reflektieren, welchen eigenen Interessen und Bedürf-nissen damit Ausdruck verliehen werden soll und ob diese das noch zu leis-ten imstande sind.

Ist die Erkenntnis über kulturelle Unterschiede und Besonderheiten im Kontext der Mediation überhaupt hilfreich oder dient sie dann nur dem (mitunter verzweifelten) Versuch der Reduktion von Komplexität, vieles in einen Kultur-Rahmen zu pressen, der eine Einordnung oder sogar Ausgrenzung anderer Einstellungen, Meinungen, Werte und Verhaltensweisen viel einfacher macht?

Denn: Wo beginnt das Interkulturelle? Wo endet die eine Kultur und wo beginnt eine neue und bei wem?

Zu allen Zeiten war und ist den meisten Menschen bewusst, dass außerhalb ihres lokalen Umfelds andere Menschen leben, die „seltsame Sprachen sprechen und ungewöhnliche Bräuche haben" (Bohannan/Elst 2003: 11). Überall ist Kultur der dominierende Faktor im sozialen Kontext. Die Ausprägung der jeweils eigenen Kultur entsteht bei jedem Menschen als Reflexion und Reaktion auf systemische Umwelteinflüsse, und damit fällt sie auch bei jedem unterschiedlich aus. Bohannan und Elst gehen in ihrer Interpretation soweit, dass Kultur die Menschen unterscheidet (Bohannan/Elst 2003: 35). In letzter Konsequenz ist jeder Mensch seine eigene Kultur.

Kultur wird immer lokal erworben (Bohannan/Elst 2003: 55) und genau daraus erwächst ihre Vielfalt und Variabilität. Das bedeutet aber auch, dass es keine festgeschriebene Kultur für eine bestimmte Person gibt. Die soziale Umwelt eines jeden Menschen ist geprägt von Unterschieden, und das unmittelbare Umfeld eines Menschen prägt Eigenheiten, die um die nächste Ecke anders ausfallen würden. Damit entsteht ein fein differenziertes Kulturnetz, welches sich durch eine wachsende Individualität der einzelnen Personen auszeichnet. Ein Erkennen geschweige denn Verstehen der jeweils vorliegenden kulturellen Besonderheiten erscheint somit nahezu unmöglich. Es ist hinterfragenswert, ob es einem Mediator leicht fällt, sich mit den vorhandenen kulturellen Mustern auseinanderzusetzen, weil er „mit den unterschiedlichen Kulturen vertraut ist und er aus eigener Lebenserfahrung daran anknüpfen kann", wie Knapp und Novak (2002: 6) schlussfolgern.

So stehen auch die meisten Unternehmen vor vielfältigen Herausforderungen. Das Management von Unterschieden (diversity management) und neue Formen der Zusammenarbeit durch daraus erwachsende Veränderungsprozesse sind nur einige Beispiele für bestehendes und neu entstehendes Konfliktpotenzial. Je differenzierter und substantieller hier Antworten gefunden werden müssen, umso mehr neigen Menschen dazu, Quasi-Unterscheidungen durch einen Kultur-Begriff zu konstruieren, die es ihnen ermöglichen, mit dem Unbekannten oder zumindest nicht sofort Erkennbaren leichter umgehen zu können, oder vielleicht sogar, um eine Ausrede zu haben, wenn ihnen das Verstehen des Anderen schwer fällt. Dabei muss nicht alles, was pauschal mit Kultur erklärt wird, auch mit Kultur zu tun haben.

In einem Unternehmen der metallverarbeitenden Industrie entwickelte sich ein größerer Konflikt zwischen Arbeitgebern und einer festen Gruppe von nahezu ausschließlich türkischen Mitarbeitern, als deren Frühschicht aus produktionstechnischen Gründen um eine halbe Stunde nach vorne verlegt werden sollte. Die Unternehmensleitung hatte sich im Vorfeld viele Argumente überlegt, um den Mitarbeitern diese Maßnahme schmackhaft zu machen, dennoch wurde die Schichtverlegung von den betroffenen Arbeitern kategorisch abgelehnt. Nachdem ein erneuter Versuch der Unternehmensführung, die aus ihrer Sicht guten Argumente und zahlreichen damit verbundenen Vorteile für die Mitarbeiter diesen transparent zu machen, gescheitert war, kamen sie zu der abschließenden Bewertung, dass hier kulturelle Gründe vorliegen müssten, die für sie nicht zu durchschauen wären. Bis zu diesem Zeitpunkt hatte sich niemand im Unternehmen die Mühe gemacht, nach den konkreten Interessen und Bedürfnissen zu fragen, weshalb die Belegschaft so strikt gegen eine Verlegung der Schichtzeiten ist. Nachdem wir entsprechend nachgehakt hatten, kam heraus, dass die gesamte Schichtmannschaft fast vollständig aus einem bestimmten Stadtteil kam und zusammen mit öffentlichen Verkehrsmitteln zur Arbeit fuhr. Um die vorverlegte Zeit fuhr jedoch noch kein Bus, was die Anfahrt zur Arbeit für die meisten extrem erschwert hätte. Nach Klärung der tatsächlichen Bedürfnisse, weiterhin kostengünstig, gemeinsam und zeitnah zur Arbeit fahren zu können, traf das Unternehmen mit den zuständigen Verkehrsbetrieben ein Arrangement über einen zusätzlichen Frühbus, und die neue Schichtzeit war kein Problem mehr für die betroffenen Arbeiter.

Nicht hinter jedem Interesse steht folglich eine kulturelle Besonderheit, aber hinter jeder kulturellen Besonderheit steht ein Interesse. Für den Mediator bedeutet dies, auf seine Grundhaltung in der Gesprächsführung zu achten, die Kulturen der Konfliktbeteiligten zu respektieren und wertzuschätzen und sorgsam zu sein, dass nicht seine eigenen kulturellen Wertvorstellungen die Mediation dominieren.

Durch die unreflektierte Vorgabe scheinbar kollektiver Verhaltensmuster, ohne diese jeweils auf die konkreten Bedürfnisse der Konfliktbeteiligten zurückzuführen, verlässt die Mediatorin ihre allparteiliche Haltung und drängt sich selbst in eine Rolle, die im schlechtesten Fall zunehmend mit ihrer mediativen konkurriert. *Beispielsweise nimmt die Mediatorin mit der dem Konfliktverlauf vorgreifenden Regel „Einander ausreden zu lassen" eine Bewertung vor, was aus ihrer Sicht richtig und falsch ist und das zu einem Zeitpunkt, an dem überhaupt noch nicht klar ist, welche Interessen die Beteiligten im kommunikativen Umgang miteinander berücksichtigt sehen wollen. So kann die beispielhafte Regel, jemanden ausreden zu lassen, einmal als Ausdruck für Respekt verstanden werden. In einer anderen Kultur wird dieses Verhalten als Desinteresse an einer Konfliktlösung interpretiert* (Knapp/Novak 2002: 6). *In gleichem Maße gilt dieses für jene Prinzipien der Mediation (Vertraulichkeit, Allparteilichkeit, Ergebnisoffenheit u.v.m.), deren konkrete Ausgestaltungen nicht normativ gesetzt und somit auch nicht vom Mediator definiert, sondern nur von den Konfliktbeteiligten selbst geleistet werden können.*

Im folgenden skizziere ich drei Variablen, welche sich gegenseitig bedingen und sowohl für die Berücksichtigung unterschiedlicher Kulturen in der Mediation, als auch für die Entwicklung einer individuellen Mediationskultur zentral sind: Vertrauen, Identität und Kreativität.

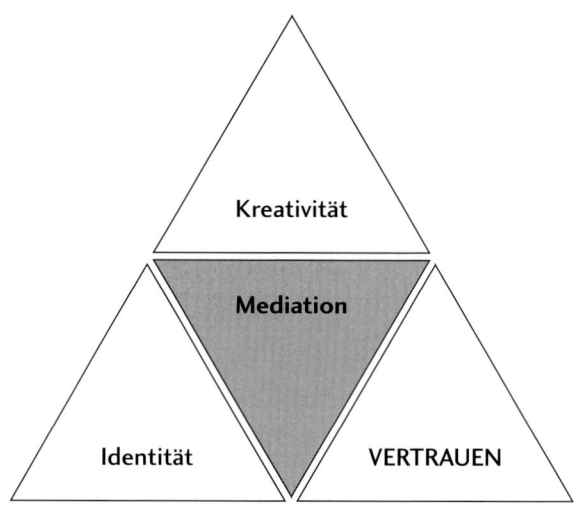

Vertrauen

Vertrauen ist ein elementarer Bestandteil des sozialen Lebens. Die meisten Menschen würden hingegen wahrscheinlich der Aussage zustimmen, dass das Fehlen von Vertrauen kennzeichnend für unsere sozialen und wirtschaftlichen Systeme ist. Gleichwohl vertraut jeder Mensch jeden Tag unzählige Male, da er ansonsten vor Angst, Unübersichtlichkeit und Überforderung morgens sein Bett nicht verlassen könnte. Vertrauen ist somit eine wirksame Form der Reduktion von Komplexität. Gleichzeitig ist Vertrauen im Zusammenhang von komplexen Problemlagen und Konfliktsituationen eine unabdingbare Voraussetzung dafür, dass die einzelnen Beteiligten ihre Handlungskapazitäten zu steigern vermögen, in dem sie vertrauensvoll mehr wahrnehmen, als ihre tradierten Muster der Konfliktaustragung zulassen würden. „Wo es Vertrauen gibt, gibt es mehr Möglichkeiten des Erlebens und Handelns, steigt die Komplexität des sozialen Systems, also die Zahl der Möglichkeiten, die es mit seiner Struktur vereinbaren kann, weil im Vertrauen eine wirksamere Form der Reduktion von Komplexität zur Verfügung steht" (Luhmann 1973: 7f.).

In den meisten alltäglichen Fällen von Vertrauen erfolgt dieses unbedacht, routinemäßig und unbewusst. In der Mediation wird Vertrauen jedoch schnell zu einer kritischen Variablen, die über den Fortgang bzw. die Beendigung eines kooperativen Vermittlungsansatzes entscheiden kann. Denn hier muss sich Vertrauen stets mit einer kritischen Alternative messen lassen, „in der der Schaden beim Vertrauensbruch größer sein kann als der Vorteil, der aus dem Vertrauenserweis gezogen wird" (Luhmann 1973: 24). Ob eine derart rational abwägende Reflexion bei den meisten Menschen in Entscheidungssituationen stattfindet, erscheint zweitrangig. Die Konfliktbeteiligten möchten auf jeden Fall das Gefühl haben, in der Mediation gut aufgehoben zu sein und mit ihren Anliegen ernst genommen zu werden (Troja

2004). Diese Anliegen können sehr unterschiedlicher Art sein und sich sowohl auf inhaltliche Interessen wie auf verfahrensmäßige Bedürfnisse beziehen. In jedem Fall wollen sich die Beteiligten mit ihrem kulturellen Hintergrund verstanden wissen, und die Kultur der Mediation muss einen Austausch darüber ermöglichen.

Im Unterschied zu einer eher vergangenheitsorientierten Vertrautheit (mit bestimmten Abläufen und Ereignissen) ist Vertrauen in die Zukunft gerichtet. Die Gestaltung einer gemeinsamen Wirklichkeit durch die Konfliktbeteiligten hängt folglich stark davon ab, ob sie genügend Vertrauen in einen Kommunikationsprozess besitzen, der sie in ihrer jeweiligen Gegenwart abholt und sie in eine Zukunft führt, die zu diesem Zeitpunkt weder greifbar noch denkbar ist. Fühlt sich ein Konfliktbeteiligter nicht angenommen oder verstanden, führt das zu einem Abwehr-Verhalten, das ihm kurzfristig ein Gefühl der Sicherheit gibt, letztlich die wahre Dynamik einer Situation jedoch nur temporär zu verschleiern hilft (Argyris 1990) und zu einer dauerhaften Blockade führen kann. „Während Vertrauen den Zeithorizont eines Systems ausweiten kann, zieht Vertrauensverlust ihn zusammen, und damit schrumpft die Komplexität und das Befriedigungspotential des Systems. Werden viele Forderungen, die auf lange Sicht befriedigt werden könnten, aus Mangel an Vertrauen gleichzeitig oder doch in sehr kurzen Zeitabständen angemeldet, sprengt das die Erfüllungsmöglichkeiten des Systems." (Luhmann 1973: 63). Das Vertrauen der Konfliktbeteiligten wächst, wenn sie erleben, dass die Mediation ihre jeweiligen Interessen und Bedürfnisse in den Mittelpunkt stellt. Mit Blick auf die kulturellen Besonderheiten und deren Beachtung wird deutlich, dass eine Mediation mit der ersten Sekunde der Kontaktaufnahme von Mediator und Konfliktbeteiligten beginnt (selbst wenn sich im Laufe der Vorbereitungsphase herausstellen sollte, dass Mediation nicht der geeignete oder von den Beteiligten gewünschte Weg zur Konfliktregelung ist). Damit stehen automatisch deren Interessen und Bedürfnisse im Vordergrund. Diese konzentrieren sich in der Anfangsphase einer Mediation selten auf den konkreten Konfliktgegenstand, sondern stehen vielmehr im Zusammenhang mit der eigenen Situation, mit den jeweiligen Erwartungen an das Mediationsverfahren, mit seinen Rahmenbedingungen und was es für sie bringen könnte, und nicht zuletzt mit der eigenen Rolle und der des Mediators. Die Konfliktbeteiligten fassen Vertrauen, wenn sie Wertschätzung und Respekt erfahren, ihre eigene Motivation für die Mediation spüren und ihnen das Verfahren jene Sicherheit gibt, die für sie notwendig und ausreichend ist. Besonders relevant für die Vertrauensbildung erscheint für viele Konfliktbeteiligte, wie sie die Mediation in bezug auf die Kriterien Fairness und Gerechtigkeit wahrnehmen und beurteilen (Sheppard/Lewicki/Minton 1992). Dabei sind grundsätzlich drei Ebenen zu unterscheiden, auf denen die Beteiligten Fairness und Gerechtigkeit messen: 1) Ergebnis: die vielleicht gängigste Ebene, Gerechtigkeit zu evaluieren (Hält das Ergebnis den Anforderungen an Gerechtigkeit stand? Ist das Ergebnis im Vergleich zu anderen gerecht?); 2) Prozess/Ablauf: die vielleicht wichtigste Ebene in der Mediation (Ist das Verfahren fair und gerecht angelegt? Können alle relevanten und wichtigen Dinge eingebracht werden?) und 3) System: die vielleicht am schwersten zu greifende Ebene (Wird aufgrund übergeordneter, nachrangiger Verfahren und Abläufe überhaupt eine faire Behandlung und Bearbeitung möglich?).

Damit wird Vertrauen zu einer wichtigen Größe in einem sozialen Lernprozess, der nicht statisch und beschreibend, sondern auf Veränderung angelegt ist.

Eine weitere mögliche Vertrauensblockade im Ablauf der Mediation besteht in der verengten Sichtweise des Konflikts: „die Motive des ‚Gegners' werden negativ antizipiert und als feindliche Strategie gewertet" (Troja 2004: 23). Ihre Auflösung erfordert die gegenseitige Anerkennung unterschiedlicher Sichtweisen, Interessen, Werte und Bedürfnisse (ebd.; auch Kessen 2000: 108f.) „Der Mediator unterstützt die Parteien darin, sich über ihre Wirklichkeitskonstrukte auszutauschen und zu einer geteilten Interpretation zu gelangen. Nur so kann das gegenseitige Vertrauen entstehen, das für die gemeinsame Suche nach einer Lösung notwendig ist" (Troja 2004: 23).

Letztlich braucht Mediation auch das Vertrauen des Mediators in die Mediation. In der Schlichtung, Verhandlung, Vergleichsverhandlung, Schiedsverfahren oder Shuttle-Diplomatie orientieren sich die Verhandlungsleiter daran, dass sie die Ideallinie der Mediation verlassen, wenn es sich pragmatisch in dem einen oder anderen Fall so anbietet. Kultur in der Mediation bedeutet auch: Mediation zuzulassen.

Identität

In den letzten Jahren ist der Begriff der Identität außerordentlich strapaziert worden. Zum einen ist er als Schlüsselvokabel „für die Kennzeichnung höchst unterschiedlicher Unverträglichkeiten im Leben der Menschen in

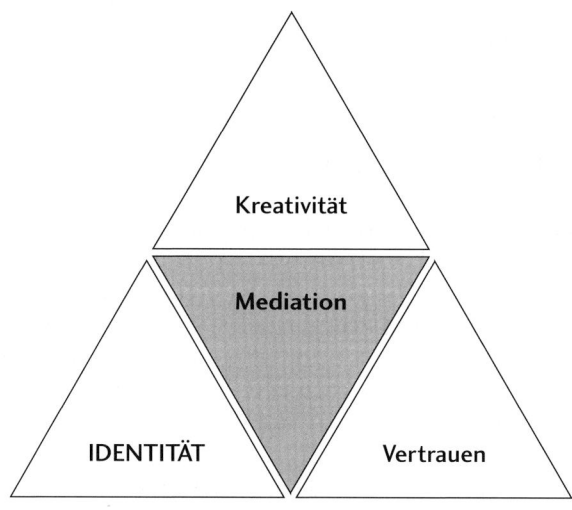

der Moderne" (Meyer 1998: 28) auserkoren worden, zum anderen zeigt er in der aktuellen weltpolitischen Diskussion, dogmatisch gebraucht, die Nähe zum Fundamentalismus auf, wenn kulturelle Unterschiede in verfeindeter Absicht politisiert werden (Meyer 1998: 23).

Der eigene kulturelle Hintergrund bildet einen wesentlichen Baustein für die Identitätsfindung, doch bildet sich Identität nicht durch bloße Zugehörigkeit zu einer Gruppe. Erforderlich für eine Identitätsbildung ist die aktive Leistung des Einzelnen als permanente Entwicklung in einem dynamischen Veränderungsprozess. In seinem Dialog „Symposion" („Das Gastmahl") lässt Platon Sokrates sagen: „Der Mensch gilt immer als der gleiche, aber er bleibt doch niemals in sich selbst gleich. (…) Und das gilt nicht nur vom Leibe, sondern ebenso von der Seele: Charakterzüge, Gewohnheiten, Meinungen, Begierden, Freuden und Leiden, Befürchtungen: alles das bleibt sich in jedem einzelnen niemals gleich, sondern das eine entsteht, das andere vergeht."

Die Suche nach Identität ist ein subjektiver Konstruktionsprozess, in dem Individuen eine Passung von innerer und äußerer Welt suchen. Identität ist ein „offener Prozess des Aushandelns zwischen dem Selbstbild, das der Einzelne von sich entwirft, und dem Bild, das sich seine sozialen Handlungspartner in wechselnden Zusammenhängen von ihm machen" (Meyer 1998: 28). Deshalb ist Identität kein individueller Besitz und per Eigendefinition herzustellen, sondern als sozialer Prozess im Spannungsfeld zwischen widersprüchlichen Erwartungen zu verorten, zwischen Eigensinn und Anpassung, zwischen dem unverwechselbaren Individuellen und dem sozial Akzeptablen (Keupp 2002: 28). In gleichem Maße vereinigt Identität sowohl die notwendige Selbstbehauptung des einzelnen, wie auch seine soziale Anerkennung durch andere (Keupp 2002: 41). Permanente Veränderung wird zu einem Wesensmerkmal von Identität. So schreibt Michel de Montaigne (1998: 167f.) zu Beginn der Moderne: „Wenn ich unterschiedlich von mir spreche, dann deswegen, weil ich mich als unterschiedlich betrachte. Alle Widersprüche finden sich bei mir in irgendeiner den Umständen folgenden Form. (…) Wir bestehen alle nur aus buntscheckigen Fetzen, die so locker und lose aneinander hängen, dass jeder von ihnen jeden Augenblick flattert, wie er will; daher gibt es ebenso viele Unterschiede zwischen uns und uns selbst wie zwischen uns und den anderen."

Diese Unterschiede für den Einzelnen wie für alle anderen Beteiligten transparent und nachvollziehbar werden zu lassen, und damit wichtige Anstöße für den Prozess der Identitätsbildung zu geben, ist eine der wesentlichen Herausforderungen für die Mediation.

Die Mediatoren unterstützen die Konfliktparteien darin, ihre eigenen Bedürfnisse und Interessen zu erkennen und für die anderen Beteiligten nachvollziehbar zu formulieren (Empowerment). In einem zweiten Schritt fördern die Mediatoren die gegenseitige Anerkennung der verschiedenen Bedürfnisse und Interessen (Recognition) (Bush/Folger 1994). In diesem wechselseitigen und sich wiederholenden Prozess werden die Verfahrensteilnehmer einerseits befähigt, ihre eigenen Konflikte selbstverantwortlich zu regeln und gewinnen dadurch an Selbsterkenntnis und Selbstbewusstsein. Darüber hinaus wird ihnen eine Möglichkeit geschaffen, sich gegenüber Andersdenkenden zu öffnen, deren Situation nachzuvollziehen und deren Einstellungen zu akzeptieren und zu respektieren. Die konstruktive Auseinandersetzung mit einer anderen Kultur führt die Beteiligten letztlich auf sie selbst zurück. Der Austausch über die tatsächlichen Interessen und Bedürfnisse eröffnet den Konfliktbeteiligten die Möglichkeit einer Identitätsbildung durch die Rekonstruktion einer gemeinsamen Konfliktwirklichkeit.

Für eine starke Identität ist „nicht der Akt der Identifikation das Entscheidende" (Meyer 1998: 30), sondern die Fähigkeit zu Empathie gegenüber anderen Identitäten, die Bereitschaft zur kritischen Selbstreflexion eigener mentaler Modelle und Rollenübernahmen und eine Toleranz gegenüber Uneindeutigkeiten. Letztere öffnet das Tor für Kreativität.

Kreativität

Kreativität bedeutet eine Erweiterung der Handlungsspielräume, oder wie Marcel Proust es einmal formulierte: Die wahre Entdeckung besteht nicht im Finden von neuen Ufern, sondern im Sehen mit anderen Augen. Eine der wichtigsten Funktionen des kreativen Denkens „besteht darin, uns auf Möglichkeiten aufmerksam werden zu lassen, die wir einfach stillschweigend ausgeblendet hatten" (Sparrer/Varga von Kibéd 2000: 35). Wenn die Konfliktbeteiligten in einer Mediation in die Phase der kreativen Ideensuche vordringen (Kessen/Troja 2002), haben sie bereits einen vielfachen Perspektivenwandel vollzogen: von Positionen zu Interessen, von Beurteilungen zu Problembeschreibungen, von Schuldzuweisungen zu Bedürfnissen, von der Vergangenheit in die Zukunft und von einem individuellen Problem zu einem gemein-

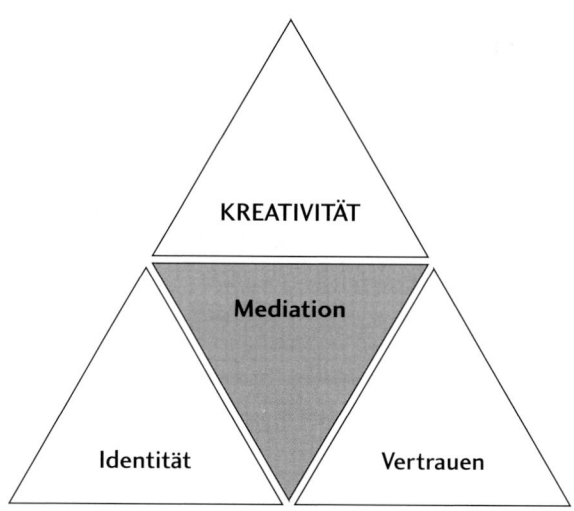

samen Problem (Kessen 2000). Damit sind sie schon kreativ geworden, denn sie haben mit Hilfe des Mediators einen Weg gefunden, ihre tradierten Konflikt- und Kommunikationsmuster zu verändern, ihre mentalen Modelle zu hinterfragen, im vorhinein unumstößliche Einschränkungen aufzuheben und einen nur vermeintlich festgezurrten Rahmen zu überschreiten.

Unsere jeweilige individuelle Kultur prägt unser Denken und wie wir denken und damit sowohl unsere mentalen Modelle als auch unseren Umgang mit ihnen. Mentale Modelle sind die Bilder, Annahmen und Geschichten, die wir von uns selbst, von anderen, von Institutionen und nahezu von allen Aspekten der Welt in unseren Köpfen tragen. Mentale Modelle bestimmen darüber, was und wie wir wahrnehmen. Wir benötigen diese Modelle der Vereinfachung, um uns in einer komplexen Welt zurechtzufinden, die ansonsten unsere Kapazität bei weitem übersteigen würde. Zahlreiche dieser mentalen Modelle zeichnen sich durch einen hohen Grad an Automatismus aus, sie agieren unsichtbar und wir hinterfragen sie nicht. Ohne dieses reflexive Denken hören viele Menschen in Gesprächssituationen nur das, was sie hören wollen oder erwarten, und sie haben Schwierigkeiten zu verstehen, was andere tatsächlich sagen. Sobald sich Menschen ein Bild von der Welt gemacht haben, neigen sie dazu, dieses aufrecht zu erhalten. Nun fällt es ihnen schwer, Informationen aufzunehmen, die sich mit ihren Vorstellungen nicht vereinbaren lassen. Es entstehen manifeste Überzeugungen und Annahmen, die beinahe zwangsläufig zu einer noch selektiveren Auswahl an Informationen führen (Argyris 1990: 87).

Die Mediatorin arbeitet diesem Phänomen entgegen durch die Erkundung, was den Beteiligten wirklich wichtig ist. Aus ihrem jeweiligen kulturellen Kontext heraus erzählen diese ihre individuelle Geschichte, ihre Wirklichkeit, und es ist von besonderer Bedeutung, die Phase der Lösungslosigkeit so lange aufrecht zu erhalten, bis die zentralen Interessen und Bedürfnisse des einzelnen für alle Beteiligten transparent geworden sind (Winslade/Monk 2000). Durch die Auseinandersetzung mit anderen Kulturen und fremden Ideen können die eigenen Annahmen überprüft werden und jene entdeckt werden, von denen wir nicht immer wissen, dass wir sie machen.

Kommunikative Kompetenz ist ein zentraler Schlüssel für eine wirkungsvolle Kreativität. Sowohl Fragen als auch Antworten müssen von allen Beteiligten im gemeinsamen Diskurs zugelassen werden, ohne direkt in eine Bewertung der Aussagen überzugehen. Doch dies ist leichter formuliert als praktisch umgesetzt. Unterstützend wirkt, die Beteiligten zum eigenen Problemlösen anzuregen. Mit der Motivation, in neue Lösungsbereiche vordringen zu können, welche die eigenen Interessen zu befriedigen vermögen, steigt die Bereitschaft der Beteiligten, sich auf einen kreativen Prozess einzulassen und damit auch jenen Gedanken und Ideen Raum zu geben, die ansonsten gleich als unrealistisch oder unsinnig abgetan würden. Kreativität ist somit nicht an einzelne Personen gebunden, die kreative Eigenschaften besitzen, sondern es ist immer erst eine Situation, die Menschen kreativ werden lässt (Hentig 1998).

Wie bedeutsam die Identität als Gruppe (gemeinsame Lösung als Ziel) und ein vertrauensvoller Umgang miteinander (gegenseitige Offenheit) im Zusammenhang mit einer kreativen Ideensuche (Neubewertung des Vorhandenen, Erweiterung des Rahmens) in unserem kulturellen Kontext sein kann, zeigt folgendes Experiment. *Eine Gruppe von 6 bis 8 Frauen und Männern bekam die Aufgabe, einen Tischtennisball, der tief in einer engen Glasröhre lag, die wiederum fest in einen Stein eingearbeitet war, herauszuholen ohne das Glas oder den Stein zu beschädigen. In einem abgeschlossenen, ansonsten leeren Raum konnten sie sich dabei folgender Hilfsmittel bedienen: Hammer, dickes Seil, Stuhl, Gartenschere, Buch, Geldstücke. Andere Materialien standen ihnen nicht zur Verfügung. Es wird schnell ersichtlich, dass keines der ausliegenden Gegenstände hilfreich für die Lösung ist. Das geeignete Hilfsmittel wäre Flüssigkeit, um den Tischtennisball nach oben zu treiben. Die einzige Flüssigkeit im Raum befindet sich jedoch in den Personen selbst, und hier liegt auch die Lösung für die Aufgabe: in das Glas urinieren. Während diese Aufgabe in manch anderer Kultur keine besondere Schwierigkeit oder Herausforderung darstellen würde, kostet es in unserer Kultur viele Experimentteilnehmer/innen oftmals eine beträchtliche Überwindung, diese Idee zu denken, dann auszusprechen und letztlich umzusetzen.*

Mediation

Mediation besitzt das Potenzial, die Beteiligten darin zu unterstützen, andere Handlungsoptionen und bisher unbekannte Entwicklungswege zu entdecken und gemeinsam zu neuen, vorher nicht denkbaren Konfliktregelungen vorzudringen. *So betonten die Vertreter der Österreichischen Bundesbahnen nach Abschluss des Mediationsverfahrens über einen Neubau der Bahntrasse im Gasteinertal, das gemeinsam im Mediationsforum gefundene Ergebnis sei deutlich besser, als die zuvor von ihnen favorisierte Variante* (Kessen/König 2002). Sie vermag einen Dialog der Kulturen anzuregen, der deshalb in Gang kommen kann, weil sich alle Konfliktbeteiligten mit ihren spezifischen Interessen und Bedürfnissen aufgehoben und verstanden fühlen. Voraussetzung für einen kulturellen Dialog ist laut Glaser (2001) stets die Kenntnis und die Achtung der eigenen Kultur, da sie so auch beachtenswert für eine Wahrnehmung von außen wird. Gleichzeitig bedarf es der Erkenntnis, dass es hilfreich, notwendig, spannend, entlastend oder unterstützend sein kann, andere Kulturen kennenzulernen, denn erst wenn ein Unterschied sichtbar wird (Bateson 1972), können die Beteiligten gut erkennen, wer sie selber sind und ihre eigenen mentalen Modelle kritisch reflektieren.

Die Interdependenz von kulturellen Mustern und Veränderung wirkt in beide Richtungen. Gewohnte, liebgewonnene und oft unbewusste kulturelle Muster gelten als eine entscheidende Ursache für die Unfähigkeit zur Veränderung. Nachhaltig wirksame Veränderungen sind immer getragen von kulturellem Wandel.

Für die dänische Anthropologin Kirsten Hastrup ist Kultur eine analytische Implikation. Kultur entstünde erst in der Beschreibung eines distanzierten Beobachters (Hastrup 1995). Für die Mediation stellt sich dann die offensichtliche Frage, wer denn in einer Konfliktvermittlung der distanzierte Beobachter sein soll, der Rückschlüsse auf die am (mitunter symbolischen) Tisch versammelten Kulturen ziehen kann. Greift der Kulturbegriff von Hastrup, erübrigt sich für die Mediation ein vorbeugendes Nachdenken über kulturelle Unterschiede. Und damit wären wir wieder beim Kern der Mediation, bei den Interessen und Bedürfnissen der Beteiligten, wo immer diese auch herkommen mögen.

Ein Ziel in der Mediation liegt darin, eine gemeinsame neue (temporäre) Kultur zu entwickeln, die allen Beteiligten gerecht wird. Um diesem Anspruch gerecht zu werden, bedeutet Kultur in der Mediation auch, andere Kulturen zuzulassen. Mediation gibt keine Kultur vor und sie muss offen sein für alle Kulturen. Das eröffnet den Konfliktbeteiligten die Chance, erst voneinander, dann miteinander zu lernen, und so die vorhandene kulturelle Vielfalt für eine für alle Beteiligten akzeptable und zukunftsorientierte Konfliktregelung zu nutzen. Die Fokussierung auf die Interessen und Bedürfnisse unterstützt die Beteiligten darin, eine eigene Konfliktregelungskultur zu entwickeln und darüber hinaus ihre jeweils eigene Identität zu finden. Eine wesentliche Voraussetzung dafür ist Vertrauen und eine bedeutsame Errungenschaft ist Kreativität. Ein kulturelles Weltbild ersetzt aber niemals das konkrete Interesse in einer bestimmten Situation der Konfliktbearbeitung.

Literatur

Argyris C (1990) Overcoming Organizational Defences. Needham, Mass

Barley N (1998) Die Kultur des Mißverstehens. Essay. In: Die ZEIT v. 22. Dezember 1998, 33

Bateson G (1972) Steps to an Ecology of Mind. San Francisco

Berg-Schlosser D, Schissler J (1987) Politische Kultur in Deutschland. Forschungsstand, Methoden und Rahmenbedingungen. In: dies. (Hrsg) Politische Kultur in Deutschland. Bilanz und Perspektiven der Forschung. Opladen, S 11–26

Bohannan P, Elst D (2003) Fast nichts Menschliches ist mir fremd. 2. Aufl. Wuppertal

Bush RA, Baruch F Folger JP (1994) The Promise of Mediation. Responding to Conflict through Empowerment and Recognition. San Francisco

Cohen R (1996) Cultural Aspects of International Mediation. In: Bercovitch J (ed) Resolving International Conflicts. The Theory and Practice of Mediation

Glaser H (2001) Kultur und Identitäten. In: Aus Politik und Zeitgeschichte B 50/2001: 3–5

Goodpaster G (1997) A Guide to Negotiation and Mediation. New York

Hastrup K (1995) A Passage to Anthropology. Between Experience and Theory. London

Hentig H (1998) Kreativität. Hohe Erwartungen an einen schwachen Begriff. München

Hofstede G (1980) Culture's Consequences. International Differences in Work-Related Values. Beverly Hills

Hofstede G (1994) Cultures and organizations. Intercultural Cooperation and ist Importance for Survival. London

Kessen S (2003) Fragen in der Mediation. In: Familiendynamik 28/2003, H 3: 356–375

Kessen S (2000) Wirtschaftsmediation – neue Handlungsmöglichkeiten durch Perspektivenwechsel. In: Geißler P, Rückert K (Hrsg) Mediation – die neue Streitkultur. Kooperatives Konfliktmanagement in der Praxis. Gießen, S 97–114

Kessen S (1999) Umweltmediation zwischen Chance und Etikettenschwindel. Ein kritischer Kommentar zum Frankfurter Verfahren. In: Forschungsjournal Neue Soziale Bewegungen 12/1999, 3: 83–90

Kessen S, König U (2002) Eisenbahntrasse Gasteinertal. Einige Anmerkungen zur Kunst des Wartens. Zeitschrift für Konfliktmanagement (ZKM) 3/2002, 128–134

Kessen S, Troja M (2002) Die Phasen und Schritte der Mediation als Kommunikationsprozess. In: Haft F, von Schlieffen K (Hrsg) Handbuch Mediation. München, S 393–420

Keupp H et al (2002) Identitätskonstruktionen. Das Patchwork der Identitäten in der Spätmoderne. 2. Aufl. Reinbek bei Hamburg

Knapp P, Novak A (2002) Die Bedeutung der Kultur in der Mediation. In: ZKM – Zeitschrift für Konfliktmanagement 1/2002, 4–8

Kühnen U (2003) Denken auf Asiatisch. In: Gehirn und Geist 3/2003, 10–15

Lessmöllmann A (2003) Wo links nicht links ist. In: Gehirn und Geist 1/2003, 42–43

Luhmann N (1973) Vertrauen. Ein Mechanismus der Reduktion sozialer Komplexität. 2. erw. Aufl. Stuttgart

Masuda T, Nisbett RE (2001) Attending Holistically Versus Analytically. In: Journal of Personality and Social Psychology 81/2001, 922–934

Montaigne M de (1998) Essays. Erste moderne Gesamtübersetzung von Hans Stillet. Frankfurt/M.

Nisbett RE (2003) The Geography of Thought. London

Schlieffen K von (2002) Propädeutikum. In: Haft F, Schlieffen K (Hrsg) Handbuch Mediation. München, S 1–74

Senge, Peter M. (1997): Die fünfte Disziplin. Kunst und Praxis der lernenden Organisation. 4. Aufl. Stuttgart

Sheppard BH, Lewicki RJ, Minton JW (1992) Organizational Justice. The Search for Fairness in the Workplace. New York, Toronto

Sparrer I, Varga von Kibéd M (2000) Ganz im Gegenteil. Tetralemmaarbeit und andere Grundformen systemischer Strukturaufstellungen – für Querdenker und solche, die es werden wollen. 2. korr. Aufl. Heidelberg

Tenbrock C (1998) Erst Hybris, dann Chaos. In: Die ZEIT v. 14. Mai 1998, 22

Tjosvold D (1993) Learning to Manage Conflict. Getting People to Work Together Productively. New York, Toronto

Troja M (2001) Umweltkonfliktmanagement und Demokratie. Zur Legitimation kooperativer Konfliktregelungsverfahren in der Umweltpolitik. Köln

Troja M (2004) Transformative Mediation in einem „reinen Dollarkonflikt". Ein Mediationsverfahren zwischen zwei Unternehmen im Anlagenbau. ZKM – Zeitschrift für Konfliktmanagement 1: 22–27

Troja M, Schwitters E, Kessen S (2002) Mediation als Gegenstand der Ausbildung. In: Haft F, Schlieffen K (Hrsg) Handbuch Mediation. München, SS 1297–1318

Werner R (1993) Mein unruhiges Ich. Selbstfindung zwischen Vernunft und Illusion. Berlin

Winslade J, Monk G (2000) Narrative Mediation. A New Approach to Conflict Resolution. San Francisco

ANDREAS NOVAK

Große Tiere, Wundertiere, fremde Tiere – Mediation im Management. Herausforderungen und das Konzept des Fremden

Einleitung: Wir – die Wundertiere

In diesem Beitrag geht es um einige Herausforderungen, die Mediatoren und Mediatorinnen zu bestehen haben. Ich nehme dabei Bezug auf meine Erfahrungen, die ich mit Mediationen in Profit-Organisationen gemacht habe und bei denen die Kunden größtenteils dem oberen und Top-Management angehören. Gegen Ende des Beitrages wird versucht, den Begriff der Allparteilichkeit etwas zu entlasten und ihm eine Haltung zur Seite zu stellen, die aus der soziologischen Theorie und der kulturanthropologischen Praxis entlehnt wurde: dem Konzept des *Fremden*.

Was wir, Mediatorinnen und Mediatoren, alles können: Wir sind „keine Theoretiker, [...] brauchen hohe praktische Erfahrung und neben der Fach- eine überdurchschnittliche soziale Kompetenz. Methoden-Know-how, Wissen über betriebswirtschaftliche Zusammenhänge und Trainererfahrung bilden eine gute Basis für Streitvermittler, reichen aber alleine nicht aus.", meinen Bähner und Schwertfeger (2003: 41). Eine, durchaus nicht vollständige, Suche im Internet bei den Selbstdarstellungen der Ausbildungsinstitute und Anbieter von Mediationsdienstleistungen fördert zutage, was uns an weiteren Qualifikationen auszeichnet: fair, ehrlich, empathisch; wir haben Rückgrat, sind geduldig, neutral, allparteilich, engagiert, aber auch unbeeinflussbar; wir akzeptieren Konflikte als natürliche Lebensphänomene, sind allzeit transparent in unseren Handlungen, akzeptieren die Eigenart von Menschen ohne zu bewerten oder zu verurteilen, haben ein echtes Interesse und vertieftes Verständnis für andere, sind uns unseres Selbst bewusst, namentlich den eigenen Empfindungen und den inneren Abläufen, kennen unser eigenes Konfliktverhalten und unsere eigene Konfliktbiographie, gehen achtsam mit uns selbst als Grundlage des achtsamen Umgangs und mit den uns anvertrauten Konfliktparteien um, haben die Fähigkeit, so auf die Parteien einzugehen, dass sie ihre gegenseitige Beziehung und ihre Konfliktlösung weitgehend selber gestalten, sind mit den passenden Interventionsstrategien ausgestattet, um konfliktverschärfende Strategien und blockierende Kommunikationsmuster zu erkennen und aufzulösen, behalten auch in Stresssituationen nicht nur den Überblick sondern auch unsere volle Wahrnehmungsfähigkeit für das, was da hinter- und untergründig in der Mediation zwischen den Medianden geschieht; wir sind hochgradig belastbar und können mit sehr emotionalen bis hin zu gewalttätigen Äußerungen adäquat umgehen und haben, last but not least, eine gehörige Portion Humor (ich bin versucht, hinzuzufügen: und Selbstironie).

Ähneln wir bereits einem Wundertier, also beispielsweise einer Wollmilchsau, dann werden wir zusätzlich auch noch eierlegend, wenn wir in interkulturellen Kontexten mediieren, denn dann sollen wir mit „Vorurteilslosigkeit" ausgestattet sein, bei der „die eigenen kulturellen Hintergründe keine Bevorzugung erfahren"; „Toleranz gegenüber sämtlichen (sic!) kulturellen Umfeldern ist notwendig, religiöse und/oder ethnische Unterschiedlichkeiten dürfen die Arbeit der Mediatorin/des Mediators nicht beeinflussen" (www.provinz.bz.it/arbeit/interkulturelle_mediation).

Mediatorisches Handwerkszeug

Die Herausforderungen

Man ist versucht, zu rufen: „Gemach, Gemach, haben Sie es nicht auch etwas kleiner und bescheidener?" Und doch zeigen die Erfolge von Mediationen: Es funktioniert. Dazu tragen die Methoden und Techniken bei, die in den Ausbildungen vermittelt werden. Die meisten dieser Methoden, wie aktives Zuhören, spiegeln, paradoxe Interventionen, doppeln, Verhandlungs-, Kreativitäts-, Moderations- und Gesprächsführungstechniken usw. sind zwar nicht selbst in der Mediationsszene entwickelt worden sondern aus anderen Zusammenhängen entnommen, aber im intelligenten Methodenmix helfen sie, die Aufgabe zu erfüllen.

Diese Methoden und Techniken können wahrscheinlich von jedem an dieser spezifischen Konfliktarbeit interessierten Zeitgenossen gelernt werden – wie auch entsprechende Lehrbücher nicht müde werden zu betonen: „Mediation ist die Kunst des Möglichen. Die Kunst besteht in der sozial intelligenten und kreativen Anwendung von Kompetenzen. Die erforderlichen Kompetenzen sind erwerbbar." (Montada, Kals, 2001: 250). Daneben gibt es allerdings Herausforderungen, die über die reine Anwendung von Kompetenzen hinausgehen.

Konflikte, die in Mediationen bearbeitet werden, können eine große Komplexität entfalten. Dies hängt damit zusammen, dass eine Mediation in der Regel erst dann in Anspruch genommen wird, wenn sich die Konfliktgegner nicht mehr selbst zu helfen wissen. Die eigenen Handlungsoptionen sind so gering geworden, dass ein Ausweg aus dem Konfliktgeschehen und der Konfliktdynamik nicht mehr selbst gefunden wird und auch nicht mehr wahrgenommen werden kann. Man begibt sich in die Hände einer dritten Person. Die Erwartungen an diese sind nicht unerheblich.

Besonders in sog. Wirtschaftsmediationen, und hier den innerbetrieblichen, bei denen die Betroffen dem mittleren, oberen bis hin zum TOP-Management angehören, erfordert der Schritt, einen Dritten mit der Betreuung eines Konfliktes zu beauftragen, schon ein gerüttelt Maß an Mut oder Verzweiflung. Konflikte werden zwar hin und wieder schon als das „Salz in der Suppe angesehen", aber in der Management-Realität geht man ihnen doch mehr aus dem Weg als dass man sie im Sinne eines späteren tragfähigen Konsenses tatsächlich zuspitzt (Malik, 2001: 210). Man ist, aus einem traditionellen und weit verbreitetem Management-Verständnis heraus, noch häufig der Meinung, Konflikte selbst lösen zu müssen; gelingt dies nicht, dann sei man seiner Management-Rolle und Aufgabe nicht gerecht geworden. Noch schlimmer ist es, wenn Konflikte mit der eigenen Person und Rolle zu tun haben und auch noch eskaliert sind, denn dann scheint, bei einem solchen Verständnis von Management, gleich ganz furchtbar viel schief gegangen sein. Entsprechend zögerlich ist noch immer die direkte Nachfrage nach Mediation – manches Mal wird der Fall erst einmal anders dargestellt, und erst durch eine genauere Diagnose wird deutlich, dass eine Mediation das richtige Vorgehen sein wird. Die traditionelle Management-Einstellung wandelt sich zwar, aber ein entsprechend anderes Management- (und Konflikt-)Verständnis setzt sich – vor allem in der obersten Ebene – nur langsam durch.

Neben der hohen Komplexität im Konflikt, der eigenen Hilflosigkeit der Betroffenen und den daraus resultierenden Erwartungen, die besondere Herausforderungen an die Mediation und die Mediatorinnen und Mediatoren stellen, ist es mir noch wichtig, auf eine weitere Herausforderung in Mediationen hinzuweisen: Das ist die immer wieder geforderte Neutralität und Allparteilichkeit. Oder anders ausgedrückt: Wie kann unser Wundertier, die Mediatorin, der Mediator, mit „Vorurteilslosigkeit" ausgestattet sein, bei der „die eigenen kulturellen Hintergründe keine Bevorzugung erfahren" und man „Toleranz gegenüber sämtlichen kulturellen Umfeldern" zeigt (s. o.)? Zu diesen Punkten im Folgenden einige Gedanken.

Der Rahmen, der Sicherheit gibt

Zu den eingangs erwähnten – idealtypischen – Beschreibungen der breitgefächerten Kompetenzen, die gefordert werden, und der hohen Komplexität eines Konfliktes steht, quasi wie ein Kontrapunkt, das auf den ersten Blick Komplexität reduzierende Phasenmodell der Mediation: Die meisten Autoren beschränken sich auf fünf Phasen, mitunter auch sechs, wenn die notwendige Nachbereitung und Überprüfung, ob die getroffene Mediationsvereinbarung hält, als eine eigene Phase angesehen wird (vgl. Montada, Kals 2001: 179ff). Durch diese sehr überschaubaren wenigen Phasen scheint es so, als ob Komplexität reduziert und Verwirrung und Desorientierung geordnet werden kann. Ein Rahmen ist gezogen.

In einer innerbetrieblichen Mediation mit drei Personen aus der Geschäftsführung stellte ich in dem Vorgespräch das Verfahren in seinen sechs Phasen vor. Eine

Mischung aus ungläubigem Erstaunen auf der einen Seite und Erleichterung auf der anderen schlug mir entgegen: Das unglaubliche Erstaunen drückte sich in der Frage aus, mit welcher Chuzpe ich denn glauben könne, mit diesen paar Schritten oder Phasen einen Konflikt lösen zu können, der sich über eine lange Zeit hin entwickelt hat und eskaliert ist? Dies geht auf das oben genannte „gerüttelt Maß" an Verzweiflung zurück, das gerade Menschen in solchen Positionen trifft: Sie betrachten es als ihre ureigene (Management-)Aufgabe, Konflikte zu vermeiden, oder aber, wenn sie denn auftreten, zu lösen. Nun sind sie selbst in einen verstrickt, aus dem es keinen Ausweg mehr zu geben scheint. Und dann soll das in einem solch übersichtlichen Verfahren zu lösen sein? Der Vortragende nimmt uns doch in unserer ganzen Komplexität und mit dem, was wir schon alles mitgemacht haben, gar nicht ernst! Die Erleichterung auf der anderen Seite wurde hervorgerufen durch die übersichtlichen sechs Phasen, die die Betroffenen zu zwei Thesen verleiteten (dies besprach ich mit den Beteiligten nach der Mediation, als wir auf der Metaebene Teile des Prozesses noch einmal Revue passieren ließen):

Wenn das Verfahren so übersichtlich ist, bildet es eine Art *containment* mit festen Außengrenzen. Dies spendet Sicherheit und reduziert die uns überfordernde Komplexität. Damit wird der Konflikt – vermeintlich – handhabbarer und er scheint, wie im Management gerne gesehen, *gemanaged* werden zu können. Bei der sonst vorher erlebten Komplexität, mit all den Verstrickungen in die eigenen Gefühle, bei der kaum noch als vernünftig anzusehende Handlungsoptionen erkennbar waren, konnte sich Erleichterung breit machen.

Die auf den ersten Blick einfach und übersichtlich erscheinende Struktur gibt also Vertrauen und Sicherheit für die Beteiligten; aber auch für die Mediatorin, den Mediator, denn es liegt ein Rahmen vor, der erprobt und bewährt ist. Zusätzliche Sicherheit liegt auch darin, dass viele Mediationen im Stundenrhythmus durchgeführt werden – man trifft sich mehrmals für einige wenige Stunden, um eine Lösung für den Konflikt zu erarbeiten. Diese zeitliche Struktur setzt Grenzen, wiederum sowohl für die Konfliktparteien als auch für die Mediatorin, den Mediator, denn zeitliche Grenzen bedeuten auch Grenzen der Eskalation und man hat zwischen den Sitzungen Zeit, zu überlegen und zu verarbeiten.

Bei Mediationen in Organisationen habe ich persönlich diese Möglichkeit noch nicht gehabt: Erstens sprechen meist logistische Gründe dagegen – Reisezeiten sind bei überregionalen Fällen sehr aufwendig, und die Teilnehmer bekommt man leichter für einen ganzen Tag zusammen als mehrfach für einige Stunden –, zweitens möchte diese Gruppe „die Sache dann auch vom Tisch haben". Ein strenges Zeitmanagement mit vorher bekannt gegebenen und eingehaltenen Arbeitsblöcken kann die gleiche Funktion wie die stundenweise Mediation übernehmen.

Das Verfahren, das zielorientiert dem Konflikt auf den Grund geht

Niemand mag es, hilflos zu sein, auch Management nicht, dessen originäre Aufgabe es ist, voranzutreiben und keinen Stillstand zu haben. Vielleicht mag diese Gruppe Hilflosigkeit noch weniger. Konflikte rufen ein Gefühl der Hilflosigkeit hervor. Man weiß nicht, was man tun soll.

Bereits im Vorgespräch wird anhand des fünf- oder sechsphasigen Modells deutlich, dass am Ende eine Vereinbarung stehen wird, also alles, was besprochen wird, führt zu den Fragen: „Wie weiter?" „Und in Zukunft?" Alleine diese deutliche Ziel- und Ergebnisorientierung öffnet für das Verfahren. Eine Gefahr, die aufgrund der Zielorientierung allerdings gegeben ist, liegt darin, den Gründen für den Konflikt nicht ausreichend nachzugehen und die angestauten negativen Emotionen schnell ad acta legen zu wollen. Dieser Gefahr unterliegen nicht nur die Konfliktpartner sondern auch eine Mediatorin, ein Mediator, der mit heftigen Emotionsäußerungen oder unsachlichen und verletzenden Äußerungen nicht umzugehen weiß. Er bzw. sie fokussiert dann zu schnell auf die nächsten Schritte, dem „Wie weiter?", anstatt dem Konflikt auf den Grund zu gehen. Eine zu schnelle Orientierung auf die Zukunft hilft der Mediation und dem Zustandekommen einer tragfähigen Lösung nicht (vgl. Montada, Kals, 2001: 56ff).

Um dieser Gefahr etwas aus dem Wege zu gehen, beginne ich in den meisten Mediationen damit, die Konfliktbeteiligten Bilder malen zu lassen: „Stellen Sie bitte dar, wie sich der Konflikt für Sie darstellt." In einem hoch eskalierten Konflikt – und die meisten der Konflikte auf dieser Managementebene sind hocheskaliert, sonst würde man keinen Mediator aufsuchen und damit die eigene Hilflosigkeit dokumentieren (s. o.) – kam bei einem der Konfliktbeteiligten in seinem Bild ein Gegenstand vor, den ich nicht erkennen konnte. Als er mit seiner Erklärung seines Bildes geendet hatte, fragte ich nach, was er denn da in der Hand hielte: „Na, eine Pistole!" „Und wohin zielt die?" „Na, auf die gemalte Frau dort." „Also Ihre Kollegin?" „Ja, genau!" Hier ist kein schnelles Übergehen mehr möglich und wir waren mitten drin in der Konfliktbeschreibung, der später die Analyse und Klärung folgte.

Ein anderes Verfahren musste ich in einer Zwei-Personen-Mediation anwenden; es handelte sich um einen Vorgesetzten und einen Mitarbeiter, der seinerseits ebenfalls über Personal- und Ergebnisverantwortung verfügte. Ich hatte die beiden gebeten, sich vor unserer ersten Sitzung schriftlich Gedanken zu machen zu: Woher kommt der Konflikt? Was ist geschehen, dass es dazu kam? Wie und wo eskaliert der Konflikt? Was wünsche ich mir für die Zukunft? *Beide wurden gebeten, mir vor der ersten Sitzung ihre Antworten zur Verfügung zu stellen. Aus welchen Gründen auch immer kamen wir in der ersten Sitzung nicht richtig voran, und am Abend, nach einem gemeinsamen Abendessen, gab ich ihnen, nach dafür eingeholter Zustimmung, die jeweiligen Papiere des anderen zur Nachtlektüre. Am nächsten Morgen kamen wir viel schneller voran.*

Die Rolle und Macht der Mediatorin, des Mediators, die leiten und schützen soll
Das Beispiel mit der Nachtlektüre verweist auf eine weitere Besonderheit der
Mediation in Organisationen und im Management: Mediatorinnen und Mediatoren haben eine spezifische Rolle und die dementsprechende Macht, um
die Rolle zu nutzen und auszufüllen. Einigen Facetten dieser Rolle möchte
ich mich über Rollenerwartungen nähern, die die Auftraggeber haben: Denn
eine Mediation wird dann in Anspruch genommen, wenn man sich selbst
nicht mehr zu helfen weiß und sich der Hilfe eines externen Dritten ver-
sichern möchte. Dementsprechend ist die Erwartung an die Mediation und
die Mediatorin/den Mediator, dass ein Verfahren gewählt und eingehalten
wird, das den Konflikt lösen hilft. Dafür ist niemand anders als die Media-
torin/der Mediator zuständig und verantwortlich. Er solle geeignete Methoden und Maßnahmen anwenden, um den Konflikt tatsächlich zu klären, oder
zumindest alle Schritte dazu zu tun, dass dies möglich wird. Die Aufgabe
kann nicht wegdelegiert werden.

*Eine weitere Erwartung liegt in dem Schutz der Beteiligten: In einer Mediation,
die wiederum drei Personen aus der Geschäftsleitungsebene eines Unternehmens
betraf, lag die Vermutung nahe, dass sich zwei gegen die dritte Person verbünden
könnten. Die beiden, die sich hätten verbünden können, thematisierten diese Be-
fürchtung während der Vorbesprechung mit mir, die dritte Person nahm für sich in
Anspruch, dass sie schon genügend für sich sorgen könne. Nichtsdestotrotz wurde in
der Mediation dann eine Phase erreicht, in der die betreffende Person, aber auch die
anderen, einen besonderen Schutz seitens des Mediators in Anspruch nehmen mussten und konnten.*

Schließlich habe ich in solchen Mediationen auch mit Personen zu tun,
die eine ausgeprägte Lust an und erprobte Erfahrung in Management und
Führung besitzen. Mit der Mediation wählen sie jedoch ein Verfahren, in
dem sie über weite Strecken genau dieses Management und diese Führung
an einen Dritten abgeben. Die Erwartung ist, dass dieser, in seiner Rolle als
Mediator(in), diese Aufgabe adäquat erfüllt. Das kann und muss bedeuten,
dass Versuche einzelner Führungspersönlichkeiten, das Verfahren steuern zu
wollen, freundlich aber bestimmt unterbunden werden. Besonders in dem
Übergang von der Konfliktbeleuchtung und dem Verständnis für Strukturen
und Hintergründe des Konfliktes zur Phase der Lösungsfindung wird, wie
oben erwähnt, gerne zu schnell auf die Lösungen gesprungen. Hier ist die
Mediatorin, der Mediator gefordert, aktiv und unter Umständen gegen Wi-
derstände einzugreifen; die eingangs erwähnte Belastbarkeit und das Rückgrat, auch gegenüber ausgeprägten Führungspersönlichkeiten, die darüber
hinaus noch den Auftrag erteilt haben, kann man nicht nur nicht wegdele-
gieren, man muss sie zeigen und zum Ausdruck bringen.

Montada und Kals sprechen über einige Mythen in der Mediationsbewe-
gung, besonders auch den „Mythos", dass sich die Mediatorin, der Mediator
zurückzunehmen habe und inhaltlich wenig beteiligen solle (2001, S. 41 ff).
Ich kann den Autoren in ihrer Einschätzung solch eines Postulates als „Mythos" zustimmen. Darüber hinaus möchte ich auch einen weiteren, von an-
waltlichen Mediatoren/innen gerne verbreiteten ähnlichen „Mythos" kri-

tisch betrachten, der da behauptet, dass das Verfahren in den Händen der Beteiligten bleiben würde. Dies mag zwar in dem extremen Vergleich zu einem Gerichtsverfahren gelten, wo man alles seinen Anwälten übergibt und nicht justitiable Interessen vor Gericht keine Berücksichtigung finden. Aber in Mediationen bleibt die Hoheit über und die Wahl der adäquaten Mittel für das Verfahren in den Händen und in der Verantwortung des Mediators. Wie oben erwähnt, kann diese Verantwortung weder delegiert noch sollte sie verwässert werden.

Um den Aufgaben gerecht zu werden, sind Mediatorinnen und Mediatoren mit einer spezifischen Macht ausgestattet:
– über das Verfahren,
– die adäquaten Mittel und Methoden anzuwenden
– die zu der gegebenen Zeit seiner Meinung und Erfahrung nach notwendigen Vorgehensweisen auch einzufordern. Dazu kann in bestimmten Situationen auch gehören, den Abbruch der Mediation vorzuschlagen.

Wenn, wie beispielsweise in einer meiner Mediationen geschehen, die Situation auftritt, dass die Beteiligten sich scheuen, die dem Konflikt zugrundeliegenden Motive und Interessen offen zu legen und auch der ‚caucus‘ nicht weiter hilft, dann kann der Hinweis, unter solchen Bedingungen nicht weiter arbeiten zu können, notwendig werden. Natürlich sollte begründet werden, warum es aus der Sicht und aus den Erfahrungen der Mediatorin/des Mediators keinen Sinn mehr macht, so weiter zu arbeiten. Den Rollenerwartungen, die seitens der Konfliktbeteiligten an die Mediatorin/den Mediator gestellt werden, namentlich Führung, Management und Verantwortung zu übernehmen, wird damit entsprochen. Es liegt nun an den Auftraggebern, sich dazu zu verhalten. Selbstverständlich gehört dazu eine gewisse – auch finanzielle – Unabhängigkeit der Mediatorin/des Mediators. In diesem erwähnten Fall änderte sich die Situation und die Mediation konnte erfolgreich beendet werden.

Eine Haltung, die Allparteilichkeit unterstützt: Der Fremde

Wahrscheinlich nützt alles nichts, wenn man nicht die richtige innere Haltung hat – weder gelingen die Mediationen, noch machen die Aufträge Spaß, weil man sich nicht wohl fühlt in der Arbeit und seiner Haut. Beides hilft keinem, weder einem selbst noch den Konfliktparteien.

Neutralität, die die Mediatorin/der Mediator als ein oberstes Postulat zu erfüllen habe, ist hinterfragt (vgl. Montada, Kals, 2001: 38ff) bzw. als in letzter Konsequenz gar nicht möglich gewertet worden (Moore, 1996: 52). Im Deutschen hat sich der Begriff der Allparteilichkeit als Ergänzung oder Ersatz für das Postulat der Neutralität durchgesetzt; ein Begriff, der übrigens im Englischen keine Entsprechung findet. Gemeint ist damit das Engagement für beide (oder alle) Parteien, die im Konflikt stehen und für die die Mediatorin/der Mediator arbeitet, um eine tragfähige Konfliktlösung für die Zukunft zu entwickeln.

Es gibt immer wieder Fälle, in denen dieses Postulat der Allparteilichkeit

nicht leicht zu erfüllen ist. In der Mediation tauchen Positionen und Interessen auf, bei denen man sich als Mediator(in) innerlich nicken sieht, bei
anderen hingegen eher den Impuls verspürt, leise den Kopf zu schütteln.
Dies kann mit den Personen, ihrer Konfliktgeschichte, ihrer Ausstrahlung zu
tun haben – also Sympathien oder Antipathien, die man persönlich dazu
entwickelt. Es kann aber auch mit Wertvorstellungen zusammenhängen, die
hinter einem bestimmten Verhalten liegen und die mit den eigenen kolli-
dieren und innerlich zu entsprechenden Reaktionen führen. Beim eskalierten Konflikt zwischen Betriebsrat und Unternehmensleitung sind je nach
eigenen Wertvorstellungen die Interessen und die daraus resultierenden
Verhaltensweisen der einen Seite vielleicht eher nachvollziehbar als die der
anderen (Knapp, Novak, 2003).

Als Antwort auf diese Herausforderungen wird dann mit leichter Hand auf
das Postulat des professionellen Handelns und der professionellen Distanz
verwiesen. Man habe sich professionell zu verhalten und das impliziert eben
die Sicherstellung der Allparteilichkeit bzw. wenn das dem Mediator nicht
mehr gelingt, im schlimmsten Fall den Abbruch der Mediation und die Wei-
terempfehlung an andere Kollegen.

Eine Möglichkeit, diesen Erschütterungen der Allparteilichkeit die Schär-
fe zu nehmen, liegt in einem Konzept, das in den zwanziger und dreißiger
Jahren des letzten Jahrhunderts im Umfeld der soziologischen und sozialwis-
senschaftlichen Studien in den USA, und besonders Chicago, entwickelt
wurde: Der Fremde, so auch der Titel eines Aufsatzes des Berliner Soziologen
Georg Simmel, der erstmals 1908 erschienen ist und die Grundlage für die
weitergehenden Überlegungen im Dunstkreis der Chicagoer Soziologen und
Kulturanthropologen war.

Simmel beschreibt darin einen Typus von Zeitgenossen, der aufgrund
seiner Fremdheit zu den Einheimischen zwischen ihnen und ihm selbst eine
besondere Wechselwirkung ermöglicht. Die Wechselwirkung ist die eines
Pendelns zwischen Nähe und Distanz, zwischen Verstehen und Nichtverstehen, zwischen Infragestellen und Akzeptieren. Der *Fremde* bildet eine
Ressource, die sich die in-group zunutze machen kann, um das Eigene zu
hinterfragen und auch eine Ressource, die aufgrund des Fremdseins eine
besondere Objektivität ermöglicht. Die in-group nutzt den *Fremden* aufgrund
dieser besonderen Rolle gerne auch als Zuhörer, dem man die „überra-
schendsten Offenheiten und Konfessionen, bis zum Charakter der Beichte
[entgegenbringt], die man jedem Nahestehenden sorgfältig vorenthält" (Simmel, 1987: 65).

Den Mitgliedern der eigenen Gruppe enthält man solche intimen Details
vor, weil man nicht weiß, wie und wozu diese solche Informationen nutzen
werden. Dies gilt in hierarchischen Organisationen, in denen um Macht und
Einfluss gerungen wird, selbstverständlich auch und vielleicht ganz besonders. Der *Fremde* ist aufgrund seiner Fremdheit und aufgrund seiner Unabhängigkeit nicht involviert in das aktuelle Geschehen; die Unabhängigkeit,
oder Freiheit, wie Simmel sie nennt, rührt aus der Option, weiterziehen zu
können; auch wenn er es nicht tut, er könnte. Aufgrund dieser Eigenschaften

bekommt der *Fremde* also die Chance, Informationen zu erhalten, die Einheimischen nicht erzählt würden. Damit kann er, beispielsweise in Mediationen, neutralisieren und versachlichen oder auch zuspitzen und drastifizieren, und den Einheimischen andere Sichtweisen ermöglichen. In Beratungskontexten wird diese Funktion schon seit längerem diskutiert (Leggewie, 1994: 16).

Wenn auch die Funktion des *Fremden* bekannt ist, so ist damit nicht automatisch klar, wie man selbst sich denn als *Fremder* konstruiert, also welche innere Haltung damit zusammenhängt. Wie bekommt man die Distanz, die den *Fremden* ausmacht und wie kann man zum *professionellen Fremden* werden? In den qualitativ arbeitenden Sozial- und Kulturwissenschaften wird diese Fähigkeit in Vorbereitung auf Feldforschungsaufenthalte geübt und in den Feldforschungen angewandt. Die Distanz des Forschenden, dessen Aufgabe es ist, zu verstehen ohne von vorne herein bewerten zu müssen, ist die Leistung, die erbracht wird.

Nun kann man schlecht Mediatoren auf Feldforschung schicken, bevor sie ihren ersten Mediationsauftrag übernehmen. Aber diese Haltung des Fremden lässt sich relativ leicht einüben: Eine Kollegin und ich haben kürzlich auf einem mehrtägigen Seminar, bei dem im Mittelpunkt die Vorbereitung auf berufliche Auslandsaufenthalte stand, die Teilnehmer zu einer Übung eingeladen: Sie sollten sich in die Rolle von Marsbewohnern versetzen, die als wissenschaftliche Vorhut fungieren, um den Besuch einer Delegation, die von ihrem Planeten kommen wird, vorzubreiten. Sie wurden gebeten, in Zweier- und Dreiergruppen auszuschwärmen und Informationen zu spezifischen Themen zu sammeln, um zu verstehen, wie und nach welchen Regeln die „Erdlinge" ihr Leben organisieren.

Die Themen, zu denen Informationen über die „Erdlinge" gesammelt werden sollten, waren beispielsweise: „Bedeutung von Wissenschaft und Technik im Alltagsleben", „Politik und politische Willensbildung", oder auch „Fortpflanzung und Bedeutung von Sexualität". Die Orte, an denen sich die Forscher über ihr Thema informieren werden, mussten sie sich selbst aussuchen. Nach einer Stunde kamen sie wieder und sortierten ihre Ergebnisse. Als Muster dafür stand ein kurzer und durchaus amüsanter Text zur Verfügung, der eine sehr bekannte Kulturgruppe, die ‚Nacirema' mit den Augen eines Fremden beschreibt – man lese die Bezeichnung des Stammes anders herum und weiß dann schnell, um wen es sich handelt (Minor, 1956). Auch wenn hier nicht der Platz ist, auf die Ergebnisse im einzelnen einzugehen, so kann, glaube ich, leicht nachvollzogen werden, wie schnell und radikal scheinbar Selbstverständliches, das wir täglich tun, hinterfragt werden kann. Die Erschütterung des eigenen Weltbildes ist fundamental.

Von der Erschütterung der eigenen Weltsicht ist der Weg nicht weit zu der Erkenntnis, dass das *Fremde* in uns selbst liegt. Wenn es aber auch bei uns selbst angesiedelt ist, dann kann man mit dem *Fremden*, das man bei den *Anderen* verortet, zumindest gelassener umgehen. Und ein weiterer Aspekt, der bereits bei Simmel angelegt ist: Das *Anderssein* oder *Fremdsein* ist keine feststehende Eigenschaft, sondern findet über eine Zuschreibung statt. Es wird konstruiert über eine Sichtweise des *Hier bin ich und dort sind die anderen, die anders sind* (vgl. dazu auch moderne Kulturdefinitionen aus den Kulturwissenschaften, z.B. bei Ackermann 2002: 22f). Sich dieser Konstruktionen und Zuschreibungen bewusst zu werden hilft mir in Mediationen, die eigenen Erschütterungen der Allparteilichkeit abzumildern. Übrigens hilft diese Relativierung der eigenen Sichtweisen und Wahrheiten besonders in interkulturellen Begegnungen und Mediationen. Dort kann die Allparteilichkeit weitaus mehr gefährdet sein als in sog. monokulturellen Mediationen (vgl. Knapp, Novak, 2002).

Schließlich hilft das Konzept des Fremden auch auf einer ganz pragmatischen Ebene: Mit Christoph Thomann unterhielt ich mich am Rande einer Konferenz über den Zusammenhang zwischen der Management – Ebene, auf der Mediationen (oder bei Thomann: Klärungshilfen) stattfinden und dem Reiseaufwand. Auch er äußerte den Eindruck, je „höher" die Anfrage angesiedelt ist, desto weiter muss die Mediatorin/der Mediator reisen: Der ist dann halt wirklich aus der Fremde und kann zu Hause nichts ausplaudern, denn zu Hause beim Mediator kennt ja niemand diejenigen, um die es ging (persönliches Gespräch im Sept. 2003 in Frankfurt am Main).

Erweiterung des Horizontes

Konflikte, zumindest diejenigen, die gelöst worden sind, erweitern für die, die den Konflikt austragen, den Horizont. Erstens haben sie gelernt, dass sie da reingeraten können und sehen, wie eingeschränkt in eskalierten Konflikten die – auch eigenen – Handlungsmöglichkeiten plötzlich werden. Zweitens eröffnen sich während der Konfliktklärung Handlungsoptionen, die den eigenen Horizont erweitern.

Auch für Mediator(inn)en ist jede Konfliktklärung eine Erweiterung des eigenen Horizonts, denn sie lernen eine Menge über die Vielfältigkeit des Handelns, der Bedürfnisse, der Wünsche und der Interessen von Menschen. Das Leben ist eben außerordentlich bunt.

Schließen möchte ich mit dem Ausspruch eines von mir geschätzten, langjährigen Vorstandsvorsitzenden: Er vertraute mir an, dass er sich nicht nur mindestens einmal täglich in Frage stellen würde, sondern auch Demut empfinden würde. Es sei die Demut vor der Komplexität der Aufgaben und seiner nur eingeschränkten Möglichkeiten, das Geschehen um ihn herum steuern zu können. Demut tut gut, auch Mediatorinnen und Mediatoren.

Literatur

Ackermann A (2002) Wechselwirkung – Komplexität: Einleitende Bemerkungen zum Kulturbegriff von Pluralismus und Multikulturalismus. In: Ackermann A, Müller K E (Hrsg) Patchwork: Dimensionen multikultureller Gesellschaften: Geschichte, Problematik, Chancen. Transcript, Bielefeld, S 9–29

Bähner C, Schwertfeger E (2003) Wenn zwei sich streiten. Management und Training 5: 37–41

Leggewie C (1994) Ist kulturelle Koexistenz lernbar? Baslerschriften zur europäischen Integration, Nr. 14, Basel

Knapp P , Novak A (2002) Die Bedeutung der Kultur in der Mediation. Zeitschrift für Konfliktmanagement 1: 4–8

Knapp P Novak A (2003) Betriebsrat und Unternehmensleitung – Zusammentreffen unterschiedlicher Kulturen im Unternehmen. In: Pühl, H (Hrsg) Mediation in Organisationen: Neue Wege des Konfliktmanagements: Grundlagen und Praxis. Leutner, Berlin, S 20–31

Malik F (2001) Führen Leisten Leben: Wirksames Management für eine neue Zeit. Heyne, Stuttgart, München

Minor H M (1956) Body Ritual among the Nacirema. American Anthropologist 58 (3): 503–507

Montada L, Kals E (2001) Mediation: Lehrbuch für Psychologen und Juristen. Beltz PVU, Weinheim

Moore C W (1996) The mediation process: practical strategies for resolving conflicts, 2nd edn. Jossey-Bass, San Francisco

Simmel G (1987) Der Fremde. In: Landmann M (Hrsg) Das individuelle Gesetz: Philosophische Exkurse. Suhrkamp, Frankfurt am Main, S 63–70 (Text von 1908)

CONSOLATA PEYRON

Viele Kulturen – ein Mediationsverfahren? Von der Notwendigkeit vielfältiger Ansätze, Methoden und Verfahren in der interkulturellen Konfliktverarbeitung

Die kulturelle Vielfalt nimmt in jedem Bereich der Gesellschaft zu. So sind auch Methoden zur Bearbeitung interkultureller Konflikte von wachsendem Interesse. Die interkulturelle Mediation gilt zweifelsfrei als wichtige Methode in diesem Zusammenhang. Allerdings ist die aktuelle Diskussion und dementsprechende Praxis in Europa von einer konzeptionellen Konfusion hinsichtlich der Ziele, Möglichkeiten und Voraussetzungen zur Mediation geprägt. Sie bewegt sich zwischen einer Überschätzung der positiven Auswirkungen – etwa, dass viele Probleme, die mit Integration und Migration zu tun haben, mit dieser Methode gelöst werden könnten – und einer pauschalen Ablehnung.

Die interkulturelle Mediation steht zunächst vor einem Dilemma. Einerseits stellt sich immer die Frage, ob die Unterschiede zwischen den Kulturkreisen Ursachen von Missverständnissen, Missachtung und Gewalt sind. Wenn solche Ursachen nicht berücksichtigt werden, können die daraus entstehenden Konflikte auch nicht angemessen bearbeitet werden. Sie drohen vielmehr weiter zu eskalieren. Andererseits ist es schwierig, interkulturelle Differenzen zu benennen, ohne sie zu zementieren. Im schlimmsten Falle kann dies zu einer Ethnisierung von Konflikten beitragen, die eigentlich andere Ursachen bzw. Auslöser hatten. Vor diesem Hintergrund gehe ich im Folgenden der Frage nach, was die Mediation zur Lösung interkultureller Konflikte beitragen kann. Worum geht es bei diesen Konflikten konkret? Was sollte unbedingt berücksichtigt werden? Wieso ist ihre Bearbeitung komplexer als die anderer Konflikte?

Ich möchte hier methodische Anstöße für die Entwicklung bzw. Weiterentwicklung eines adäquaten interkulturellen Modells im Bereich der sozialen Mediation in erster Linie für Gemeinwesen und Nachbarschaftsmediation, Schulmediation und pädagogische Mediation geben. Denn meines Erachtens steht ein Modell aus, das sich allgemein für den Umgang mit den Differenzen eignet und der vorhandenen kulturellen Vielfalt tatsächlich Rechnung trägt. Denn sowohl die allgemeine Praxis interkultureller Arbeit als auch einige Formen interkultureller Konfliktbearbeitung weisen Mängel auf. Trotz aller Ansprüche reicht die interkulturelle Sensibilität oft nicht aus und die bestehenden Wahrnehmungs- und Verstehensbarrieren scheinen nicht abzunehmen.

Mein Zugang zur interkulturellen Mediation

Der Artikel basiert auf meiner Erfahrung als italienische Migrantin. Ich bin seit sechs Jahren in mehreren Kulturen und Sprachen – vor allem in Deutschland, Italien und der Schweiz – in Mediation ausgebildet, praktiziere und lehre nun auch Mediation. Das Wechseln von einer Welt in die andere, die Erfahrung, mal zur Minderheitsgesellschaft und mal zur Mehrheitsgesellschaft zu gehören, in verschiedenen Sprachen arbeiten zu müssen, die nicht die Muttersprache sind, sind effektives Training für interkulturelle Konfliktanalysen!

In Turin habe ich im Zentrum zur Bearbeitung von Nachbarschaftskonflikten „Spazi d'intesa" (Räume der Verständigung) gearbeitet, das im Jahre 1997 in einem multikulturellen zentralen Viertel der Stadt entstanden ist. Mir wurde in der Praxis schnell klar, dass kulturelle Unterschiede zu einer oft unbewussten Konflikteskalation führen können. Anfangs rief meine in der Zwischenzeit eher „deutsch" gewordene Art, Probleme in einer Mediation direkt anzusprechen, Ablehnung bei italienischen Medianden hervor. Ich konnte auch beobachten, wie in interkulturellen Zusammenhängen MigrantInnen mit „harschen" Worten, die in ihrer, nicht aber in der deutschen Sprache üblich sind, eine konfliktreiche Situation eher unwillkürlich eskalierten.

Mit den KollegInnen Kerstin Bunte und Christoph Besemer habe ich in Deutschland an mehreren Stadtteilprojekten für Konfliktbearbeitung mitgewirkt. In Stuttgart haben wir eine Ausbildung für interkulturelle Mediation durchgeführt, an der ehren- und hauptamtliche MitarbeiterInnen aus der Migrationssozialarbeit teilnahmen. Aus der Ausbildung ist dann das Projekt „Konflikte sind lösbar – Mediation in den Stadtteilen" entstanden. Nachdem wir ein Team von Sozialarbeiterinnen der Stadt Heidelberg in interkultureller Mediation fortgebildet haben, entstand 2002 eine „Vermittlungsstelle für Nachbarschaftskonflikte". Beim Projekt „Mediation und Konfliktmanagement" in Zusammenarbeit mit dem Duisburger Jugendamt war die Aufgabe, konstruktive Konfliktbearbeitung in zwei Vierteln durch die gemeinsame Ausbildung mehrerer MitarbeiterInnen aus den verschiedenen pädagogischen Institutionen zu fördern. Bei all diesen Projekten wurde deutlich, dass der herkömmliche Umgang gerade mit interkulturellen Konflikten häufig in Sackgassen führt und die Mediation neue Wege aufzeigen kann. Gleichzeitig wurde der Bedarf nach einer Ergänzung der Mediationsausbildung um interkulturelle Gesichtspunkte deutlich, wie z. B. welche Unterschiede gibt es bei den Ausdrucksformen des Ärgers? Wie kann ich einen Konflikt ansprechen, so dass die Konfliktparteien ihr Gesicht wahren können? Inwieweit sollten die kulturellen Eigenarten respektiert bleiben?

Meine Ausbildung zum Master in European Mediation (Sion/Schweiz) und meine daran anschließende Tätigkeit als Tutorin für ein europäisches MediatorInnenpublikum haben auf der einen Seite dazu beigetragen, meinen Blick für die kulturellen Unterschiede zu schärfen. Gleichzeitig lernte ich sie auch zu relativieren, denn eine deutsche und eine spanische Umweltmediatorin haben methodisch teilweise mehr gemeinsam als zwei spanische MediatorInnen, die jeweils einen lösungsorientierten und einen transformativen Ansatz vertreten.

Wann ist ein Konflikt interkulturell?

Meistens wird eine Mediation a priori als *interkulturell* bezeichnet, wenn zwei Konfliktparteien aus unterschiedlichen Kulturkreisen kommen. Doch erst nach einer Bearbeitung des Konfliktes kann festgestellt werden, ob es sich wirklich um einen interkulturellen Konflikt handelt oder nicht. Die Tatsache, dass die Konfliktparteien aus zwei unterschiedlichen Kulturkreisen kommen, sagt nämlich noch nicht aus, worum es geht. Für die Ermittlung der bestimmenden Punkte muss zunächst eine klare Konfliktanalyse geleistet werden. Sie sollte unterscheiden, was in der Mediation bearbeitet werden muss, was nicht dazu gehört und was evtl. anders bearbeitet werden sollte.

Kultur kann als „gemeinsame Lebensweisen und Deutungsmuster einer Gruppe oder Lebenswelt" definiert werden. Kultur kann damit als eine Art Landkarte zur Orientierung dienen. Sie sollte jedoch nicht mit der Realität selbst verwechselt werden. Kulturelle Unterschiede sind nur eine Dimension der Differenzierung; sie sind oft sichtbar oder hörbar und deswegen fokussiert man sich – manchmal vorschnell – darauf und weniger auf andere Differenzierungen wie Geschlechter, Rollen, Klassen, sexuelle Orientierung, generationale Unterschiede, Religion u. a., die alle eine wichtige Rolle spielen können. Alle diese Dimensionen sind wiederum nicht statisch, sondern immer situations- und kontextabhängig.

Interkulturelle Konflikte finden oft vor dem Hintergrund von individuellen und kollektiven Migrationserfahrungen und Alltagsrassismus statt. Die Ethnisierung von Konflikten ist ein Prozess der Zuweisung zu oder Selbstidentifikation mit einer über kulturelle Merkmale definierten Gemeinschaft. Die Differenz wird dadurch (mit)konstruiert und instrumentalisiert. Komplexe Prozesse werden vereinfacht: Menschen werden für beschränkt, unordentlich, unmotiviert oder uninteressiert gehalten und die eventuellen kulturellen Besonderheiten, die zu einem Konflikt geführt haben und ihn erklären können, werden nicht berücksichtigt. Genau so problematisch wie die Ethnisierung von Konflikten ist die Verneinung oder Ausblendung der kulturellen Unterschiede. Diese Unterschiede können in einer ungleichen Handhabung von Zeit, Raum oder Kommunikationsstilen, einem anderen

Stellenwert der Gruppe gegenüber dem Individuum, der Beziehung zwischen
Erwachsenen und Kindern oder Arbeitgebern und Arbeitnehmern, der geschlechtsspezifischen Verantwortung und Verpflichtung, Hierarchien, Arbeit, Ritualen, Glaube und Aberglaube bestehen (Dulabaum, 1998).

Wenn kulturelle Unterschiede vorhanden sind, führen sie nicht unbedingt zu Konflikten, vielmehr ist der Umgang mit ihnen ausschlaggebend.
Sie sind in manchen Bereichen erwünscht und führen dort zu keinen gravierenden Konflikten. Wenn z. B. SchülerInnen verschiedener Herkunft in
eine gut ausgestattete, internationale mehrsprachige Schule gehen, wird die
Vielfalt an Kulturen eher als eine bereichernde Erfahrung für alle angesehen
werden. Das gleiche kann gesagt werden von interkulturellen Teams in verschiedenen Arbeitsbereichen, deren Outputs durch die Synthese der Vielfalt
optimiert werden.

Wie sieht eine interkulturelle Mediation aus?

Oft wird die Frage gestellt, ob sich die Mediation (gemeint ist oft die Mediation nach nordamerikanischem Modell) auch für die Bearbeitung interkultureller Konflikte eigne. Die Frage scheint mir falsch gestellt: nicht ob, sondern
welche Form der Mediation eignet sich dafür? Die Mediation ist ein Verfahren konstruktiver Konfliktbearbeitung und -lösung, das die wahren Interessen und Bedürfnisse der Konfliktparteien in den Vordergrund stellt. Das
primäre Ziel liegt darin, Verbindungen herzustellen bzw. wieder herzustellen,
wenn sie beschädigt worden sind. Die Konfliktparteien erfahren während des
Verfahrens die eigentlichen Probleme, Gefühle und Interessen der anderen
Partei. Mediation ist eine innovative Art der Konfliktbearbeitung, die für die
Bearbeitung von interpersonellen, innergesellschaftlichen sowie internationalen Konflikten angewendet wird. Kurzfristig steht die Bearbeitung des
einzelnen Konfliktes im Vordergrund und langfristig die Veränderung der
Konfliktkultur einer Einrichtung, eines Viertels usw.

Interkulturelle Mediation kann als ein Verfahren angesehen werden, bei
dem der Konflikt von kulturellen Differenzierungen geprägt oder beeinflusst
ist *und* die Bearbeitung so durchgeführt wird, dass sie diese Differenzierung
berücksichtigt (so die Definition der Fachgruppe Interkulturelle Mediation des Bundes-
verbandes Mediation e. V., 2000). Es reicht also nicht aus, dass der Konflikt interkulturelle Merkmale aufweist, um von einer interkulturellen Mediation zu
sprechen, sondern das Verfahren selbst muss bestimmte Spezifika aufweisen.

Formen der (interkulturellen) Mediation
Ein Mediationsprozess kann viele Formen annehmen, die hier kurz dargestellt werden. Die bekannteste Form der Mediation ist das, was ich *direkte
Mediation* nenne: die Konfliktparteien treffen sich am gleichen Ort gemeinsam mit den MediatorInnen. Vor einer direkten Mediation können Vorgespräche stattgefunden haben oder auch nicht. Die Vorgespräche können mit

den MediatorInnen stattfinden oder mit anderen Menschen, die dann nicht in diesem Fall mediieren werden. Bei einer direkten Mediation kann es auch Phasen geben, in denen Einzelgespräche durchgeführt werden.

Bei der *erweiterten Mediation* werden nicht nur die Primärparteien eines Konfliktes an der Konfliktbearbeitung beteiligt, sondern auch die Sekundärparteien. Inwieweit sich entsprechende Gruppen (z. B. Familie, Freunde) für die Konflikte einzelner Mitglieder mitverantwortlich fühlen, ist kulturell geprägt (von Schlippe und El Hachimi, 2000).

Eine andere Form konstruktiver Konfliktbearbeitung ist die der *indirekten Mediation*, auch als Pendeldiplomatie bekannt. Diese Form ist eher aus Konflikten auf der internationalen Ebene bekannt und ihre Anwendungsmöglichkeiten werden in der sozialen Mediation bis jetzt unterschätzt. Aus dem Turiner Zentrum sind mehrere Beispiele bekannt, in denen die Bearbeitung eines Konfliktes gerade vorangebracht wurde, weil kein direktes Treffen der Parteien vorgeschlagen wurde. Dies hätte eher zu einer durch die MediatorInnen herbeigeführten, unzumutbaren Situation für die jeweiligen MigrantInnen oder zu einer weiteren Eskalation geführt.

Das Mediationsverfahren kann durchgehend getrennt durchgeführt werden oder es kann nach einer getrennten Phase zu einem gemeinsamen Treffen kommen. Bekannt sind auch Beispiele, in denen die getrennten Sitzungen gefilmt und dann der anderen Seite gezeigt werden. Diese Methode gewährt einen unter Umständen notwendigen Schutz vor unmittelbarer Konfrontation und ermöglicht eine Bearbeitung auch in eskalierten Phasen. Denn die Erwägung eines Treffens mit dem eigenen „Feind" in einem mediativen Rahmen kann Verunsicherung oder Angst auslösen und ohne andere Alternative zu einer kompletten Ablehnung einer konstruktiven Konfliktbearbeitung führen.

Wenn eine Konfliktpartei den Wunsch nach einer Mediation hat, die andere Partei dies aber nicht will, wird das Verfahren oft abgebrochen. Dieses Phänomen wird sehr wenig untersucht. Nach nordamerikanischen Untersuchungen scheitern zwischen 25 und 50 Prozent der mediationsfähigen Fälle daran, dass eine Partei die Mediation ablehnt (Tidwell, 2001). Wenn aber die Mediation eine Veränderung der Konfliktdynamik beabsichtigt, kann ein Verfahren auch mit nur einer Konfliktpartei sinnvoll sein. In Anlehnung an den Ansatz des „Problem solving for one" (ebd.) wende ich den Begriff der *mediativen Konfliktberatung* an. Sie wird wie eine indirekte Mediation durchgeführt, aber nur mit einer Partei. Eine Veränderung der Konfliktdynamik ist dennoch möglich. Hier kann Schutzraum sein, eine Partei über bestimmte Konfliktpunkte aufzuklären (auch über kulturelle Besonderheiten im Sinne der Aufgabe der KulturvermittlerInnen, siehe 4.3), ohne dass sie „das Gesicht verliert".

Es ist durchaus möglich, dass die verschiedenen Formen der Mediation kombiniert werden, so dass auf eine Phase indirekter Mediation eine klassische Mediation folgt. Die Erfahrungen des Turiner Zentrums zeigen, dass die Akzeptanz für eine freiwillige Konfliktbearbeitung steigt, wenn den jeweiligen Konfliktparteien von vornherein verschiedene Optionen angeboten werden (vgl. Peyron 2002).

Die Vorphase

Die Vorphase der Mediation läuft häufig so ab, wie wenn man ein tolles Essen vorbereitet und sich den Kopf zerbricht, wie und wo die Leute sitzen sollten, man aber die Einladungen noch nicht einmal verschickt hat. Der Prozess der Vorphase erstreckt sich von der ersten Kontaktaufnahme seitens der MediatorInnen oder MitarbeiterInnen eines Zentrums mit den Konfliktparteien bis zur Auswahl eines Konfliktbearbeitungsverfahrens. Die meisten Konfliktbearbeitungen werden schon an dieser Stelle abgebrochen. Ablehnungsgründe einer Mediation sind häufig Ungewohntheit/Unvertrautheit mit dem Verfahren, Festhalten an einem Win-Lose-Ansatz, heftige Gefühle, die die Kommunikation blockieren, Gewöhnung an juristische statt kommunikative Mittel der Konfliktlösung (Moore, 1996). Vertrauensbildung in das Verfahren und in die MediatorInnen ist von großer Bedeutung.

Häufig wird beklagt, dass die Mediation nicht so gut wie erwartet angenommen werde. Konfliktbeteiligte und MediatorInnen sollten aber nicht davon ausgehen, dass der Wunsch der Konfliktparteien zur Teilnahme an einer Mediation von vornherein gegeben ist. Bereits die Tatsache, dass eine Partei der anderen eine solch ungewöhnliche Form der Konfliktbearbeitung vorschlägt, kann Ablehnung hervorrufen: nicht nur wegen der Methode Mediation, sondern auch, weil es die andere Partei war, die sie vorgeschlagen hat.

Die MediatorInnen sollten sich ausführlich Gedanken darüber machen, wie sie Parteien zur Mediation motivieren können. Winslade und Monk laden uns dazu ein, die Parteien nicht in „motiviert" und „nicht motiviert" aufzuteilen, sondern davon auszugehen, dass die Motivation von vielen Punkten abhängt, die nur zum Teil veränderbar sind. MediatorInnen haben Einfluss auf die Beziehung zwischen dem anfragenden Mediator und dem potentiellen Medianden. Eine Haltung, dass eine Ablehnung genau so akzeptiert wird wie eine Zustimmung zur Mediation, da das Recht auf Selbstbestimmung im Vordergrund steht, scheint förderlich zu sein. Die MediatorInnen sollten sich genügend Zeit für methodische Fragen und Erklärungen nehmen. Sie sollten sich offen gegenüber den Gründen zeigen, die zur Abneigung gegenüber einer Mediation führen. Interessant ist auch die Parteien zu fragen, welche Faktoren die Parteien zum Umdenken bewegen würden und ob die Möglichkeit bestünde, dass sie eine Mediation zu einem späteren Zeitpunkt akzeptieren würden und ob sie innerhalb eines bestimmten Zeitabschnittes eine negative Entscheidung bereuen könnten (Winslade und Monk, 2001).

Bei der Implementierung interkultureller Mediation in verschiedenen Projekten taucht immer wieder die Frage auf, wie der erste Kontakt seitens der Mediationsstelle bzw. der MediatorInnen gestaltet werden soll. In der Tat ist die Berücksichtigung interkultureller Differenzen bezüglich der ersten Kontaktaufnahme sehr wichtig, da diese die Motivation der Konfliktparteien stark beeinflussen können. In Kulturen, in denen informelle Netzwerke von großer Bedeutung sind, die von Europäern oft als „sehr verschlossene" Gruppen angesehen werden, kann es von Nutzen sein, wenn der erste Kontakt durch eine der Konfliktpartei bekannte Person stattfindet und nicht durch eine neutrale, aber „fremde" Person. Erst nachdem der „persönliche" Kontakt hergestellt wurde, kann das Zusammentreffen mit den MediatorInnen stattfinden. Mit einer Gruppe philippinischer Migranten in Turin hatten beispielsweise die italienischen MitarbeiterInnen des Zentrums mehrere Kontaktversuche unternommen, die alle scheiterten. Erst über einen der Gruppe bekannten Mann, der ihnen das Anliegen der MitarbeiterInnen erklärte, wurde ein Vorgespräch möglich. Diese Herangehensweise ist auch zu empfehlen, wenn beträchtliche Sprachbarrieren zwischen den Konfliktparteien und den MediatorInnen bestehen.

Je nachdem, welche Bedeutung schriftlichem Verkehr beigemessen wird, kann eine schriftliche Einladung fast überflüssig sein, während ein persönlicher Besuch angebrachter ist. „Spazi d'intesa" bietet eine gewisse Vielfalt in bezug auf die erste Kontaktaufnahme. Menschen, die sich in einer Konfliktsituation befinden, können jederzeit vorbeischauen. Die zweite Partei wird zuerst schriftlich und dann telefonisch kontaktiert. SeniorInnen, insbesondere ältere Frauen, die Mühe haben ihre Wohnung zu verlassen, werden auch zuhause von den MitarbeiterInnen besucht.

Von Bedeutung kann ein loser, „indirekter" Kontakt sein, Eine Mitarbeiterin von einem Gemeinwesenprojekt für Konfliktvermittlung in Dortmund berichtet, dass viele Kontakte mit den jeweiligen Konfliktparteien im Rahmen anderer Aktivitäten des Zentrums stattfinden, bei denen über einen Konflikt berichtet wird. Die gesamte Vorphase findet demzufolge in einem informellen Rahmen statt, der die notwendige Vertrauensbildung ermöglicht (Müller und Yetik, 2002).

Das „eigentliche" Mediationsverfahren

Die Gestaltung des Mediationsverfahrens zeigt große Unterschiede je nach Bereich auf, in dem es angewendet wird und je nachdem, ob ein eher transformativer oder lösungsorientierter Ansatz vertreten wird. Im Unterschied zu den starren Regeln juristischer Wege der Konfliktbearbeitung kann das interkulturelle Mediationsverfahren flexibel sein und dadurch besser verschiedenen kulturellen Prägungen Rechnung tragen. Dem Einstieg sollte in diesem Sinne eine höhere Bedeutung zugemessen werden: Allein die Frage, ob man schnell zur Sache kommen will oder sich langsamer herantastet, spielt eine Rolle. Denn der vermeintlich als verfahrensneutral angesehene direkte Zugang kann in einigen Kulturen bereits als Geringschätzung oder Unhöflichkeit angesehen werden. Auch die Grundregeln – keine Beschimpfungen und Unterbrechungen – sollten überprüft werden: ist es möglicherweise ein Zeichen von Interesse zu unterbrechen. Gehören Schimpfwörter zum allgemeinen Sprachgebrauch oder sind sie Zeichen von Aggressionslust? Das viel verbreitete *nordamerikanische 5- oder 12-Phasenmodell* weist seinerseits eine kulturelle Prägung auf, die mit einer bestimmten linearen Zeitauffassung zu tun hat und ein bestimmtes Verständnis von Arbeit und Vertraulichkeit hat, um nur einige Punkte zu erwähnen. „Kulturell geprägt" bedeutet nicht falsch, es kann aber in bestimmten Kontexten nicht förderlich, sondern eher hinderlich sein.

Dem üblichen Phasenmodell möchte ich das *zirkuläre Modell* von Lederach (1996) entgegen setzen. Hier geht es erstens darum, in einem zirkulären Prozess einen Einstieg in die Konfliktbearbeitung zu finden. Dem Einstieg wird dabei bereits eine hohe Bedeutung zugemessen. In einem zweiten Moment wird durch das Plaudern über die „eigentlichen" Konfliktpunkte ebenso wie über andere Punkte versucht, Kontakte herzustellen. Mehrere Punkte werden gleichzeitig behandelt, eine polychrone Art des Vorankommens wird begrüßt, die Bearbeitung des Konfliktes erfolgt durch den Umgang mit Blockaden und einem Wechsel zwischen formellen und informellen Momenten. Ein Ausstieg aus dem zirkulären Prozess ist dann angesagt, wenn alle Beteiligten die Ausarbeitung der Vereinbarungen befürworten. Lederach hat seine Erfahrungen mit dem zirkulären Modell vor allem in Lateinamerika gemacht. In Europa ähneln die im Turiner Konfliktbearbeitungszentrum „Spazi d'intesa" durchgeführten Mediationen in einigen Aspekten diesem Modell.

Je nach Konflikt erweisen sich andere Methoden als hilfreich, die ich an dieser Stelle nur kurz erwähnen kann: So kann die *Gewaltfreie Kommunikation* nach Rosenberg (2001) in verschiedenen Phasen des Mediationsverfahrens angewendet werden. Das *storytelling*, der Einsatz von Metaphern oder von Humor, können sinnvoll sein, da diese Arten der Kommunikation Kulturen, die einen indirekten Kommunikationsstil pflegen (z. B. im arabischen und afrikanischen Raum), näher sind. Lederach (1996) bemerkt, dass die Möglichkeiten des Geschichtenerzählens, selbst wenn sie angewendet werden, nicht ernst genug genommen werden. Die *Narrative Mediation* fokussiert auf die subjektiven und individuellen Geschichten der Konfliktparteien und eignet sich für die Bearbeitung interkultureller Konflikte (Winslande und Monk, 2001).

Die Bearbeitung der kulturellen Aspekte im engeren Sinne
Im Laufe des Mediationsverfahrens oder nach einer Konfliktanalyse können in Bezug auf die kulturellen Aspekte die drei folgenden Szenarien identifiziert werden.

1. Die kulturellen Unterschiede sind präsent, spielen aber konkret keine Rolle beim Konflikt, die Mediation kann weitergeführt werden (z. B. wenn im Laufe des Prozesses deutlich wird, dass ein generationaler Konflikt im Vordergrund steht).
2. Die kulturellen Unterschiede prägen die Kommunikation und sollten als solche benannt werden. Durch bislang fehlende Informationen können Missverständnisse beseitigt werden oder es muss ein Umgang gefunden werden, um mit diesen Unterschieden umzugehen. Vielleicht waren sprachliche Missverständnisse Auslöser des Konfliktes, die geklärt werden sollten, bevor der Konflikt bereinigt wird.
3. Wenn die kulturellen Unterschiede eine erhebliche Rolle spielen oder sogar Ursache des Konfliktes sind, gilt es den kleinsten gemeinsamen Nenner zu suchen, und sei es, sich klar zu werden, dass man sich nicht

einig ist und zur Reduzierung der Konfliktschäden eine gewisse Distanz geschaffen werden muss. Wenn die Teppiche einer muslimischen albanischen Familie ausgiebig auf dem Balkon gewaschen werden und das runterlaufende Wasser die darunter wohnende deutsche Familie stört, können religiöse Hintergründe dafür vermittelt werden. Danach geht es wie in jedem anderen Konflikt darum zu schauen, ob und wie die entgegen gesetzten Interessen berücksichtigt werden können.

Diese grobe Zuordnung kann allen Mediationsakteuren helfen realistisch einzuschätzen, welche Punkte in einer Mediation bearbeitet werden können und welche besser akzeptiert werden sollten.

Der Abschluss einer Mediation

Nachdem für alle Parteien akzeptable Optionen erarbeitet wurden, kann der Ausstieg aus einer Konfliktbearbeitung auf verschiedene Arten organisiert werden: mit einer Lösung oder mit einem Ergebnis, aus dem sich wenigstens keine neuen Konflikte entwickeln. Zu den Lösungen sollte auch die Möglichkeit gezählt werden, dass alle Konfliktparteien einen gemeinsamen Beschluss darüber fassen, wie viel sie Distanz brauchen, um nebeneinander existieren zu können, ohne sich selber zu stark einzuschränken (Haumersen und Liebe, 1999). Bei den erreichten Vereinbarungen ist das kulturell geprägte Verhältnis zu schriftlichen oder mündlichen Vereinbarungen zu beachten, wie oben für die erste Kontaktaufnahme schon erwähnt. Die Gegenwart einer angesehenen zusätzlichen Person, die selbst nicht beim Prozess anwesend war, kann dem Ganzen eine gesteigerte Bedeutung geben.

Mein bevorzugter Ansatz

Mein Schwerpunkt liegt auf der tatsächlichen Bearbeitung von Konflikten und weniger auf der Einhaltung starrer Formen von Mediation. Ich vertrete einen transformativen Ansatz, der eher eine Bearbeitung und Veränderung der Konfliktdynamik als eine endgültige Lösung des Konfliktes in den Vordergrund stellt (Bush und Folger, 1994). Schließlich können die Konflikte im sozialen Bereich nicht immer gelöst werden, aber öfters als angenommen konstruktiv bearbeitet werden. Denken wir an einen üblichen Konflikt, bei dem BewohnerInnen sich von Migrantenjugendlichen gestört fühlen, die vor ihrer Fenster „rumhängen" und laut sind. Es kann sein, dass der Konflikt zwischen den Primärkonfliktparteien nicht gelöst wird, z. B. wenn die eine oder die andere Partei kein Interesse an einer Mediation hat. Den zuständigen Akteuren kann auch deutlich werden, dass auf der strukturellen Ebene eine Veränderung notwendig ist, da klar wird, dass die Jugendlichen über gar keinen Platz verfügen, um sich miteinander aufzuhalten. In solchen Fällen kann die Mediation immerhin deeskalierend wirken oder eben den Weg für eine spätere Bearbeitung frei machen.

Wenn von unterschiedlichen Methoden geredet wird, die zu unterschiedlichen Kulturen passen würden, muss auch bedacht werden, dass Kultur etwas Dynamisches ist. In vielen europäischen Ländern haben wir eher mit VertreterInnen der zweiten oder dritten Generation von MigrantInnen zu tun. Diese Generationen stecken häufig in dem Dilemma, dass die alten Werte nicht passen und die Neuen auch nicht. Nach Lederach (1996) ist das Konzept des „Recycling" in der Konfliktbearbeitung eine Möglichkeit, diesem Dilemma zu entkommen: das Neue wird kreiert, indem man altes „Material" mit neuen Zutaten mischt. Das Alte wird auf seine Anwendbarkeit überprüft und das gleiche gilt für das Neue. Analog zu diesem Recycling müssen wir schauen, welche Synthesen neuer, alter oder verschiedener Modelle bei verschiedenen Konfliktsettings möglich und nötig sind. Dies ist von Bedeutung für viele soziale Brennpunkte, bei denen die jungen MigrantInnen oder die Angehörigen der zweiten Generation für die Problemverursacher gehalten werden.

Spezifika der interkulturellen Mediation

Die Bedeutung der Sprache in der Mediation

Die Frage, in welcher Sprache die Mediation geführt wird (falls es mehrere Möglichkeiten gibt), wirft einige Fragen auf, die mit gesellschaftlichen Machtverhältnissen zusammen hängen. So wird im Allgemeinen selbstverständlich davon ausgegangen, dass die Mediation in der Sprache der Mehrheitsgesellschaft durchgeführt wird. Verschiedene Projekte sozialer interkultureller Mediation bieten dagegen mittlerweile Konfliktbearbeitungen in verschiedenen Sprachen an. Interkulturelle Settings bedeuten oft, wenn auch nicht immer, dass Unterschiede bei den Sprachkenntnissen der beteiligten Akteure bestehen. Der Umgang damit ist bei der Mediation von besonderer Bedeutung, weil sie in erster Linie ein verbales Verfahren ist. Meine Erfahrung mit MigrantInnen ist – unabhängig davon, wie lange sie in der Fremde leben –, dass die sprachliche Kommunikation mit den Einheimischen oder unter MigrantInnen verschiedener Herkunft zu vielen Missverständnissen führt. Dies ist sicherlich nicht förderlich für ein Verfahren, das darauf zielt, mehr Klarheit herzustellen.

Unterschiedliche Kulturen und Sprachen wirken sich auf das Konfliktverhalten aus. So können sprachliche Missverständnisse eine Verunsicherung hervorrufen. Je stärker das Nichtverstehen ist, desto leichter ist der Rückgriff auf Vorurteile. Missverständnisse können Konflikte schnell eskalieren lassen, die anschließende Klärung braucht dagegen viel länger.

Die übliche Handhabung von sprachlichen Unterschieden im sozialen Bereich ist, dass entweder eine Dolmetscherin organisiert wird oder es wird davon ausgegangen, dass die Kommunikation einfach so klappt. Aber auch eine Mediation mit DolmetscherInnen, wenn sie vorhanden sind, ist nicht ohne Probleme. Wichtig für eine effektive Mediation ist eine erweiterte Kompetenz der DolmetscherInnen, nämlich zusätzlich zur Sprache auch über Grundkenntnisse der Mediation zu verfügen. Dazu gehören neben Verfahrenskenntnissen auch die Grundsätze wie Vertraulichkeit und Neutralität. Ein gutes Beispiel stellt der ethische Codex der kultur-sprach-Mediatoren des italienischen Vereins Kandara dar (Belpiede, 2002). Zu überlegen ist, ob die DolmetscherInnen eher eine Unterstützung für eine Partei oder eine Art Co-MediatorInnen darstellen (sollen). Die Integrierung der ÜbersetzerInnen in den Prozess ist m. E. erstrebenswert, weil so ihr Handeln in Einklang mit den MediatorInnen zu bringen ist. Diese Frage ist bedeutsam und in der Vorphase zu klären.

Über viele Details des Vorgehens sollte frühzeitig Transparenz hergestellt werden, damit aus Unkenntnis keine Missstimmungen und Verdächtigungen entstehen. So braucht es bspw. dreißig Prozent mehr Zeit, etwas auf Spanisch als auf Englisch auszudrücken (Rendón und Bujosa, 2002). Es muss geklärt werden, ob eine konsekutive oder simultane Übersetzung erwünscht ist und ob „Verbatim" (also wörtlich) oder „Diplomatic" übersetzt werden soll. Oft wird Diplomatic – also entschärfend – übersetzt, ohne dies geklärt zu haben. Es ist möglich, dass DolmetscherInnen nur auf Anfrage die Teile und Zusammenhänge übersetzen, die einem der Medianden nicht klar sind oder nicht sicher verstanden wurden.

Anforderungen an interkulturelle MediatorInnen

Welche MediatorInnen passen zur interkulturellen Mediation bzw. welche spezifischen Kompetenzen sollten sie haben? Allparteilichkeit und Empathie gehören zu den Grundeigenschaften jeder MediatorIn. Eine reflexive Distanz zur eigenen Kultur und zu den Selbstverständlichkeiten, die sich daraus ergeben, ist eine notwendige Grundvoraussetzung. Auch ein Nicht-leugnen von Unterschieden und ein gutes Aushalten von Nichtverstehen sind wichtig. Wie oben schon ausgeführt, ist im MigrantInnenbereich eine größere Sprachsensibilität notwendig.

Die Neutralität eines Mediators ist allerdings nicht immer eine zentrale Voraussetzung. Für die notwendige Akzeptanz auf Seiten der KontrahentInnen kann es wichtiger sein, dass der/die MediatorIn fest in deren sozialem Netzwerk verwurzelt ist (sog. *Social Network Mediation*), weil nur diese Rolle einen Einstieg in das Verfahren ermöglicht. Neben dem in Europa vorherrschenden Typus des unabhängigen Mediators sind unter bestimmten Bedingungen auch autoritative MediatorInnen einzusetzen, die eigene Interessen mit dem Ablauf des Verfahrens und mit den Ergebnissen verbinden und auch oft die Implementierung kontrollieren, ja manchmal auch eigene Lösungsvorschläge einbringen (Moore, 1996). In manchen Fällen kann eine autoritative Mediation sinnvoll sein. Wichtig erscheint mir die Herstellung von Transparenz der Interessen seitens der MediatorInnen (zum Beispiel, dass im Jugendhaus keine Gewaltakte geduldet werden) und über welche Mittel sie verfügen, die Lösungsimplementierung zu kontrollieren. Es lässt sich darüber streiten, ab welchem Punkt man in diesem Zusammenhang nicht mehr von Mediation sprechen kann.

Auf die Haltung kommt es an?! Dieser Satz wird oft betont, um daran zu erinnern, dass die Mediation mehr als nur eine reine Methode ist. Eine Grundhaltung erwirbt man sich nicht durch Aneignen von Wissensstoff, sondern durch kontinuierliche Selbstreflexion des eigenen Tuns und Erlebens in professionellen und nicht-professionellen Bezügen (Schmidt-Lellek, 2000). Konstitutiv für eine mediative Haltung ist eine Offenheit der Begegnung gegenüber der Verschiedenheit. Erforderlich für interkulturelle MediatorInnen istes, die Bedeutung des Kontextes zu verstehen, d. h. in der Lage zu sein, kontextabhängige Einschränkungen zu erkennen und zu überschreiten. Denn jeder Kulturkontext beinhaltet (mehr oder weniger) konsistente eigene Bedeutungszusammenhänge, die auf den jeweiligen Grundannahmen oder Weltanschauungen beruhen.

Interessant für die interkulturelle Mediation und Beratung ist an dieser Stelle der Begriff der *Weisheit*, der an sich ein uraltes transkulturelles Konzept ist. Er wurde im Westen – angesichts der Dominanz rein analytischen Denkens – bis in die 8oer Jahre kaum rezipiert. Weisheit lässt sich definieren als „ein Zusammenspiel bestimmter kognitiver und affektiver Merkmale, die mit Lebenserfahrungen und mit einem Verstehen verbunden sind, welche für ein gutes Leben, Lebenserfüllung, ein effektives Bewältigen und für Einsichten in die Natur des eigenen Selbst, der anderen, des Umfelds und der zwischenmenschlichen Interaktionen erforderlich sind." (Hanna und Bemak et al., 2000: 45). Die mit dem Begriff Weisheit verbundenen Eigenschaften – zuzuhören, Sorge um andere, Reife, Selbsterkenntnis, Empathie, Probleme überblicken zu können – werden in vielen Kulturen hoch bewertet. Die Weisheit kann gut mit Widersprüchlichkeit umgehen. Weisheit ist die Fähigkeit, ein zu lösendes Problem richtig zu erkennen und angemessen einzugrenzen, so dass eine Lösung keine neuen Probleme verursacht. Auch der Weisheit geht es darum, Widersprüchlichkeiten zu lösen, aber sie lässt zu, dass sich aus Widersprüchen eine neue Klarheit entwickelt, ohne dass dies durch eine übermäßige Komplexitätsreduzierung erzwungen wird (ebd.).

Das Team der MediatorInnen kann durch Co-Mediation „Vielfalt" repräsentieren und ein positives Vorbild für einen Umgang mit Unterschieden sein. Ein Mediator kann bestimmte Eigenschaften einer Partei verkörpern und kann damit zu einem höheren Vertrauen in das Verfahren beitragen oder von sich aus eine Vielfalt hineinbringen,, wie z. B. durch sein/ihr das Geschlecht oder ihren/seinen Migrationshintergrund.

Kulturvermittlerlnnen oder interkulturelle MediatorInnen?

Eine gewisse Konfusion herrscht in Europa über die Begriffe *Kulturvermittlerlnnen* und *interkulturelle MediatorInnen*. Mir erscheint hier eine Abgrenzung wichtig, da beide Bezeichnungen oft fälschlicherweise gleichgesetzt werden. Die Praktiken unterscheiden sich von einander, auch wenn sich die Zielgruppen zum Teil gleichen. KulturvermittlerInnen haben die Aufgabe, die Kommunikation und Verständigung zwischen MigrantInnen und Akteuren der Gesellschaft zu ermöglichen oder zu verbessern, meistens haben sie selber einen Migrationshintergrund. Sie werden u. a. in Frankreich (femmesrelais), Belgien, Italien und Spanien in Schulen, Krankenhäusern, Gefängnissen, psychiatrischen Diensten eingesetzt. (Belpiede, 2002)

Bei der interkulturellen Mediation steht die Bearbeitung einer einzelnen Konfliktsituation im Vordergrund. Erstrebenswert ist dabei eine Klärung bestimmter Komponenten der einheimischen bzw. Mehrheitskultur ebenso wie der Minderheitskultur, also nicht eine Vermittlung in nur eine Richtung. Während Empathie beiden Ansätzen zugrunde liegt, gibt es einen Unterschied, was die Allparteilichkeit angeht: eine gewisse Parteilichkeit ist im ersten Ansatz wünschenswert, da es gilt, eine Machtdifferenz zwischen der Mehrheitsgesellschaft und der Minderheitsgesellschaft auszugleichen, die sich in den verschiedenen Kenntnissen über Sprache und Bräuche ausdrückt. Die zwei Ansätze befriedigen unterschiedliche Interessen, die in bestimmten Konfliktsituationen auftauchen. Eine bessere Zusammenarbeit dieser Professionen wäre wünschenswert, weil beide trotz verschiedener Arbeitsansätze wichtig für eine Prävention und Bearbeitung interkultureller Konflikte sind.

Umgang mit Machtgefällen

Wann ist eine Mediation die richtige Methode der Konfliktbearbeitung? Dies hängt zunächst u. a. vom richtigen Zeitpunkt bzw. der Eskalationsstufe eines Konfliktes ab. Konflikte zwischen Angehörigen der Mehrheitsgesellschaft und Minderheiten finden im Kontext von Machtgefällen statt. Die kulturelle Selbstbehauptung ist oft mit der Ausgrenzung und Abwertung anderer verknüpft. Verunsicherung und Ängste rufen schnell Feindbilder auf den Plan, Konflikte sind dann vorprogrammiert. Die Tendenz ist, die eigene Wahrnehmung zu verallgemeinern und als einzige Wahrheit zu proklamieren. Die Minderheit ist aber dabei immer wieder mit der Sichtweise der Mehrheit konfrontiert, während sich die Mehrheit eher punktuell damit auseinandersetzen muss. Da Mediation eine sanfte Form der Intervention in einen Konflikt ist, stellt sich bei bestimmten Konstellationen die Frage, ob sie sich ethisch vertreten lässt. So gibt es von verschiedenen Seiten die Kritik, dass die Mediation – statt ein befreiendes Potential freizusetzen – eher die Zementierung von Machtungleichgewichten bewirke (Bush und Folger, 1994). Strukturelles Unrecht werde als Einzelfall und Frage individueller Eigenschaften verhandelt. Statt die Widersprüche an die Öffentlichkeit zu bringen, würden sie zum Schweigen gebracht. Starke Kritik am Mediationsansatz kommt insbesondere von einigen feministischen ForscherInnen, indigenen Völkern und MigrantInnen (Winslade und Monk, 2001). Eine Mediation, bei der sich eine Konfliktpartei aufgrund wesentlich besserer Ausgangsbedingungen Vorteile verschaffen kann, ist kontraproduktiv. Dies können bessere Ausdrucksmöglichkeiten sein – ganz offensichtlich, wenn die Mediation in ihrer Sprache stattfindet –, oder größere Kenntnisse etwa des kulturellen oder juristischen Kontextes. Es gilt also herauszufinden, welche Konflikte tatsächlich im Sinne von Empowerment bearbeitet werden können.

Ausgehend von der Präsenz des Rassismus in jeder Gesellschaft dieser Erde muss überprüft werden, inwieweit dieser den jeweiligen Konflikt überlagert oder bestimmt. Die Erfahrung zeigt oft, dass bei der Bearbeitung von

Konflikten mit mindestens einer Partei mit Migrationhintergrund der Vor-
wurf des Rassismus laut wird. Mit größter Wahrscheinlichkeit werden die
Zugewanderten einen Zusammenhang zwischen dem allgemeinen Rassismus
und dem speziellen Konfliktpunkt benennen oder wahrnehmen, während
dies von der anderen Seite verneint wird. Hier gilt es wieder, die Zielsetzung
einer Mediation zu klären. Meistens geht es zunächst um die Bearbeitung
eines einzelnen Konfliktes. Es gibt aber auch die Möglichkeit, ausgehend von
einer konkreten Situation – eben nicht im Sinne eines „Einzelfalles" – über
allgemeinen Rassismus zu sprechen: weg von einem Banalisieren auf der
einen Seite und Moralisieren auf der anderen.

Schlussfolgerungen

Die geforderte methodische Vielfalt bei interkultureller Mediation passt
zur gegebenen Vielfalt der Kulturen und kann damit die Akzeptanz und
Effizienz des Verfahrens steigern. Ich plädiere dabei nicht für die Entwick-
lung eines alle Unterschiede abdeckenden, universell-interkulturellen An-
satzes, den es auch gar nicht geben kann. Es gilt vielmehr den Blick auf die
Differenzen zu richten, um sie benennen und – gegebenenfalls – als zentrale
Issues eines Konfliktes herausarbeiten zu können. Dieser Weg liegt jenseits
einer Anpassung an als unveränderlich angenommene Eigenschaften der
Minderheit und der Dominanz von Methoden, die an den Bedürfnissen der
Mehrheitsgesellschaft ausgerichtet sind.
– Ein gewisses Maß an Anpassung ist in jeder konstruktiven Konfliktbe-
  arbeitung notwendig. Überprüft werden muss vor allem, inwieweit es sich
  um eine wechselseitige Anpassung handelt oder ob sie nur der einen
  Seite abverlangt wird (Heimannsberg, 2000).
– Die Mediation sollte strukturelle gesellschaftliche Probleme nicht außer
  Acht lassen. Auch wenn sie diese nicht auflösen kann, sollte sie sie we-
  nigstens nicht zementieren. Die einzelfallorientierte Methode Mediation
  kann geeignet sein, auf diese Probleme aufmerksam zu machen.
– Warum gerade Mediation? Weil sie es ermöglicht, die Unterschiede zu
  benennen, zu erwähnen. Durch ihren partizipativen und kommunikativen
  Charakter können Konflikte – etwa mit einem rassistischen Hintergrund
  – bearbeitet werden, ohne die MigrantInnen als reine Opfer zu stigma-
  tisieren.
– Wünschenswert wäre in Zukunft eine stärkere Zusammenarbeit von
  MediatorInnen mit verschieden kulturellen Backgrounds, um neue Modelle entstehen zu lassen. Zur Erweiterung unseres Repertoires sollten
  Konfliktbearbeitungsansätze aus dem globalen Süden stärker rezipiert
  werden. Die positiven Erfahrungen von Therapeuten aus dem arabischen
  Raum mit der Methode des Geschichtenerzählens ist ein gutes Beispiel
  dafür (Schlippe und El Hachimi, 2000).
Soviel ist sicher: Es gibt Konflikte, für die wir zuerst keine Lösung haben und
die Mediation ist auch nicht die Lösung für alle denkbaren Konfliktsituatio-

nen. Sie stellt aber eine gute und effiziente Methode dar, um Phantasie und Kreativität bei der Konfliktbearbeitung einen Platz zu geben. „Dare posto al disordine" hieß die erste Tagung über soziale Mediation in Turin 1995 und dafür plädiere auch ich: einen Raum anzubieten für das Chaos der Konflikte, für die Unsicherheiten, die daraus entstehen. Der Statik von Konflikten ist nur mit Beweglichkeit beizukommen.

Literatur

Belpiede A (2002) Mediazione culturale. Esperienze e percorsi formativi, UTET, Torino

Bush R und Folger J (1994) The promise of mediation. Jossey-Bass Publishers, San Francisco

Dulabaum N (1998) Das Mediations ABC. Beltz Weiterbildung, Weinheim/Basel

Hanna F, Bemak F et al (2000) Weisheit – ein „neues" Paradigma für die multikulturelle Beratung. In: Heimannsberg B, Schmidt-Lellek C (Hrsg) Interkulturelle Beratung und Mediation. Konzepte, Erfahrungen, Perspektiven. EHP-Organisation, Köln, S 43–66

Haumersen P, Liebe F (1999) Multikulti. Konflikte konstruktiv. Trainingshandbuch. Mediation in der interkulturellen Arbeit. Verlag a. d. Ruhr, Mühlheim an der Ruhr

Heimannsberg B, Schmidt-Lellek C (Hrsg) (2000) Interkulturelle Beratung und Mediation. Konzepte, Erfahrungen, Perspektiven. EHP-Organisation, Köln

Heimannberg B (2000) Interkulturelle Beratung. Ein Leitfaden für Prozessbegleiter. In: Heimannsberg B, Schmidt-Lellek C (Hrsg) (2000) Interkulturelle Beratung und Mediation. Konzepte, Erfahrungen, Perspektiven. EHP-Organisation, Köln, S 69–86

Lederach JP (1996) Preparing for peace. Conflict transformation across cultures. Syracuse University Press, Syracuse/New York

Moore C W (1996) The Mediation process. Jossey-Bass Publishers, San Francisco

Müller D, Yetik Z (2002) Konfliktvermittlung in der Dortmunder Nordstadt. In: Stadt Dortmund u. a. (Hrsg) Konfliktmanagement in Stadtteilen mit besonderem Erneuerungsbedarf, S 40–44

Peyron C (2002) Spazi d'intesa: ein Nachbarschaftskonfliktbearbeitungszentrum in Turin. In: Riehle E (Hrsg) Stadtentwicklung, Gemeinwesen und Mediation. LIT-Verlag, Münster, S 139–148

Rendón J, Bujosa E (2002) Mediating with Interpreters, http://www.mediate.com

Rosenberg M (2001) Gewaltfreie Kommunikation, Junfermann, Paderborn

Schlippe von A, El Hachimi M (2000) Konzepte interkultureller systemischer Therapie und Beratung. Ein Beitrag zur interkulturellen Kompetenz. In: Heimannsberg B, Schmidt-Lellek C (Hrsg) Interkulturelle Beratung und Mediation. Konzepte, Erfahrungen, Perspektiven. EHP-Organisation, Köln, S 87–114

Schmidt-Lellek C (2000) Dialog mit dem Fremden. Das Dialog-Modell als Grundlage interkultureller Beratung. In: Heimannsberg B, Schmidt-Lellek C (Hrsg) Interkulturelle Beratung und Mediation. Konzepte, Erfahrungen, Perspektiven. EHP-Organisation, Köln, S 25–42

Winslade J, Monk G (2001) Narrative Mediation. Jossey-Bass Publishers, San Francisco

BETTINA DUTT und ANDREA ENGEL

Die Bedeutung der Sozialen Netzwerkanalyse für die Praxis mediativer Konfliktbearbeitung

Einleitung

Als praktizierender Mediator ist man immer wieder auf der Suche nach Tools, die man einsetzen kann, um mit den Konfliktparteien eine Konflikttransformation zu erreichen. Dabei stößt man hie und da auf Ansätze, ganze Methodologien und auch praktische Hinweise in verschiedenen Bereichen und Wissenschaften.

Die Beziehungen zwischen den Konfliktpartnern sind als Untersuchungsgegenstand im Rahmen der mediativen Konfliktbearbeitung von äußerster Wichtigkeit; dementsprechend ist die Methode der Sozialen Netzwerkanalyse (im Folgenden kurz: SNA), deren Untersuchungsgegenstand die Strukturen sozialer Beziehungen ist, für die Arbeit von Mediatoren interessant. Mit der Methode der SNA können Beziehungen und Kommunikationswege zwischen Konfliktpartnern dergestalt visualisiert werden, dass Muster und Strukturen der Interaktion zwischen den Konfliktpartnern vom Mediator erkannt und in die Konfliktbearbeitung mit einbezogen werden können.

Es gibt verschiedene Anwendungsmöglichkeiten in der mediativen Konfliktbearbeitung, für die man sich Ansätze aus der SNA zunutze machen kann, wie:

– Auffinden von Konfliktpotential im Organisations-Setting
– Einsatz zur Veranschaulichung und Bewusstmachung für die Medianden, denen so die Konfliktentwicklung und die dadurch bedingte Veränderung von Beziehungsstrukturen der Konfliktpartner aufgezeigt werden kann
– der Einsatz für den Mediator selbst, der sich durch Verknüpfung systemischer Ansätze mit Ansätzen der SNA Möglichkeiten einer Konflikttransformation erschließen mag.

Im Folgenden werden die drei vorgenannten Anwendungsmöglichkeiten an praktischen Beispielsfällen einzelnen erörtert.

Auffinden von Konfliktpotential im Organisations-Setting

Ein Beispiel: In einem Unternehmen, das Individualsoftware für den Anlagenbau im Wege der Projektarbeit erstellt, kam es bei drei aufeinander folgenden Aufträgen einer Auftraggeberin zu erheblichen Verzögerungen bei der Auftragsfertigstellung, so dass jedes Mal eine Vertragsstrafe von der Auftraggeberin gefordert wurde. Da sich das beauftragte Unternehmen jedes Mal weigerte, der Vertragsstrafenforderung nachzukommen, verklagte die Auftraggeberin jedes Mal ihre Vertragspartnerin. Die drei Verfahren wurden allesamt im Wege des gerichtlichen Vergleichs, in dem man sich auf die Zahlung einer geringeren als der geforderten Vertragsstrafe einigte, von den Parteien beendet. Nach Beendigung des dritten Rechtsstreits drohte die Geschäftsbeziehung infolge der vergangenen Vorkommnisse abzubrechen; ein Mediationsverfahren über die entstandenen Streitigkeiten in der Geschäftsbeziehung wurde eingeleitet. Der beauftragte Mediator regte eine Untersuchung der Kommunikation innerhalb der involvierten Projektteams und unter diesen mit Hilfe der SNA an.

Vorgehensweise: Zunächst werden die Daten über organisatorische Vorgaben, wie Information über die Projektarbeit fließen soll, erhoben. Im Beispielsfall erfolgte die Auftragsabwicklung immer in Kooperation derselben drei Projektteams mit denselben Mitarbeitern und denselben Teamleitern aus ihren Reihen und es gab immer denselben Projektleiter, der in keinem der Teams aktiv mitarbeitete, sondern lediglich in regelmäßig stattfindenden Projektmeetings über den Projektstand von den jeweiligen Teamleitern informiert wurde. Halten wir also fest, dass im Beispielsfall eine Mischung aus Teamstruktur und hierarchischer Struktur vorlag.

Die Angaben, wie der Kommunikationsfluss über die Projektarbeit nach den formellen Organisationsvorgaben zwischen den einzelnen Mitarbeitern innerhalb ihres jeweiligen Teams, unter den drei Teams und mit dem Projektleiter erfolgen soll, wird in eine quadratische Matrix eingetragen, die dann mit einer Visualisierungssoftware (wie beispielsweise Ucinet), die Soziomatrizen grafisch visualisiert, das formelle Kommunikationsnetzwerk in der Projektarbeit darstellt.

Für die Gewinnung der Netzwerkdaten über die informellen Kommunikationswege werden Fragenkataloge zur Ergründung des tatsächlichen Kommunikationsverhaltens der involvierten Mitarbeiter über die gegenständliche Projektarbeit ausgearbeitet, deren Beantwortung im Interview mit den einzelnen Mitarbeitern die Datenquelle zur Eintragung in die Soziomatrix darstellt. Die mit den Daten des informellen Kommunikationsflusses bestückte Matrize dient dann als Grundlage für die Visualisierung des informellen Netzwerks mittels der speziellen Software. Anschließend wird das formelle Kommunikationsnetzwerk mit dem informellen Kommunikationsnetzwerk verglichen.

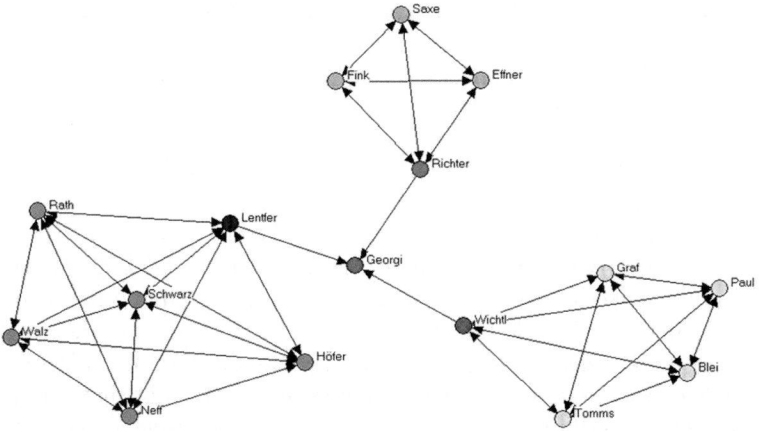

Abb. 1. Auswertung des Beispielsfalles

Die obige Darstellung zeigt das formelle Kommunikationsnetzwerk der Projektarbeit.

Man sieht im Zentrum der Darstellung den Projektleiter, Herrn Georgi, der passiv in das Kommunikationsnetzwerk eingebunden ist, da ihm nämlich die Teamleiter, Frau Wichtl, Herr Lentfer und Herr Richter, in den regelmäßigen Projektmeetings über den Fortgang des Projekts berichten; man sieht gleichzeitig, dass Herr Georgi selbst jedoch nicht aktiv, also von ihm ausgehend, in den Kommunikationsprozess mit den Projektteams eingebunden ist. Die jeweiligen Teams sollen innerhalb ihrer Teams kommunizieren, eine offene kommunikative Vernetzung zwischen den Teams ist nicht vorgesehen.

Die folgende Darstellung zeigt das Netzwerk der informellen Kommunikation über die Projektarbeit.

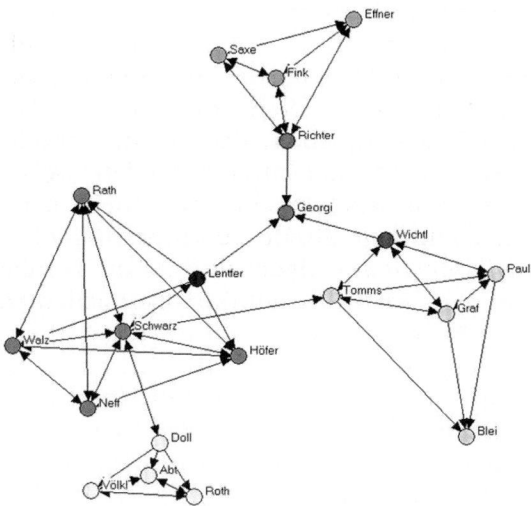

Abb. 2.

Man sieht in dieser Darstellung ganz deutlich Frau Schwarz als sog. *central connector*, die als Mitglied des Teams um Herrn Lentfer kommunikativ stark vernetzt ist und zwar passiv wie aktiv. Hervorzuheben ist, dass Frau Schwarz auch zu Herrn Tomms aus dem anderen Projektteam in kommunikativem Kontakt über das Projekt steht. Herr Lentfer, der Teamleiter hingegen, ist passiv nur über Frau Schwarz vernetzt und unterhält aktiv vier Kommunikationsbahnen, nämlich drei innerhalb seines eigenen Teams und eine zu dem Projektleiter, Herrn Georgi. Damit ist Herr Lentfer als Teamleader kommunikativ unterversorgt, was sich aufgrund der Tatsache, dass die Organisationsstruktur so ausgestaltet ist, dass jeweils nur die Teamleader mit dem Projektleiter kommunikativ verbunden sind, auch auf die Informiertheit des Projektleiters, Herrn Georgi auswirkt. Wir sehen weiter, dass Frau Schwarz mit Herrn Doll, der Leiter eines Teams ist, das „offiziell" nicht an dem Projekt, bei dessen Abwicklung es immer wieder zu den Verzögerungen kam, beteiligt ist, sowohl aktiv als auch passiv in „Kommunikation über das Projekt" verbunden ist. Dadurch und durch ihren aktiven wie passiven Kommunikationskontakt über das Projekt zu Herrn Tomms, ist die Kommunikationsbeziehung der Frau Schwarz zu ihrem Teamleiter, Herrn Lentfer, in Bezug auf kommunikativen Austausch über das Projekt redundant; der Informationsgehalt der Projektkommunikation mit Herrn Lentfer entsprechend reduziert. Dies deutet auf Konfliktpotential hin.

Vergleicht man die formelle Kommunikationsstruktur mit der informellen Kommunikationsstruktur, so stellen alle Divergenzen der letztgenannten von der erstgenannten mögliche Herde für Konfliktpotential dar. Denn dort, wo Kommunikation tatsächlich nicht stattfindet, aber gemäß der organisatorischen Vorgaben stattfinden sollte, um effektive Interaktion zwischen Mitarbeitern eines Projekts zu gewährleisten, herrschen latente Konflikte, die – werden sie nicht bearbeitet – eskalieren können.

Einsatz der SNA für Medianden

Der Einsatz der SNA für Medianden eignet sich besonders in den Fällen, in denen bereits lang andauernde Konflikte sowohl sachlich recht komplex sind als auch auf der Beziehungsebene dadurch gekennzeichnet sind, dass Personen involviert sind, die über intensive, private und vielfach auch familiär begründete Beziehungen miteinander verbunden sind. Mit der Visualisierung des Beziehungsnetzwerkes der involvierten Konfliktpartner wird jedem einzelnen ermöglicht, eine „Draufsicht" auf die Beziehungsstrukturen zwischen ihm und den jeweils übrigen Konfliktpartnern zu erhalten. Darüber hinaus wird durch die Darstellung eines weit gefassten Netzwerks deutlich, dass weitere Akteure als Konfliktpartner in Betracht kommen, die die Medianden bislang als nicht in den Konflikt involviert angesehen hatten. Diese Perspektive vermittelt den involvierten Personen oft schon ohne Kommentierung durch die Mediatoren, wo sie im Konflikt stehen. Visualisiert man die Beziehungsstrukturen der Konfliktparteien zu verschiedenen Zeitpunkten, die für die Konfliktentwicklung und -eskalation wesentlich sind, können die Medianden selbst sehen, wie sich die Beziehungen der in den Konflikt involvierten Personen im Konfliktverlauf verändern. Meist erzielt die unkommentierte Darstellung bei den Medianden eine wesentliche Einsicht, die ihre Konsensbereitschaft erhöht und sie darüber hinaus sowohl für Beziehungsveränderungen als auch für mögliche Verantwortlichkeiten sensibilisiert ("visibility yields awareness; awareness yields accountability").

Ein Beispiel: Eine Erbengemeinschaft, die aus dem Nachlass aufgrund gewillkürter Erbfolge verschiedene Grundstücke zur gesamten Hand hält (dieser Anteil am Nachlass ist ungeteilt) und deren Mitglieder andere Grundstücke in Bruchteilsgemeinschaft zu Eigentum haben (bereits geteilter Nachlass), hat sich im Laufe von 5 Jahren, seit die Erblasserin vor ihrem Tod pflegebedürftig geworden war, zerstritten. Es wurden im Zusammenhang mit dem Nachlass verschiedene Gerichtsverfahren von den einzelnen Erben gegeneinander geführt, die zu Beginn des Mediationsverfahrens, das drei Jahre nach dem Erbfall angestrengt wurde, teilweise durch Urteil beendet sind, teilweise für die Dauer der Mediation ruhen sollen. Diese Gerichtsverfahren hatten den Wert des Nachlasses bereits in recht erheblichem Umfang geschmälert. Die Erbengemeinschaft besteht aus Töchtern und Enkeln der Erblasserin. Die Haupterbin, eine Tochter der Erblasserin, hatte sich im Laufe der Streitigkeiten immer mehr von der Familie isoliert. Ihr Sohn, einer der zur Erbfolge gelangten Enkel, suchte schließlich den Weg zum Mediator, nachdem ihm von seiner Tante mit einer weiteren Klage aus dem Nachlass gedroht wurde.

Vorgehensweise: Die Mediatoren fertigen Soziomatrizen mit den Netzwerkinformationen für die Netzwerkdarstellungen zu konfliktentwicklungsgeschichtlich relevanten Zeitdaten an. Im Beispielsfall waren dies die folgenden Stichdaten: gesamte Familie vor und nach der Betreuungssituation; Familie nach dem Erbfall; Familie nach der Testamentseröffnung; Medianden und übrige Familie nach der ersten Klageerhebung aus dem Nachlass; Medianden und übrige Familie zu Beginn der Mediation. Es wurde auch ein egozentriertes Netzwerk der Haupterbin zum Zeitpunkt des Beginns des Mediationsverfahrens gefertigt.

Die mit der Software grafisch visualisierten Netzwerkdarstellungen werden über Overhead oder Beamer in die Mediationssitzung eingeführt und bleiben zunächst von den Mediatoren unkommentiert. Es wird lediglich dargelegt, was mit der SNA visualisiert wird. Die Medianden werden, nachdem sie genügend Zeit hatten, die Darstellungen für sich zu deuten und zu reflektieren, gebeten zu erzählen, welche Informationen sie für sich und die jeweils anderen Akteure aus den Netzwerkdarstellungen entnehmen können.

Auswertung der Darstellungen mit Hilfe der SNA: Die Visualisierung der vorgenannten Beziehungsnetzwerke zeigte den Medianden im Beispiel, wie sich die Kommunikation im Verlauf der belastenden Betreuungssituation verändert hat und ferner, dass das Versterben der Erblasserin nicht etwa dazu geführt hat, dass die Kommunikation sich wieder so etabliert hat wie sie zu Beginn der Betreuung der Erblasserin war, sondern vielmehr zu weiterer Kommunikationsreduktion zwischen den Familienmitgliedern. Mit Erhebung der ersten Klage der Haupterbin gegen eine Schwester zeigte sich in der Darstellung des Beziehungsnetzwerkes deutlich die plötzliche Involvierung einer weiteren Schwester, die bis dato kommunikativ nicht hervorgetreten war. Es zeigte sich in der Netzwerkdarstellung eine sog. „verbotene Triade", nämlich die nur noch indirekte Kommunikation zweier verbundener Akteure über den dritten, mit ihnen in der jeweiligen Triade verbundenen Akteur. Die „verbotene Triade" ist eine häufige Lokalisation von Konflikten zwischen Akteuren in Netzwerken mit enger Verbundenheit und hoher Dichte. Sobald Kommunikation nicht mehr direkt, sondern nur noch indirekt über redundante Kommunikationskanäle geführt wird, isolieren sich die Akteure zunehmend; die Linien in der Netzwerkdarstellung (die die Kommunikationswege symbolisieren) werden immer länger. Erweitert man diese Ergebnisse um eine systemische Komponente, so können die Konfliktparteien erkennen, dass indirekte Kommunikation keine Information über den indirekt Kommunizierenden enthält, sondern lediglich Rückschlüsse auf dessen Beziehung zu dem jeweiligen Akteur zulässt, mit dem sie direkt kommuniziert.

Einsatz der SNA für Mediatoren

Die SNA ist für den Mediator ein Analyseinstrument, das in Kombination mit systemtheoretischen Ansätzen ermöglicht, Störungen in einem System des Netzwerkes wahrzunehmen. Ein Netzwerk besteht aus einer ungeordneten Anzahl von Beziehungen. Diese Beziehungen werden zu einem System, wenn von den Akteuren, die diese Beziehungen unterhalten, Regeln etabliert werden. Nach diesen Regeln funktioniert das System allgemein; sie legen die Zugehörigkeitsvoraussetzungen, die innere Ordnung und insbesondere einen Modus für den Ausgleich von Geben und Nehmen der Akteure im System fest. Im Gegensatz zu einem Netzwerk, in dem solche Gesetzmäßigkeiten keine Gültigkeit haben, hat ein System klar definierte Grenzen. Die Beachtung der Grenzen ebenso wie die Einhaltung der systemimmanenten Regeln ist für die Stabilität eines Systems von entscheidender Bedeutung. Die Akteure eines Systems reagieren deshalb unverzüglich, wenn diese Regeln entweder durch das System selbst oder aber durch einzelne Akteure verletzt werden. Da ein System immer nach dem Zustand der Stabilität strebt, führt jede Regelverletzung zur Störung im System. Um den Zustand der Stabilität wieder herzustellen, muss die Störung ausgeglichen werden. Der von den Akteuren meist unbewusst vorgenommene Ausgleich erfolgt auf der Beziehungsebene und drückt sich im Verhalten der Akteure und in ihrer Kommunikation aus. Dieser Ausgleich auf der Beziehungsebene wird mit Hilfe der SNA visualisiert. Würde kein Ausgleich vorgenommen, zerfiele das System entweder in Subsysteme oder aber vollständig.

Durch den von den Akteuren vorgenommenen Ausgleich einer Störung erscheint, von außen betrachtet, ein System demnach stabil, auch wenn erhebliche Konflikte vorhanden sind. Die Akteure des Systems nehmen Änderungen ihrer Kommunikationsgewohnheiten wahr, ohne sich die Ursache dafür erklären zu können, wodurch sich wiederum die geänderten Kommunikationsgewohnheiten häufig zu einem Konflikt auswachsen. So ist es auch nicht hilfreich für einen Mediator, sich ein Konfliktgeschehen aus Sicht der Akteure erzählen zu lassen, in der Hoffnung eine Antwort darauf finden zu können, wieso dieser Konflikt aufgetreten ist. Jede Schilderung des Konfliktgeschehens wird im Lichte des gestörten Kommunikations- und Verhaltensmusters erfolgen. Die Erzählung des Konfliktgeschehens durch einen Akteur lässt insofern lediglich eine Aussage über die Person des Akteurs und dessen Beziehungen, nicht aber über einen Sachverhalt zu, wie dieser sich zugetragen haben mag. Um in die Ausgleichsmechanismen und damit das Regelwerk eines Systems Einblicke zu erhalten, ist für eine Konfliktbearbeitung zunächst die Frage wesentlich, wozu das Verhalten eines Akteurs im Hinblick auf den Erhalt der Systemstabilität dient. Das Verhalten des Akteurs könnte eine Ausgleichshandlung aufgrund einer Störung des Systems sein, die sich in einer geänderten Kommunikationsstruktur ausdrückt.

Ein Beispiel: Ein Mitarbeiter eines Unternehmens wurde nicht befördert, obwohl er für die vakante Leitungsposition geeignet war und alle übrigen Mitarbeiter in seiner Abteilung mit seiner Beförderung gerechnet hatten. Die Personalführung besetzte die Position vielmehr mit einem jungen externen Bewerber. Die Begründung lautete, dass dieser über eine bessere Qualifikationen verfüge. Die Mitarbeiter informierten den neuen Abteilungsleiter nicht über ihre Projekte, sondern stellten den bei der Beförderung übergangenen Mitarbeiter, der nach ihrer Ansicht die Stelle hätte erhalten müssen, in das Zentrum ihrer Tätigkeit, indem sie lediglich ihm Bericht erstatteten. Er hatte so die faktische Macht in der Abteilung. Nachdem der neue Vorgesetzte wesentliche Informationen nicht erhielt, konnte er seine Position nicht ausfüllen. Die Unternehmensführung hielt den neuen Abteilungsleiter schließlich für führungsschwach. In dem Unternehmen herrschte die Regel, dass die Dauer der Unternehmenszugehörigkeit Ordnungskriterium war und bei Beförderungen Beachtung finden musste. Die Unternehmensführung hatte diese Regel nicht eingehalten, indem sie, ohne den Mitarbeitern eine explizite Erklärung für die „Regelwidrigkeit" zu geben, die Leitungsposition extern besetzte.

Das System geriet durch die Verletzung der internen Ordnung in eine instabile Lage. Die „alten" Mitarbeiter fühlten sich in ihrem Bedürfnis nach Sicherheit verletzt. Als Ausgleichshandlung stabilisierten sie das System, indem sie den Mitarbeiter unterstützten, der die Zugehörigkeitsregel des Unternehmens erfüllte. Der neue Vorgesetzte fühlte, dass die Mitarbeiter ihn mieden. Er suchte bei sich selbst Fehler, was ihn schließlich in eine tiefe Krise stürzte und ihn veranlasste, zu kündigen. Die Unternehmensführung wollte jedoch auf den Mitarbeiter wegen dessen hervorragender Qualifikation nicht verzichten, und die Personalabteilung regte die Durchführung eines Mediationsverfahrens über die Kündigung und ihre eventuelle Rücknahme an.

Auswertung: Für einen Mediator, der mit solch einem Fall konfrontiert wird, ist es von wesentlicher Bedeutung, sich über die formellen wie infor-

mellen Kommunikationsstrukturen in diesem Unternehmen Klarheit zu verschaffen. Mittels der SNA können diese Strukturen vor und nach der Einstellung des neuen Abteilungsleiters visualisiert und miteinander verglichen
werden. Dieser Vergleich ergab im Beispielsfall, dass die offiziellen mit den
inoffiziellen Kommunikationswegen nicht übereinstimmten, insbesondere
nämlich die wesentliche Kommunikation mit dem Vorgesetzten fast ausschließlich über den übergangenen Mitarbeiter lief.

Ist diese Struktur aufgezeigt, kann der Mediator nun der Frage nachgehen, wozu die Mitarbeiter die Kommunikationswege zu ihrem neuen Vorgesetzten nicht etabliert hatten. Vor dem Hintergrund, dass ein System nach
Stabilität strebt, kommt eine Ausgleichshandlung aufgrund einer Störung in
Betracht. Fragt ein Mediator danach, warum die Mitarbeiter mit ihrem Vorgesetzten nicht kommunizieren, wird er all zu leicht auf eine falsche Fährte geführt, nämlich die der Unternehmensführung, die davon ausging, der neue
Vorgesetzte sei führungsschwach.

Systemisch betrachtet ist Führungsschwäche keine Eigenschaft eines
Menschen, sondern beschreibt eine Störung dieses Menschen mit seinem
Arbeitsumfeld auf der Beziehungsebene. Die Strukturen der Kommunikationswege lassen im Beispielsfall gar keine andere Möglichkeit zu, als sich
führungsschwach zu verhalten, da immer wieder verhindert wird, eine Beziehung zu der externen Besetzung aufzubauen.

Setzt ein Mediator die SNA für die Bearbeitung von Konflikten ein, so ist
ihr Einsatz eine entscheidende Hilfe dafür, das Spektrum der Möglichkeiten,
wie der Konflikt wahrgenommen werden kann, zu erweitern.

*Hinweise der Verfasser: Lediglich wegen der leichteren Lesbarkeit wird in dem Beitrag
durchgängig die männliche Form des Wortes „Mediator" verwendet; es soll stellvertretend für sowohl weibliche Mediatorinnen als auch männliche Mediatoren stehen.*

Literatur

Barabasi A (2002) Linked – The New Science of Networks; Perseus Publishing
Buchanan M (2002) Small Worlds, Campus Verlag, Wien
Burt R S (1992) Structural Holes: The Social Structure of Competition, Harvard University
    Press, Mass
Jansen D (2003) Einführung in die Netzwerkanalyse; UTB, Leske + Budrich Verlag
Pappi F U (Hrsg.) (1990) Techniken der empirischen Sozialforschung (Bd. 1) Methoden
    der Netzwerkanalyse, Oldenbourg Verlag
Schweizer T (1996) Muster sozialer Ordnung, Netzwerkanalyse als Fundament der Sozial-
    ethnologie, Dietrich Reimer Verlag
Scott J (2000) Social Network Analysis: A Handbook, Sage Publications, London
Wasserman S, Faust K (1999) Social Network Analysis – Methods and Applications, Cam-
    bridge University Press, Mass

Aus der Praxis der kultursensitiven Mediation

A N I K O   K A P O S V A R I   und   E D   W A T Z K E

Playback-Theater und Mediation

Playback – Poesie aus dem wirklichen Leben

In uns allen dräut eine Unzahl von dichten,
dunklen und lichten,
bewegenden, harten,
schmetterlingszarten,
prickelnden, schalen,
verträumten, banalen,
in Düften verwobenen,
bizarren, verschrobenen,
sorgsam verhüllten,
sehnsuchtserfüllten ....

Schichten um Schichten:
Ein Berg von Geschichten.

PLAYBACK lässt mit all uns'ren Sinnen
Erlebtes gerinnen,
Geschichten verdichten.

Aus all den Motiven
Höhen und Tiefen entspinnt sich ein Faden,
folgt Szene auf Szene, reiht Bild sich an Bild:
Ein Strauß bunter Gesten, ein tanzender Reigen.

Ed Watzke

Playback Theater in der Mediation

Wir befinden uns in Ost-Ungarn in einem Flüchtlingslager. Flüchtlinge Asylanten sammeln sich um eine Art Bühne. Dort, auf der Bühne sitzen acht Schauspieler in einer Reihe. Im Zwischenraum, im Grenzbereich zwischen Bühne und Publikum zwei Stühle: Sie markieren den Ort des/der Erzählers/in und des Konduktors. Auf dem Erzählerstuhl seine Geschichte, sein Lebensdrama: Seine Liebe wurde durch väterliche Gewalt gezwungen einen anderen Mann zu heiraten. – Wer soll diese Frau spielen? – fragt der Konduktor. Der Erzähler zeigt auf eine bestimmte Schauspielerin. – Wie war sie? Nenne ein bis drei Eigenschaften deiner Geliebten. – wunderschön – erwidert der Erzähler mit Tränen in den Augen. – Bei uns entscheiden die Eltern zumeist schon in der Kindheit, wer unser Ehepartner sein wird. Unsere Liebe blieb nicht geheim. So musste ich nach erhaltener Warnung über Nacht fliehen, um nicht Opfer der Familie meiner Geliebten zu werden. Ich musste meine Liebe verlassen, um mein Leben zu behalten.

Während der Inder seine Geschichte erzählt, geht ein Raunen durch das Publikum: Seine Worte werden simultan in sieben Sprachen übersetzt. Es wird still. Die Schauspieler improvisieren die wesentlichen Szenen des Lebensdramas: Die Liebe, den Abschied, die Flucht. Wenige Worte, die Namen des Mannes, der Frau, des Dorfes; jedoch viel Stimme, viel Farbe durch bewegte, bunte Tücher, Gestik, Mimik, Musik. Und dann, an einem gewissen Punkt friert die Szene ein, die Bühne erstarrt, blickt ins Publikum – ein Augenblick der Stille, des Verharrens. – Applaus wogt über die Szene – darauf erheben sich sechs weiter Hände zum Zeichen: Ich will dazu meine Geschichte erzählen!!!

Die Leitung des Flüchtlingslagers wendete sich an mich, weil sich die Anzeichen von Aggression zwischen zwei Gruppen, Ex-Jugoslawen einerseits und Indisch-pakistanische Asylanten andererseits, häuften. Da sie keine gemeinsame Sprache kannten, war es ihnen nicht möglich, verbal miteinander zu kommunizieren. Zusätzlich wurde ich informiert, dass, die Menschen aus dem Balkan seit etwa zwei Jahren und die Indischstämmigen erst seit etwa zwei Monaten im Lager sind.

Was tun? Wie mit diesem Konflikt umgehen? Wo anfangen? Einzelgespräche zur Recherche? Wer? Was? Wann? Wo? Warum? Wer sind die Protagonisten? Wie finde ich sie heraus? Wie gewinne ich ihr Vertrauen? – Es hört sich nach einem langwierigen, mühsamen Pfad mit zweifelhaften Erfolgsaussichten an.

Wir entschieden uns für den Zugang über das Playback-Theater und fokussierten auf zwei zentrale Fragestellungen, die wir mit dem Playback-Theater an zwei auf einander folgenden Terminen bearbeiten wollten: *Wege ins Flüchtlingslager und: Wie leben wir hier?* Wir planten unsere weitere Vorgangsweise aus den Erzählungen/Geschichten abzuleiten.

Das Personal im Flüchtlingslager arbeitete eine Woche daran, die Babylonische Sprachverwirrung im Lager zu entwirren, um eine ausreichende polyglotte Übersetzung der Theateraufführung zu ermöglichen: Sechs Dolmetscher wurden engagiert, vier Lagerinsassen und zwei Professionelle. So wurde erstmals in diesem Asylanten-Babylon eine „gemeinsame" Sprache möglich.

Die Playback-Aufführung dauerte drei Stunden und war zugleich das erste Ereignis in diesem Lager, an dem alle nicht bloß teilnahmen, sondern einander auch wirklich zuhörten.

Und welch ein Wunder: vieles gemeinsam Erlebtes: Flucht, Verlust, Liebe, Tod, Trauer, Glück, Unglück, ungewisse Zukunft, Hoffnung… Sie lebten mit(einander), lachten und weinten miteinander… Nach der Aufführung beobachteten wir gemischte Gruppen, Serben und Inder, die über die vorhandenen Dolmetscher in einen echten Dialog gerieten.

Vor dem geplanten zweiten Auftritt im Flüchtlingslager erhielt ich eine Nachricht von der Leitung: Wir seien herzlich eingeladen zu kommen, aber die Mediation habe sich erübrigt, da zwischen den Ethnien im Lager seit dem vorangegangenem Playback Friede eingekehrt sei.

Playback hat das Seinige getan: Es fungierte per se als Mediator, entwirrte Missverständnisse, erweckte das Eigene im Fremden, förderte Empathie, ermöglichte Dialog.

Was lernt man/frau in einer Mediationsausbildung? Man kann es auch so sehen: Eine Inszenierung/Dramaturgie zu entwickeln/entfalten, diese „auf die Bühne zu bringen".

Egal, welches Drama; klein, groß, Paar, Familie, Wirtschaft, Eskalation-rauf-und-runter, Gemeinwesen, interkulturell, etc. etc. „Wir spielen alle Theater" – meinte Ervin Goffman –, „die ganze Welt ist Bühne, und wer es weiß, ist klug" etc. Kurz: Es geht darum, den handelnden Charakteren Raum zu geben, ihr Drama zu entfalten, zu begrenzen, zu durchleben, um es letztlich im Kontext dieser Dramaturgie zu bewältigen. Selbstredend ist es von Nutzen, wenn Mediatoren/Innen (schau)spielerisch zu agieren im Stande sind.

Wie das erwähnte Beispiel zeigt, kann Playback als Inszenierung des Dramas zugleich auch dessen Bewältigung bewirken. Elemente des Theaters können aber auch in einzelnen Phasen eines Mediationsprozesses sehr fruchtbringend wirken: Dazu drei Beispiele aus verschiedenen Feldern der Mediation: Wirtschaft, Schule, Gemeinwesen.

Was ist Playback Theater?

Playback-Theater ist improvisiertes, interaktives Theater. Unter fachkundiger Moderation verwandeln speziell trainierte Schauspieler/Innen und Musiker/innen Beiträge aus dem Publikum in spontane Theaterszenen. Ein faszinierendes und facettenreiches Spiegelbild entsteht. Niemand weiß im Voraus, was gespielt wird. Jeder Beitrag wird spontan von den Schauspielern auf der Bühne „zurückgespielt". Ziel der Inszenierung ist, die wesentlichen Erlebnisinhalte des Erzählten poetisch zu verdichten und so nacherlebbar zu gestalten und darzustellen. Neue Aspekte tauchen auf, Lösungen können ausprobiert und Visionen gestaltet werden. So entsteht aus den Erlebnissen/Geschichten aus dem Publikum ein einmaliges und unwiederholbares Theater-Erlebnis.

Playback-Theater wurde 1975 in den USA von Jonathan Fox entwickelt. Es wird heute auf der ganzen Welt als Kunst- und Kommunikationsform in vielen unterschiedlichen Bereichen angewendet. Playback-Theater kommt ohne aufwendige Infrastruktur aus und kann jederzeit und überall gespielt werden.

Playback-Theater nimmt direkten Bezug auf die Anwesenden und ihr Potential. Der Themenwahl sind dabei keine Grenzen gesetzt. Im steten Dialog mit dem Publikum entfalten und verändern sich die Themen, es *gerinnen* Erlebnisse von Menschen zu improvisierter Poesie auf der Bühne. Playback-Theater thematisiert und integriert die emotionalen Aspekte der erzählten Beiträge. Der wertfreie Rahmen macht Mut, auch Schwieriges anzusprechen und Neues auszuprobieren.

Anwendungsfelder

Playback im Wirtschaftsbereich

Eine Versicherungsfirma lud unser Playback-Theater ein, um am kick off eines Organisationsentwicklungsprozesses teilzunehmen. Im Plenum der Veranstaltung saßen ca. 300 MitarbeiterInnen quer durch Hierarchie und Aufgabenbereiche. Die Firma hat zunehmend weniger Gewinn erwirtschaftet. Es gab Spannungen zwischen Mittel- und Topmanagement sowie zwischen Mittelmanagement und Außendienst.

Wir begannen unser Playback-Theater damit, Stimmungen, Gefühlszustände der MitarbeiterInnen auf der Bühne darzustellen: Stress, Spannungen, Desorientierung etc.

– in welchem Kontext tauchen diese Gefühle auf? – fragte der Konduktor und evozierte damit die erste Geschichte:

Ein Außendienst-Mitarbeiter versuchte verzweifelt auf die Frage eines Kunden innerhalb der Firma eine Antwort zu bekommen. Er leitete die Frage des Kunden schriftlich weiter. Bis die Hierarchie die Antwort gefunden hatte, hatte der Kunde längst die Versicherung gewechselt.

Diese Geschichte bleibt mir unvergesslich, da ich auserwählt wurde, die Rolle des Briefes zu verkörpern. Mama mia, was habe ich nicht alles durchmachen müssen in dieser Rolle: bestempelt, mit Kaffee und anderem begossen, beschimpft, von niemandem willkommen geheißen, immer abgeschoben, weitergeleitet, kurz: ungeliebt, ein Ärgernis, niemand wollte etwas mit mir zu tun haben. Nach dieser folgten noch ähnliche Geschichten und sehr bald wurde offenbar, wo der Hase im Pfeffer liegt: Die Entscheidungskompetenzen zu klären/vereinfachen, den Informationsfluss effektiver zu gestalten und den Kunden und nicht die hausgemachte Bürokratie ins Zentrum zu setzen. Als Abschluss spielten wir eine utopische/fiktive Szene in einer optimierten Organisation.

In diesem Fall leistete Playback einen entscheidenden Beitrag zur Diagnose/ Problemdefinition. Die Organisationsberater entwickelten auf dieser Basis ihre Strategie zur Organisationsentwicklung. Ähnliches könnte auch durch MediatorInnen geschehen.

Peer-Mediation in der Schule

Eine Schule beabsichtigte, Peer-Mediation zu implementieren und engagierte unser Theater, um die Schüler (etwa 100 kids im Alter von 10 bis 14 Jahren) für das Thema Konflikte/Konfliktbewältigung zu sensibilisieren. Man musste ihnen wenig erklären, sie waren sofort voll mit dabei – und im nu drängte eine erste Geschichte nach Gestaltung: mit wem kann ich reden? Ein Mädchen, etwa 10 Jahre alt, erzählt ihr Drama. Ein Circulus vitiosus: Ihre Eltern bekriegen sich ständig, deshalb kann sie sich kaum auf ihre Schul-Aufgaben konzentrieren, bekommt schlechte Noten. Diese dienen den Eltern wiederum dazu, darüber zu streiten, was wiederum… etc. etc.

Wir brachten ihre Verzweiflung, aufgerieben zwischen Eltern und Schule, Einsamkeit und allen guten Vorsätzen auf die Bühne. Das Mädchen folgte der Aufführung gespannt und affirmativ nickend. Letztlich meinte sie, so schlimm ist meine Einsamkeit doch nicht, da ich einen Hund als Gefährten besitze. Darauf spielten wir korrigierend die Szene: Kata führt ihren geliebten Hund spazieren. Dabei sprach der Schauspieler als Hund in der Szene mit dem Mädchen über ihre Probleme. Kata bekam große runde Augen, beobachtete intensiv das Geschehen auf der Bühne und fragte nachher: „Woher wisst ihr, dass mein Hund mit mir spricht?"

Konflikt in der Klasse

Ein Knabe erzählt von seiner leidvollen Geschichte. Als Folge einen Autounfalls musste er mehrere Wochen eingegipst im Bett zubringen. Ganz selten nur bekam er Besuch von seinen Klassenkameraden. Als wir diese Geschichte eben spielen wollten, erfolgte ein resoluter Zwischenruf: „So stimmt das nicht!" – und sofort begann er zu berichten, dass dieser Knabe vor seinem Unfall ein übler Streber gewesen sei, das heißt niemandem in der Klasse geholfen habe.

So haben wir diese beiden Geschichten simultan auf der Bühne, in einem Gegenüber dargestellt. Als Conductor fragte ich in die Kinderrunde nach einer möglichen Lösung des Problems. Wir spielten darauf verschiedene Lösungsvarianten auf der Bühne durch, friedvolle und konflikträchtige. Ergebnis: Wir erhielten von dem Lehrpersonal der Schule die Nachricht, dass sich eine große Anzahl der SchülerInnen anmeldete, um an diesem Lehrgang teilzunehmen. Playback war wohl in diesem Fall ein mediatorisches Element um Schüler für Mediation zu motivieren.

Die Welt – ist ein Dorf – ist Welt – ist Dorf…

Ein Dorf im Südwesten Ungarns. Lehrerfortbildung. Wir erfuhren dabei von massiven Störungen in der Gemeinde. Zwischen Roma und Ungarn. Gewohntes soziales Gefälle. Roma leben am Rand. Am Rand des Dorfes, am Rand der Gesellschaft. Kein bis kaum ein Dialog zwischen den Ethnien. Kein Frieden. Kein Krieg. Einander vermeiden. Jedoch: Die Kinder aller besuchen eine gemeinsame Schule.

Selbst die Idee, Roma und Ungarn zu einem Playback-Theater zu versammeln, scheint äußerst schwierig. Dennoch. Wir bemühten uns um Kontakt zu beiden Volksgruppen und deren VertreterInnen und gaben uns alle Mühe, sie zur Teilnahmen an einer gemeinsamen Playback-Aufführung zu motivieren. Und zwar genau an dem Ort, wo alle ihre Kinder auch gemeinsam zur Schule gehen.

Und siehe da, das Publikum war klein, etwa 30 Personen, jedoch zu gleichen Teilen Ungarn bzw. Roma. Wir gaben der Vorstellung den Titel: „*SO LEBEN WIR ZUSAMMEN!"*

Erwartungsgemäß ernteten wir anfangs Geschichten über Angst, Misstrauen, Gefühle von Bedrohung etc. Als ich darauf eben im Begriffe war nach einer positiven Geschichte zu fragen, kam mir jemand aus dem Publikum zuvor. Er erzählte, wie er einst in einer misslichen Situation, mit seinem Auto von der Straße abgekommen, festgefahren, wohltuende Hilfe von Roma des Dorfes erhielt.

Nach dem Theater luden wir alle Anwesenden zu einer Diskussionsrunde ein. Thema: Mögliche Verbesserung der Kommunikation und somit des Zusammenlebens in der Gemeinde. Die Initiierung dieser Diskussionsrunde zeitigte Wiederholungen sowie Fortführung des Dialoges. Wie Wellen, hervorgerufen durch einen Steinwurf im Wasser, breitete sich so der Dialog in der Gemeinde aus und bezog immer mehr Personen ein.

In dieser Geschichte bewirkte Playback eine Dialogbereitschaft zu etablieren und eine Machtungleichheit zu neutralisieren.

Literatur

Boal A (1992) Games for Actors and Non-Actors. Routledge, London
Fo D (1989) Kleines Handbuch des Schauspielers. Verlag des Autors, Frankfurt
Fox J (1996) Renaissance einer alten Tradition. Scenario Verlag, Köln

MARCUS HEHN

Mediation – neue Formen der Konfliktregelung für die Landwirtschaft

Dieser Beitrag ist Dr. Ludwig Koch gewidmet. Als langjähriges Mitglied und zeitweiliger Vorsitzender des Geschäftsführenden Ausschusses der Arbeitsgemeinschaft Mediation im Deutschen Anwaltsverein hat er die Entwicklung der Mediation – vor allem in der Anwaltschaft – vorangetrieben. Seinem großen Engagement gebührt daher herzlicher Dank und große Anerkennung.

Im landwirtschaftlichen Bereich hat man häufig mit Konflikten verschiedener Art zu kämpfen. Landwirte streiten sich mit Behörden um Genehmigungen und mit Nachbarn über die Zeiten der Gülledüngung, konkurrieren mit Kommunen hinsichtlich der Nutzung von Flächen, setzen sich mit Jagdpächtern über den Ersatz von Wildschäden auseinander oder sehen sich ständigem Rechtfertigungsdruck für abends laufende Maschinen ausgesetzt. Konflikte zwischen Landwirtschaft und Umweltschutz werden immer häufiger. Und, und, und …

Solche Konflikte zwischen Landwirten, Genehmigungsbehörden, Umweltverbänden und betroffenen Bürgern driften schnell in erbitterte Diskussionen und Streitereien ab. Persönliche Angriffe, öffentliche Stimmungsmache und langjährige Gerichtsverfahren sind an der Tagesordnung. Nahezu jeder Landwirt kann ein Lied davon singen. Notwendige Investitionen werden dadurch blockiert, die Fronten verhärten sich, keiner redet mehr sachlich über die Hintergründe. Die Folge: Es entsteht eine sehr unbefriedigende Situation für alle Beteiligten, die Zeit und Geld investieren müssen, ohne das eigentliche Problem lösen zu können.

Diese beschriebenen Konfliktsituationen, die zwischen landwirtschaftlichen Betrieben und Dritten auftreten, stellen jedoch nur eine Art möglicher Konfliktfelder dar. Häufig entwickeln sich Konflikte auch innerhalb eines landwirtschaftlichen Betriebes. Sie haben scheinbar keine unmittelbaren Auswirkungen nach außen, treten Sie doch meist hinter verschlossenen Türen – oft innerhalb der eigenen Familie – auf. Nicht selten werden sie sogar „totgeschwiegen", bagatellisiert, in ihrer Bedeutung für das be-

triebliche Miteinander verkannt. Negative Auswirkungen auf das familiäre
Gefüge, die Zusammenarbeit zwischen den Generationen und damit unmittelbar auf die ökonomische Situation des Betriebes sind eng damit verbunden.

Im Zusammenhang mit solchen und ähnlichen Situationen versucht man
seit einigen Jahren in Deutschland durch die Hinzuziehung von allpartei-
lichen Dritten die zugrundeliegenden Konflikte zu entschärfen und die
Streitparteien auf eine sachliche Diskussion zurückzuführen. Dabei greift
man immer häufiger auf die sehr alte Idee der Vermittlung (Mediation
stammt aus dem Lateinischen und bedeutet „Vermittlung") zwischen Konfliktparteien zurück, die über Jahrhunderte hinweg zu einem wichtigen Mittel der Streitbeilegung gehört hat, aber leider in Vergessenheit geraten war.
Erst in den letzten Jahrzehnten hat man die Methoden und damit auch die
Chancen der Mediation wieder entdeckt. Da die Mediation ein universell
einsetzbares Mittel der Konfliktlösung ist, kann es selbstverständlich auch im
landwirtschaftlichen Bereich eingesetzt werden. Die Einsatzmöglichkeiten in
diesem Kontext sollen in diesem Beitrag beschrieben werden.

Potentielle Anwendungsgebiete im landwirtschaftlichen Umfeld

Es wäre vermessen, zu behaupten, dass die Mediation bei Konflikten im landwirtschaftlichen Kontext ein häufig und gerne eingesetztes Mittel ist. Denn
es ist keineswegs so; genauso wenig, wie in anderen gesellschaftlichen Bereichen die Mediation noch längst nicht den Stellenwert hat, der wünschenswert wäre. Dabei ist das Potenzial gerade im landwirtschaftlichen Bereich
riesig, wie die nachfolgende Aufzählung darzustellen versucht. Es wird deutlich, dass es kaum eine Berufsgruppe gibt, die noch vielfältiger mit den bekannten Einsatzgebieten der Mediation in Berührung kommt: Nahezu alle
Bereiche der Mediation finden Anknüpfungspunkte im beruflichen und privaten Alltag des Landwirts.

Mediation im öffentlichen Bereich

Eines der vorrangigsten Anwendungsgebiete der Mediation sind Konflikte im
Zusammenhang mit der Nutzung von Land. Sie betreffen somit ein origi-
näres Betätigungsfeld der Landwirtschaft. Landwirte benötigen Flächen, um
Getreide anzubauen, Wein zu erzeugen oder Kühe zu weiden. In einem dicht
besiedelten Staat wie der Bundesrepublik Deutschland kommt es daher
immer häufiger zu einer Verknappung der zur Verfügung stehenden Flächen,
weil auch andere Interessenten Verwendung dafür haben. Die öffentliche
Hand benötigt Flächen für Straßenbau oder zur städtebaulichen Entwicklung, private Investoren suchen geeignete Industriestandorte. Wen wundert
es da, wenn es zu Konflikten bei der Nutzung der knappen Flächen kommt.
Dies spüren vor allem die Eigentümer der Flächen, also gerade in ländlichen
Gebieten die Bauern, Winzer und Waldbesitzer. Der Konflikt ist vorprogram-

miert. Da es sich bei der vorgesehenen Nutzung meist um umweltrelevante Bau- und Planungsvorhaben handelt, spricht man in diesem Zusammenhang von Mediation im öffentlichen Bereich – oder auch Umweltmediation. In diesem klassischen Einsatzgebiet der Mediation spielen Landwirte oft eine entscheidende Rolle, ist es doch ihr Land, welches anderen als der Landwirtschaft dienenden Verwendungen zugeführt werden soll. In den Umweltmediationsverfahren, die in den letzten Jahren in Deutschland durchgeführt worden sind, waren Landwirte in vielen Fällen direkt betroffen und somit gleichberechtigter Teilnehmer in den Verfahren selbst. Bei Flughafenprojekten, Tagebauvorhaben, Verkehrsproblemen oder der Einrichtung von Naturschutzgebieten ist ihre Einbeziehung unverzichtbar, will man dem Prinzip der Beteiligung aller von einem Problem Betroffenen ernsthaft Rechnung tragen.

Landwirte kommen zudem in einem weiteren Konfliktfeld mit der Mediation im öffentlichen Bereich in Berührung. Nach den zahlreichen Änderungen im (europäischen) Emmissionsschutzrecht unterliegen viele landwirtschaftliche Bauvorhaben der Genehmigungspflicht nach dem Bundesimmissionsschutzgesetz. Ob der Bau von Tierhaltungsanlagen oder die Errichtung einer fortschrittlichen Biogasanlage: Landwirte müssen sich dem aufwendigen und langwierigen Prozedere eines Genehmigungsverfahrens stellen, welches viele Tücken aufweist und nicht selten in öffentlich ausgetragene Konflikte mündet. Plötzlich fühlen sich Nachbarn, Behörden, Kommunen und Bürgerinitiativen berufen, die unternehmerische Entscheidung eines Landwirts zur Fortentwicklung des Betriebes kommentieren zu müssen. Schnell sind so Konfliktlagen entstanden, die das eigentliche Investitionsvorhaben blockieren.

Auch wenn die Mediation nicht immer das geeignete Mittel zur Streitbeilegung sein kann, so bietet sie doch in zahlreichen Fällen eine gute Chance, Mißverständnisse auszuräumen, Sachargumente in den Vordergrund zu stellen, Kommunikation wiederherzustellen und so Konflikte einvernehmlich und zeitnah und vor allem zur allseitigen Zufriedenheit zu klären.

Mediation bei Nachbarschaftskonflikten

Viele Landwirte in Mitteleuropa haben keinen „Nachbarn" im klassischen Sinne, wohnen und arbeiten sie doch häufig weit ab von größeren Menschenansiedlungen, so das der „Nachbar" sich nicht mehr in Sicht- oder Rufweite befindet.

Dennoch kommt es immer häufiger vor, dass Kommunen Baugebiete in der Nähe landwirtschaftlicher Betriebe ausweisen. Diese heranrückende Bebauung stellt ein großes Problem für die Bauern und Winzer dar, da ihre Betriebe naturgemäß Geräusche und Gerüche emittieren. Wenn die Wohnbebauung so nah an landwirtschaftliche Betriebe herangerückt ist, dass diese spürbar werden, kommt es zu immer wieder aufs Neue zu beobachtenden Konfliktmustern. Zäune und Hecken der Häuslebauer werden nicht in den gesetzlich vorgeschriebenen Abständen errichtet. Klagen über nächtliche Ruhestörung bei der Heuernte beschäftigen die Polizei. Eingaben bei der Kommune weisen auf verschmutze Straßen hin. Mittels der „Nachbarschaftsmediation" kann man die Konflikte unter Zuhilfenahme unabhängiger Dritter einvernehmlich beilegen und vor allem zukunftsorientierte Lösungen finden, damit das gute nachbarschaftliche Verhältnis langfristig keinen Schaden leidet.

Eine Besonderheit sei an dieser Stelle erwähnt, die nicht nur Landwirte, sondern in ähnlicher Weise Eigentümer von Waldflächen betrifft. Das deutsche Jagdrecht sieht eine Trennung der Eigentumsrechte von Jagdrechten, also dem Recht, Wildtiere zu erlegen, vor. Der Eigentümer einer Fläche kann nicht einfach seine Flinte aus dem Schrank holen und die Wildschweine schießen, die auf seinen Flächen nach schmackhaften Wurzeln und Würmer suchen. In der Regel sind daher die Jagdrechte von den Jagdgenossenschaften an interessierte Jagdpächter verpachtet. Unter staatlicher Aufsicht können passionierte Jäger dann ihrem Hobby nachgehen und die Hege und Pflege des Wildtierbestandes betreiben. Da sich der Jagdpächter und seine Beauftragten aber auf und in unmittelbarer Nähe der landwirtschaftlichen Grundstücke bewegen, stehen sie sozusagen auch in einem nachbarschaftlichen Verhältnis zu den Eigentümern.

Bei der Ausübung der Jagd kommt es aber auch immer wieder zu schwerwiegenden Konflikten, die vor allem dadurch begründet sind, dass die Jagdpächter häufig Ortsfremde sind, die am Wochenende ins Grüne fahren, um Halali zu blasen. Probleme des Wildschadensersatzes (diese Pflicht wird meistens auf den Jagdpächter übertragen), die streitige Nutzung landwirtschaftlicher Wege, die wechselseitige Kommunikation bei anstehenden Mäharbeiten im Frühjahr (die dem Jagdpächter erlaubt, Vorkehrungen zu treffen, damit neugeborene Rehkitze nicht in die Fänge eines Mähers geraten) oder der gedankenlose Umgang mit Fütterungen in Zeiten von Seuchen wie Schweinepest stellen ein riesiges Konfliktfeld dar, in dem die Mediation ihre Stärken unter Beweis stellen kann. Denn herkömmliche Arten der Konfliktlösung unter Zuhilfenahme staatlicher Verfahren führen häufig zu Verhärtung der Fronten und weniger zur friedlichen Beilegung der Konflikte und deren Ursachen.

Mediation bei Trennung und Scheidung

Ein weiterer wichtiger Anwendungsbereich der Mediation im landwirtschaftlichen Kontext ist der Bereich Trennung und Scheidung. Ist es heute für den meist männlichen Hofnachfolger schon schwer genug, eine Partnerin zu finden, die bereit ist, sein Leben in der Landwirtschaft zu teilen, so treten darüber hinaus häufig Konflikte auf, die nicht mehr beigelegt werden können und eine Scheidung der geschlossenen Ehe zur Folge haben. Eine Scheidung in Bauern- oder Winzerfamilien unterliegt allerdings eigenen Gesetzen, da eine Vielzahl an besonderen Regelungen zu beachten sind. Oft gehen die Betroffenen sehr unbedarft und ohne die notwendigen Informationen (beispielsweise über spezielle Regelungen zur Berechnung des Zugewinnausgleichs nach dem Ertragswert eines landwirtschaftlichen Betriebes) mit dieser Situation um, so dass im Rahmen einer Mediation das Prinzip der Informiertheit eine zentrale Bedeutung erlangt, damit jeder Beteiligte die notwendigen Entscheidungen selbstbestimmt und in Kenntnis aller relevanten Informationen treffen kann. Die Mediation kann somit entscheidende Vorteile gegenüber den herkömmlichen – oft streitigen – Scheidungsverfahren bieten.

Familienmediation

Ein großes Konfliktpotenzial entsteht im Falle der Hofübergabe landwirtschaftlicher Familienbetriebe, die immer noch die weitaus größte Anzahl der Betriebe in Deutschland – vor allem in den alten Bundesländern – ausmacht. Die ältere Generation, die sich zeitlebens mit dem Betrieb identifizierte, übergibt diesen aus den verschiedensten Gründen an die nachfolgende Generation. Diese hat selbstverständlich eigene und auf einer qualifizierten Ausbildung beruhende Vorstellungen von der Führung des Betriebes. Damit ist bereits der erste Grundstein für handfeste Konflikte gelegt. Wird der Übergabevertrag als formelle Notwendigkeit häufig noch einvernehmlich abgeschlossen, so treten die Probleme in steter Regelmäßigkeit später auf, wenn sich in der Praxis ebenfalls ein Übergang der Verantwortlichkeiten vollziehen soll und muss. In dem Maße, wie die Altenteiler Arbeit und Verantwortung reduzieren, wachsen die Nachfolger in die Rolle des Betriebsleiters und damit in ihre neue Verantwortung hinein. Dies ist für beide Seiten nicht einfach. Die Frage, wer die Verhandlungen mit Geschäftspartnern, wie beispielsweise Lieferanten, führt, ist in der Regel ein erster harter Prüfstein für die formelle Übergabe eines Betriebes an den Nachfolger. Möchte der Hofübernehmer jedoch gar andere Produktionsmethoden etablieren oder den Betrieb neu ausrichten, erntet er oft Unverständnis von den Altenteilern. „Was, so einen neumodischen Quatsch willst Du machen? Das klappt doch nie! Das haben wir immer anders gemacht. Damit führst Du unseren Betrieb nur in den Ruin!" Solche oder ähnliche Aussagen sind im landwirtschaftlichen Bereich wohlbekannt, aber auch jeder nicht direkt in diese Thematik Involvierte wird sie leicht nachvollziehen können. In der Folge solcher Auseinandersetzungen entstehen häufig Konflikte zwischen den Generationen, die direkte Auswirkungen auf den Betrieb und seine wirtschaftlichen Abläufe haben. Denn die Zusammenarbeit der Generationen ist in landwirtschaftlichen Betrieben unbedingt notwendig, um die vielfältigen Aufgaben bewältigen zu können. Streitereien nehmen dagegen wertvolle Zeit und Kraft in Anspruch, die anderweitig dringend gebraucht würden. Die Kommunikation zwischen den Generationen leidet, was sich negativ auf die innerbetrieblichen Abläufe auswirkt. Werden die bestehenden Konflikte nicht gelöst, ziehen sie sich über Wochen, Monate, manchmal sogar Jahre hin und binden sinnlos Kapazitäten. Darüber hinaus sind Krankheitsbilder wie Magenprobleme, Unausgeglichenheit, Depressionen bis hin zu seelischen Schäden nicht so selten anzutreffen, wie man vielleicht denkt. Darunter leidet die persönliche, innerliche Kraft der Betroffenen mit meist direkten finanziellen Auswirkungen auf den Betrieb. Mediation kann bei solchen familiären Problemen helfen, diese einvernehmlich beizulegen.

Ein weiteres großes Konfliktpotential liegt in den zuziehenden Lebenspartnern der Hofnachfolger begründet. Oft sind es die Söhne und Hofnachfolger, die ihre neue Partnerin auf den Hof bringen. Die umgekehrte Situation ist in der Praxis eher selten. Für die junge Frau verändert sich mit diesem Schritt ihr gesamtes berufliches und privates Umfeld. Das fängt mit der Wohnungssituation an: Zwei, nicht selten sogar drei Generationen leben unter einem Dach. Das ist aufreibender und vor allem konfliktträchtiger als zunächst vermutet, insbesondere, wenn einzelne Räume, z.B. die Küche oder das Badezimmer von allen Bewohnern gemeinsam genutzt werden müssen.

Veränderungen am Haus oder im Garten werden von der älteren Generation regelmäßig argwöhnisch beäugt, oft unterlaufen, immer kommentiert. Spannungen sind vorprogrammiert, wenn persönliche Bereiche wie Essenszeiten, Kochgewohnheiten oder Vorlieben für die Freizeitgestaltung betroffen sind. Fragen der Kindererziehung werden unterschiedlich beurteilt. Das Gerangel um Kompetenzen im Haushalt und Betrieb trägt nicht gerade zur Entspannung der Situation bei. In Anbetracht dieser bekannten Abläufe in bäuerlichen Großfamilien und deren landwirtschaftlichen Betrieben verlieren die zugezogenen Ehepartner oft die notwendige Motivation, wenden sich eigenen beruflichen Herausforderungen zu. Viele Ehen zerbrechen daran.

Nicht zu unterschätzen sind schließlich Konflikte, die mit weichenden Geschwistern – diejenigen, die auf dem Hof aufgewachsen sind, aber dann einen anderen privaten oder beruflichen Weg eingeschlagen haben – auftreten können. Sie wollen oft alles so bewahren, wie sie es aus ihrer Kindheit heraus kennen. Die Folge ist, dass sie sich in Entscheidungen, die die Betriebsführung betreffen, einmischen, ohne ausreichende Kenntnisse von den Vorgängen in einem modernen landwirtschaftlichen Beitrieb zu besitzen. Je länger die weichenden Geschwister den Hof verlassen haben, desto größer wird dieses Problem, weil sich Betriebsabläufe und damit auch die Arbeitsweise innerhalb der bäuerlichen Familie und des Betriebes stark wandeln. Manchmal werden die Eltern quasi als Werkzeug benutzt, um im Hintergrund die Fäden ziehen zu können und so doch noch Einfluss auf die Betriebsführung durch den Hofnachfolger zu nehmen. Positive Auswirkungen auf das Betriebsklima sind von derlei Verhalten nicht zu erwarten, so dass viele Bauernfamilien gerne nach dem Motto verfahren wollen: „Wer den Betrieb verlassen hat, der hat nichts mehr mitzubestimmen." So eingängig dieses Motto auch sein mag, in der Praxis lässt es sich nicht immer einhalten. Schließlich handelt es sich ja immer noch um eine Familie …

Diese nur kurz angerissenen Beispiele mögen das Spektrum aufzeigen, in dem Mediation zu einem sachlichen Umgang mit der vorgefundenen Situation beitragen kann. Gerade weil die Beteiligten durch die stetige Nähe in Wohn- und Arbeitssituation kaum Möglichkeiten haben, einem solchen Konflikt zu entfliehen, ist es notwendig, sie sachgerecht aufzuarbeiten. Dabei und damit bei der langfristigen Suche nach allseits akzeptablen Lösungen kann die Mediation helfen, indem sie die gerade im familiären Kontext oft gestörte Kommunikation fördert bzw. wieder ermöglicht.

Arbeits- und Wirtschaftsmediation

Landwirtschaftliche Betriebe erfordern heute eine an ökonomischen Grundsätzen orientierte Betriebsführung und daher eine entsprechende Organisation. In vielen landwirtschaftlichen Betrieben sind außer den Familienangehörigen auch fremde Mitarbeiter tätig, die mit den „Betriebsinhabern" Hand in Hand arbeiten, um die täglichen Aufgaben zu bewältigen. Hier gibt es ebenfalls häufig Konflikte, die zudem noch durch ein bestehendes Über- und Unterordnungsverhältnis zwischen „Arbeitgeber" und „Arbeitnehmer" verstärkt werden können. Auch wenn sie nicht direkt zur Kündigung führen, sind sie im Ergebnis wenig produktiv: Anweisungen werden zögerlich durchgeführt, der Umgang mit teuren und hochtechnisierten Maschinen ist weniger sorgfältig als in einem intakten Arbeitsverhältnis mit motivierten und zufriedenen Mitarbeitern. Ständige Überstunden, die im landwirtschaftlichen Bereich an der Tagesordnung sind, führen zusätzlich zu Unzufriedenheiten und Reibereien, insbesondere zwischen den „Arbeitnehmern" und „Arbeitgebern". Die Motivation und die Produktivität leiden: ein klassisches Feld der Mediation im innerbetrieblichen Kontext. Wenn man sich zudem vor Augen führt, dass in vielen Betrieben ausländische Arbeitskräfte beschäftigt sind, so werden auch schnell die interkulturelle Dimension und damit eine weiteres neues Anwendungsfeld der Mediation deutlich.

Zusätzlich zum innerbetrieblichen Bereich haben die Landwirte auch mit Konflikten im Verhältnis zu anderen Unternehmen zu kämpfen. Hiermit sind weniger die Konflikte mit Berufskollegen gemeint als vielmehr diejenigen zu Lieferanten, Abnehmern, Tierärzten, Landhandel oder Maschinenverkäufern. Gerade im landwirtschaftlichen Bereich finden sich oft langjährige Geschäftsbeziehungen, die nicht selten sogar Generationen überdauern. Wenn es hier zu Konflikten kommt, stehen oft nicht nur die sachlichen Auslöser, sondern auch die emotionalen Beziehungen zwischen den Beteiligten auf dem Spiel. Je nach Schwere der Konflikte bleibt häufig nur der Gang zum Rechtsanwalt und Gericht übrig, um diese zu lösen. Es ist jedoch in Anbetracht der gewachsenen Geschäftsbeziehung in der Regel der schlechteste Weg, diese zu lösen, weil Konflikte vor Gericht meist nur eindimensional entschieden werden und die tradierten persönlichen Beziehungen der Geschäftspartner auf der Strecke bleiben. Die Mediation hingegen kann dazu beitragen, diese Konflikte mehrdimensional zu lösen mit der Folge, dass auch hier eine langfristige Beilegung eines Konflikts möglich ist. Die positiven Auswirkungen für alle Beteiligten und insbesondere für die Arbeitsabläufe im landwirtschaftlichen Betrieb selbst liegen auf der Hand. Und letztlich kann der Landwirt seiner bevorzugten Tätigkeit mit Tieren und Pflanzen nachgehen und muss sich nicht mit ärgerlichen Streitigkeiten mit großem bürokratischen Aufwand herumschlagen.

Mediation – Eine Chance bei Konflikten in der Landwirtschaft?

Jedem, der sich ein wenig mit der Methode der Mediation befasst hat, wird das riesige Potenzial ins Auge fallen, welches die vielfältigen Konflikte im landwirtschaftlichen Bereich bieten. Nahezu alle Bereiche, in denen Mediation in Deutschland ernsthaft betrieben wird, sind nach Ansicht des Verfassers in diesem Kontext denkbar. Sie drängt sich angesichts der besonderen beschriebenen Lage der Landwirte geradezu auf, da neben den Auslösern der Konflikte stets langfristige Beziehungen bei der Konfliktbearbeitung berücksichtigt werden müssen, ob zu Familienangehörigen, Nachbarn oder Geschäftspartnern. Einzig die Schulmediation und der Täter-Opfer-Ausgleich scheinen im landwirtschaftlichen Bereich keine besondere Bedeutung zu haben – jedenfalls ist sie nicht größer als in allen anderen gesellschaftliche Gruppen auch.

Das Wissen über die Mediation ist bei Bauern und Winzern auch nicht weiter verbreitet als in anderen Gruppen. Landwirte und ihre Familien stehen der einvernehmlichen Beilegung von Konflikten jedoch durchaus aufgeschlossen gegenüber, wie die tägliche Praxis zeigt. Gerichtliche Streitentscheidungsverfahren werden häufig gemieden. Vielleicht lohnt es sich angesichts der beschriebenen Einsatzmöglichkeiten der Mediation daher, einmal intensiver darüber nachzudenken, die Idee in diese besondere Zielgruppe verstärkt hineinzutragen.

Literatur

Hehn M (2003) Mediation – Innovatives Konfliktmanagement. Rheinische Bauernzeitung, 39/2002: 10
Hehn M (2003) Miteinander reden. Rheinische Bauernzeitung 39: 13–15

LEAH CAROLA CZOLLEK

Interkulturelle Methoden in der Mediation bei nachhaltig wirkenden kulturellen Differenzen. Aktuelle Konflikte in Deutschland zwischen Menschen aus der ehemaligen DDR und BRD im Arbeits- und Ausbildungsbereich

Die Berliner Mauer

Die Teilnehmenden sprechen über Ausgrenzungserfahrungen. Ein Teilnehmer erzählt über die Schwierigkeit, aus der ehemaligen DDR kommend, Zugang zum akademischen Diskurs und Arbeitsbereich in der Bundesrepublik Deutschland zu finden. Er kannte weder die Regeln noch beherrschte er die akademische Sprache. Lange war er auf der Suche nach der „Zauberfrage", um die benötigten Informationen dafür zu bekommen. Nach vielen Jahren konnte er zwar einige Fragen formulieren, doch blieben die Antworten aus.

Während die anwesenden Migranten und Migrantinnen verstanden, wovon er sprach, war die Entgegnung einer Akademikerin aus der alten deutschen Bundesrepublik lapidar: „Na sie sind doch selbst Deutscher, das ist doch Quatsch was Sie sagen."

Bei einem Workshop auf einer Tagung zu Mediation

Diese kurze Sequenz aus einem Workshop auf einer Tagung zu Mediation 14 Jahre nach den großen Umbrüchen in Europa führt uns mitten in das Thema meines Artikels. Im Folgenden werde ich über kulturelle Differenzen schreiben, die an einer Stelle zu tage treten, an der im Allgemeinen keine Differenz angenommen werden und Überlegungen dazu anstellen, was die Ursachen dafür sein könnten. Ich werde erläutern, wie ich die Bedeutung dieser kulturellen Differenzen im Konfliktfall und in der Ausbildung vermittle, was mein ethischer Referenzrahmen hierbei ist und wie ich den Begriff Anerkennung definiere.

Als 1989 die Berliner Mauer geöffnet und im Jahr darauf die Wiedervereinigung Deutschlands verkündet wurde, war das ein historisches Ereignis mit Folgen für die einzelnen Menschen, die zunächst nicht absehbar waren. Deutlich werden diese Folgen in konkreten Begegnungen zwischen Menschen aus den unterschiedlichen Ländern der DDR und BRD, in denen es regelmäßig zu Missverständnissen in der Kommunikation kommt. Diese konfliktreichen Missverständnisse treten sowohl im persönlichen als auch im Arbeitsbereich auf. Nach der Wiedervereinigung beider Länder wurde erst allmählich deutlich, dass hier Menschen aus verschiedenen Kulturen aufeinander treffen.

Eine Kultur oder zwei Kulturen oder mehrere?

Die Folgen, die ein Aufeinanderprallen unterschiedlicher kultureller Herkünfte mit sich bringen, wurden bei der Wiedervereinigung nicht bedacht, da davon ausgegangen wurde, dass es sich um die Zusammenführung zweier Länder handelt, die der gleichen Kultur angehören. Die Realität jedoch zeigt, dass das nicht so ist. Eine Ursache für die Fehleinschätzung mag darin liegen, dass Deutschland bis 1945 ein Land war und die Menschen der BRD sich auf diese Tradition, wenn auch nicht bruchlos, beziehen konnten. Auch in der DDR bezog man sich auf diese Tradition. In beiden Teilen Deutschlands sprach man Deutsch. In dieser Annahme von „einer" Kultur liegen zugleich die Missverständnisse und Konflikte begründet, die in der Begegnung zwischen Menschen aus beiden Teilen Deutschlands auftreten.

Nach 1945 haben sich beide Länder extrem unterschiedlich entwickelt. In der BRD wurde eine Gesellschaft aufgebaut, die sich am westlichen demokratischen Verständnis orientierte und in der DDR wurde eine Diktatur errichtet nach sowjetischem Vorbild. Menschen haben Kompetenzen, die ihnen helfen, sich in der jeweiligen Umgebung zurechtzufinden. Ihre Wahrnehmungen, Bilder, Wünsche, Hoffnungen und Sehnsüchte entspringen der jeweiligen Lebensrealität. Wenn diese Menschen sich nun treffen, gehen sie davon aus, dass sie Deutsche sind, wobei sie sich auf ein Konzept deutscher Nation beziehen, das es so nicht gegeben hat, das aber nach Jahrzehnten der Teilung und Trennung nur noch in der Vorstellung als imaginiertes Bild existiert. Durch das deutsche Staatsbürgerschaftsgesetz, dass ein Deutsch-Sein nach dem Blut, der Abstammung, formuliert, wird dieses imaginierte Bild zusätzlich aufrechterhalten.

Durch die extrem unterschiedliche Entwicklung der beiden deutschen Gesellschaften haben sich unterschiedliche Kulturen gebildet, deren Folge es ist, dass Menschen, auch wenn sie Deutsch sprechen, sich nicht mehr so ohne weiteres verstehen. Hinzu kommt, dass bei der Wiedervereinigung beider Teile Deutschlands, die eine Kultur dominierte und dominiert, was juristisch begleitet und festgeschrieben wurde. Über die Hintergründe der Konflikte wurde und wird nur selten gesprochen. Bestenfalls werden sie zusammengefasst unter dem Schlagwort: die Mauer besteht immer noch in den Köpfen. Die Vorurteile, mit denen Menschen aus der DDR konfrontiert sind, stellen oft ihre Kompetenzen in Frage oder werten auch ihr gesamtes bisheriges Leben ab. So finden sich Stereotype wie: „Die sind so langsam", „Die sprechen so komisch", „Alle waren beim Ministerium für Staatssicherheit und haben denunziert", „Wie konnten die da bloß leben", „Die sind alle keine Feministinnen", „Die haben keinen richtigen Umgang mit dem National-sozialismus gehabt" und viele ähnliche mehr. Diese Konflikte sind insgesamt für die Mediation interessant, sowohl im Mediationsfall als auch in der Ausbildung. Wenn unter den Teilnehmenden z. B. Migranten und Migrantin-nen sind, deutsche Angehörige der Mehrheitsgesellschaft aus der BRD und der ehemaligen DDR, verschwinden die kulturellen Besonderheiten von Menschen aus der DDR und mit ihnen der Mensch, der aus dieser Kultur kommt. Die Annahme einer deutschen Kultur macht es darüber hinaus schwer, die Differenzen innerhalb dieser Kultur zu sehen. Denn wie die BRD bestand auch die Gesellschaft der DDR nicht aus einer Kultur, sondern setzte sich zusammen aus vielen verschiedenen Einflüssen. Auch hier gab es Minderheiten wie z. B. Jüdinnen und Juden, Sorbinnen und Sorben, Sinti und Roma, die nicht unbedingt an äußeren Merkmalen erkennbar sind.

Alle diese Resultate und Folgen von Kultur fließen konfliktreich in die Szene, die eingangs geschildert wurde. Und so begegnen sich Menschen, die scheinbar eine gleiche Sprache sprechen. Sie kommen jedoch von ver-schiedenen Orten und es fehlt ein Sozialisationshintergrund, auf den sie sich beziehen können und so trennt und verschleiert die gleiche Sprache die kulturellen Unterschiede.

Verschiedene Kompetenzen und Unterschiede im Arbeitsbereich

In einer Studie der IG (Industriegewerkschaft, 1995) Chemie wurde unter-sucht, welche Kompetenzunterschiede zwischen Menschen aus der Bundes-republik und der ehemaligen DDR in Bezug auf Arbeit festzustellen sind. Wenn diese Unterschiede unreflektiert bleiben – eben wegen scheinbar gleicher Sprache und daraus folgernd gleicher Sozialisation – resultieren gerade daraus zahlreiche Missverständnisse. Frauen und Männer aus den unterschiedlichen deutschen Ländern vereint kein gleicher Sozialisations-hintergrund. Sie haben Geschlechtererfahrungen und Kompetenzen, die sich grundsätzlich voneinander unterscheiden. Diese Differenzen müssen in der Mediation im Arbeitsgebiet und in der Ausbildung berücksichtigt wer-den. Es ist hilfreich, wenn MediatorInnen bewusst ist, dass es im Arbeits-bereich in der heutigen Bundesrepublik Deutschland nicht um ein Aus-handeln von Normen und Werten ging und geht, sondern dass sich die Hinzukommenden, seien es Menschen aus der DDR oder MigrantInnen, einem Anpassungsdruck ausgesetzt sehen. Sie müssen die im Arbeitsbereich der Bundesrepublik herrschenden Normen, Werte und Kompetenzen sowie Sprachgebräuche übernehmen.

In Bezug auf die Arbeitswelt finden sich nach der oben genannten Studie Unterschiede in der wirtschafts-politischen Ausgangssituation, in der Be-deutung von Arbeit, in der Rolle der Leitung und in den Aufgaben der Gewerkschaft und deren Organisationen. Alle die genannten Praxisfelder haben verschiedene Bedeutungen im Leben der Menschen in unterschiedlichen Gesellschaften und verlangen je verschiedene Kompetenzen. Nicht zuletzt bedeuten unterschiedliche politische und wirtschaftliche Ausgangsbedingungen auch differente Erfahrungen hinsichtlich des Geschlechterverhältnisses. So entwickelten Männer und Frauen in der ehemaligen DDR jener Studie zufolge Kompetenzen im Arbeitsbereich unter Mangelerscheinungen von Arbeitsmitteln und Desorganisation, was als *Chaoskompetenz* bezeichnet wird.

Da in den Betrieben der DDR das Arbeitskollektiv im Mittelpunkt stand und der jeweilige Bezugsrahmen sowohl im Arbeitsbereich als auch in der privaten Sphäre stattfand, konnten zwar Kompetenzen für Teamarbeit entwickelt werden, nicht jedoch Kompetenzen unter den Bedingungen von Konkurrenz. Hier gilt es für ehemalige DDR BürgerInnen, neue Werte und ethische Haltungen zu erlernen, die ein Umdenken von der Haltung des „Wir-zum-Ich" hin zum „Ich-zum-Wir" nach sich ziehen. Das heißt, dass ein Umgang mit Konkurrenzsituationen von Menschen in der DDR nicht gelernt wurde und auch nicht mit deren Folgen von Unsicherheit und Existenzängsten, wenngleich sich die Phänomene der Unsicherheit und Existenzängste inzwischen zu einem gesellschaftlichen Problem ausweiten, das immer mehr Menschen betrifft, ungeachtet woher sie kommen.

Der Umgang mit persönlichen Freiheiten und damit persönlichen Verantwortungen für das eigene Leben als Grundkompetenz in einer demokratischen Gesellschaft ist ebenfalls nicht selbstverständlich voraus zu setzen. In der genannten Studie wurde deutlich, dass Menschen aus der DDR mit der Abwertung eigener in der Vergangenheit erbrachten Leistung konfrontiert werden. Dies führt über Verunsicherungen, die veränderte gesellschaftliche Verhältnisse mit sich bringen hinaus und erzeugt unter Umständen innere seelische Verletzungen, die jedoch nur mit Mühe kommuniziert werden können. Das trifft jedoch auf alle beschriebenen Unterschiede zu, weil sie auf einer nicht sichtbaren Ebene manifestiert sind und nicht sogleich bewusst werden. Als ein weiterer Punkt, in dem Unterschiede bestehen, wurde in der genannten Studie die Selbstdarstellung genannt.

In der BRD ist es im Arbeitsbereich und im privaten eher üblich, sich hervorzuheben, sich gut zu verkaufen. Hier gibt es große Diskrepanzen zwischen den Menschen aus der DDR und der BRD. Die Fähigkeit, sich gut zu verkaufen, wird in einer Gesellschaft mit Konkurrenzdruck in der frühen Sozialisation gelernt. Die Diskrepanz besteht, so die Autoren der Studie, auch zwischen Selbsteinschätzung und Selbstdarstellung. „So kommt es immer wieder vor, dass Menschen aus den neuen Bundesländern als sehr selbstbewusst, aktiv und kompetent wahrgenommen werden. Sie selber jedoch schätzen sich als inkompetent, mit wenig Selbstvertrauen und Selbstbewusstsein ein." (IG, 1995: 51)

Mit dieser Komplexität an Lebenserfahrungen adäquat umzugehen, ist Aufgabe von MediatorInnen. Wie ich diese Vielschichtigkeit in Weiterbildungen zur Mediation vermittle, werde ich im Folgenden beschreiben.

Social Justice und Diversity Training als Rahmen der Weiterbildungen in Mediation

Ich gehe in meinem Ansatz davon aus, dass kulturelle Konflikte in der Regel andere Konflikte überdecken und dass es sich selten im Konfliktfall um kulturelle Differenzen handelt in dem Sinne, dass Menschen sich nicht verstehen, weil sie verschiedenen Kulturen angehören. Ich gehe davon aus, dass die Hintergründe für Konflikte, die im Gewand der Kultur daher kommen, auf sozialen Ungleichheiten sowie politischen und gesellschaftlichen Praxen der Ungleichbehandlung und Ausgrenzung basieren. So kombiniere ich die Vermittlung von Mediationstechniken mit Elementen des *Social Justice und Diversity Training*. In diesem Training geht es um die Vermittlung von sozialer Gerechtigkeit (Social Justice) und die Anerkennung von Verschiedenheit (Differenz bzw. Diversity). Die Methode des *Social Justice und Diversity Trainings*, die in Form eines komplexen US-amerikanischen Lehrbuchs allgemein zugänglich ist (Adams u.a., 1997), knüpft an die Freiresche Pädagogik der Unterdrückten an, aber auch an Ansätze der Psychologie, Philosophie, Soziologie und anderen Disziplinen. Sie wird seit den 1980er Jahren in den USA praktiziert. *Social Justice und Diversity Trainings* sind in den USA Bestandteile der Curricula an Schulen und Hochschulen und werden beispielsweise in der Gewerkschafts- und Stadtteilarbeit eingesetzt.

Das *Social Justice und Diversity Training* entwickelte sich aus langjährigen Erfahrungen mit dem Konfliktpotential einerseits und den Entwicklungsmöglichkeiten von Menschen und Gruppen unterschiedlichster kultureller und ethnischer Hintergründe andererseits. Wesentlich ist dabei der Grundgedanke, dass alle Mitglieder der Gesellschaft gleichberechtigt an den materiellen und ideellen Ressourcen der Gesellschaft teilhaben sollen. Das *Social Justice und Diversity Training* geht davon aus, dass Menschen privilegiert und nicht privilegiert zugleich sind und dass es wesentlich ist, die Komplexität, die Institutionalisierung, die Internalisierung und die Geschichte von Strukturen gesellschaftlicher Unterdrückung und Diskriminierung zu analysieren (Czollek, Weinbach, 2002: 112 ff).

Im Falle des Konfliktes zwischen Menschen aus der DDR und der BRD würde das bedeuten, die konkreten gesellschaftlichen Bedingungen zu analysieren und zu reflektieren, was sie für die je einzelnen bedeuten, aber auch, wie einzelne Menschen selbst an der Herstellung von Strukturen der Gleichheit oder eben auch der Ungleichheit mit wirken. Dieses Wissen ist für MediatorInnen bedeutsam, damit nicht unbeabsichtigt in der Mediation Strukturen von Ungleichheit reproduziert werden. Ein Wissen über die Wirkungsmechanismen von Ungleichheit ist darüber hinaus hilfreich, um durch Fragen auf die tiefer liegenden Hintergründe der Konflikte zu kommen.

Als drittes Moment in der Weiterbildung von Mediation füge ich neben der Vermittlung von Mediationstechniken und Elementen von *Social Justice und Diversity Training* die Vermittlung einer dialogischen Haltung hinzu, die vom Konzept jenes Dialoges ausgeht, wie er sich in der jüdischen Tradition entwickelt hat (Czollek, 2003: 44 ff).

Dialog in der Weiterbildung

Das Konzept des Dialoges, das sich aus der jüdischen Tradition entwickelte, hat die Gleichwertigkeit verschiedener Vorstellungen, verschiedenen Meinens, Denkens und Interpretierens in Bezug auf die Welt zum Inhalt. Seine zentrale These ist jene, dass es keine eindeutigen Wahrheiten gibt, keine vermeintlich feststehenden Gültigkeiten, sondern pluralistische Sichtweisen in Bezug auf etwas und Interpretation über etwas möglich sind und Gültigkeit haben. In den von mir durchgeführten Weiterbildungen und Mediationen gehe ich von der Veränderbarkeit von Menschen, deren Kompetenzen, Vorstellungen und Rollen im gesellschaftlichen Gefüge aus. Hier ist jenes dialogische Prinzip sinnvoll, weil es von der Begrenztheit der eigenen Erfahrung ausgeht und das Gegenüber benötigt, um eigene Denkstrukturen zu erschüttern und darüber neue Perspektiven im Zusammenhang mit der Komplexität von Gesellschaft erfahrbar macht. Bei dem Dialog geht es nicht darum, sich selbst im anderen zu erkennen, sondern den oder die andere als das Unbekannte zu begreifen und Grenzen des Verstehens zu akzeptieren. Es geht nicht um Einfühlung, sondern um Erkennen. Wenn Menschen mit je unterschiedlichen Hintergründen und Positionen in der Gesellschaft in einen Dialog treten, können sie eine gemeinsame Basis finden, von der aus etwas Gemeinsames gefunden werden kann, das eine Verbindung unter ihnen ermöglicht. So könnte diese den Rahmen bilden um Vorstellungen darüber zu entwickeln, wie Konflikte gelöst und Arbeitsbereiche demokratisch gestaltet werden können, ohne in einem starren ein-für-allemal Gesetztem zu verharren.

Eine wichtige Haltung hierbei ist die Frage der Anerkennung. Es geht hier um die wechselseitige Anerkennung des Anderen. Unter dem Begriff Anerkennung verstehe ich Prozesse zwischen Menschen auf interaktiver Ebene, die von der Gleichheit und der Differenz von Menschen ausgehen. Anerkennung beschreibt einen Kanon von Einstellungen und Fähigkeiten, mit denen Menschen sich begegnen können, ohne einander abzuwerten. Dazu gehören das Zuhören-Können, die Fähigkeit, verschiedene Perspektiven einzunehmen, die Bereitschaft, eigene Einstellungen und Erfahrungen zu reflektieren. Dazu gehört auch, den je Anderen als von „mir" getrennt Seienden wahrzunehmen und zu erkennen, unabhängig von „meinen" eigenen Erfahrungen, Perspektiven oder Bewertungen. Anerkennung des je Anderen bedeutet, auf die Wahrheit zu verzichten, d.h. darauf zu verzichten als einziger recht zu haben. Anerkennung bedeutet auch, Menschen nicht zu bewerten und zu beurteilen. Diese ethische Prämisse von Anerkennung geht weit über eine bloße Toleranz hinaus.

Abschließendes

In der am Anfang des Artikels beschriebenen Sequenz zeigt sich eine verpasste Chance für ein Gespräch, in der alle etwas gelernt und die Welt für alle einen Augenblick freundlicher hätte sein können. Dieses Beispiel dient mir als Lehrbeispiel für die Komplexität eines Konfliktes, der in seinen Tiefen viele Momente für den Einzelnen je unterschiedliche gesellschaftliche Wirklichkeiten birgt. Diese Wirklichkeiten haben verschiedene Folgen und sind Folgen von Kultur, die sich darin zeigen, welche Zugänge Menschen zu bestimmten Lebenswelten haben und welche Bilder und Vorstellungen den Ausgang von gelungener oder weniger gelungener Kommunikation und Konfliktlösung bestimmen. Die Bilder und Vorstellungen etwa darüber, wer Deutsche und Deutscher ist und wer eintreten darf und wer nicht, sind eben nur Bilder und Vorstellungen und nicht die Wirklichkeit selbst.

So vermittle ich in meinen Weiterbildungen und Konfliktfällen, an denen Menschen aus der DDR und der BRD beteiligt sind, eine Haltung, in der es vor allen Dingen gilt, Fragen zu stellen und sich dem Drang eines allzu schnellen Urteilens zu widersetzen. Es gilt zu lernen, einander zuzuhören. Die Geschichten, die wir einander erzählen, auszuhalten, anzunehmen und sie als das zu nehmen, was sie sind: Geschichten unterschiedlicher Leben, in denen sich unterschiedliche Erfahrungen, Schmerzen und Freuden, Hoffnungen und Enttäuschungen, Siege und Niederlagen spiegeln. Wenn sie erzählt und gehört werden können, werden sie zu Brücken über die Mauer in den Köpfen hinweg.

Literatur

Adams M, Bell LA, Griffin P (1997) Teaching for Diversity and Social Justice. A Sourcebook. New York und London

Czollek, LC (2003) „Am Anfang war das Wort. Aspekte jüdischen Dialoges und die Vielstimmigkeit von Multikulti" In: Verständigung in finsteren Zeiten. Interkulturelle Dialoge statt „Clash of Civilization". In: Czollek LC, Perko G (Hrsg) Köln

Czollek LC, Weinbach H (2002) „Gender und Gerechtigkeits-Trainings: Machtverhältnisse begreifen und Verändern" In: Gender Mainstreaming. Kritische Reflexionen einer neuen Strategie. In: Nohr B, Veth S (Hrsg) Berlin

IG Chemie, Papier, Keramik; Hauptvorstand Abteilung Bildung (1995) Voraussetzungen für die Vermittlung sozialer Kompetenzen in den fünf neuen Ländern. Eine vergleichende Studie, Berlin

JOHANNES W. RAUM

Konfliktlösungen in einigen afrikanischen Kulturen

Allgemeine Überlegungen

Es gibt verschiedene Gründe, weshalb eine Auseinandersetzung mit Konfliktlösungsverfahren in Afrika im Zusammenhang mit Mediation oder Vermittlung zwischen streitenden Parteien sinnvoll erscheint. In Afrika sind in vorkolonialer Zeit eine große Anzahl Streitschlichtungs- und Rechtssysteme entwickelt worden, von denen viele auf Ausgleich zwischen streitenden Parteien ausgerichtet waren und weniger auf die Unterwerfung unter einen als allgemeingültig angesehenen Rechtskodex (Moore u.a., 1997). Außerdem dürfte es ganz allgemein von Bedeutung sein, dass man Afrika nicht nur in dem eurozentrischen Licht betrachtet, in dem es heute insbesondere in den Medien als Erdteil der ständigen Konflikte dargestellt wird. Welthistorisch gesehen war Afrika nämlich vor dem Einbruch der europäischen Kolonialzeit ein verhältnismäßig friedlicher Erdteil (Iliffe, 2003, Oliver u. Atmore, 1994). Die verheerenden Bürgerkriege, die heute dort wüten, sind zum Teil eine Folge von Einwirkungen von außen.

Europäer, insbesondere Mitteleuropäer, sollten sich darüber klar sein, dass die gegenwärtigen Auseinandersetzungen in Afrika im Vergleich zu dem, was im kurzen 20. Jahrhundert in Europa vorgefallen ist, eigentlich unbedeutend sind. Die entsetzlichen Folgen der verheerendsten Kriege der Menschheit sind Teil der Geschichte des 20. Jahrhunderts in Europa! So hat z. B. Mark Mazower in seinem Buch „Dark Continent" (1998) nicht Afrika, wie früher oft behauptet wurde, sondern Europa als dunklen Kontinent beschrieben!

Wenn es um Streitschlichtung geht, ist die Beschäftigung mit dem welthistorisch betrachtet relativ friedlichen Afrika, dem Mutterkontinent der Menschheit, von Nutzen. Ich berufe mich bei meinen Ausführungen über Konfliktlösungen bei den *!Kung-Buschleuten, Ndendeuli, Nuer* und *Barotse* auf das Schrifttum von „social anthropologists" (Sozioethnologen) über diese Gesellschaften, die langfristige Feldforschung durchgeführt haben. Es kann hier nur erwähnt werden, dass es sich in allen Fällen um die britische Kolo-

nialzeit handelt, eine Tatsache, die Fragen allerlei Art, insbesondere aber
methodischer Art aufwirft, die hier nicht behandelt werden können. Man
kann indessen feststellen, dass die britische Kolonialverwaltung in vielen
Gebieten aufgrund des „indirect rule" die einheimischen Streitschlichtungs-
verfahren weiter bestehen ließen, so dass manches noch erkennbar ist, dass
als genuin afrikanisch angesehen werden kann, auch wenn die indigenen
Rechtssysteme zugunsten der Ausbeutung der Kolonien in mancher Hinsicht
pervertiert wurden (Chanock, 1985, Sagner, 1985).

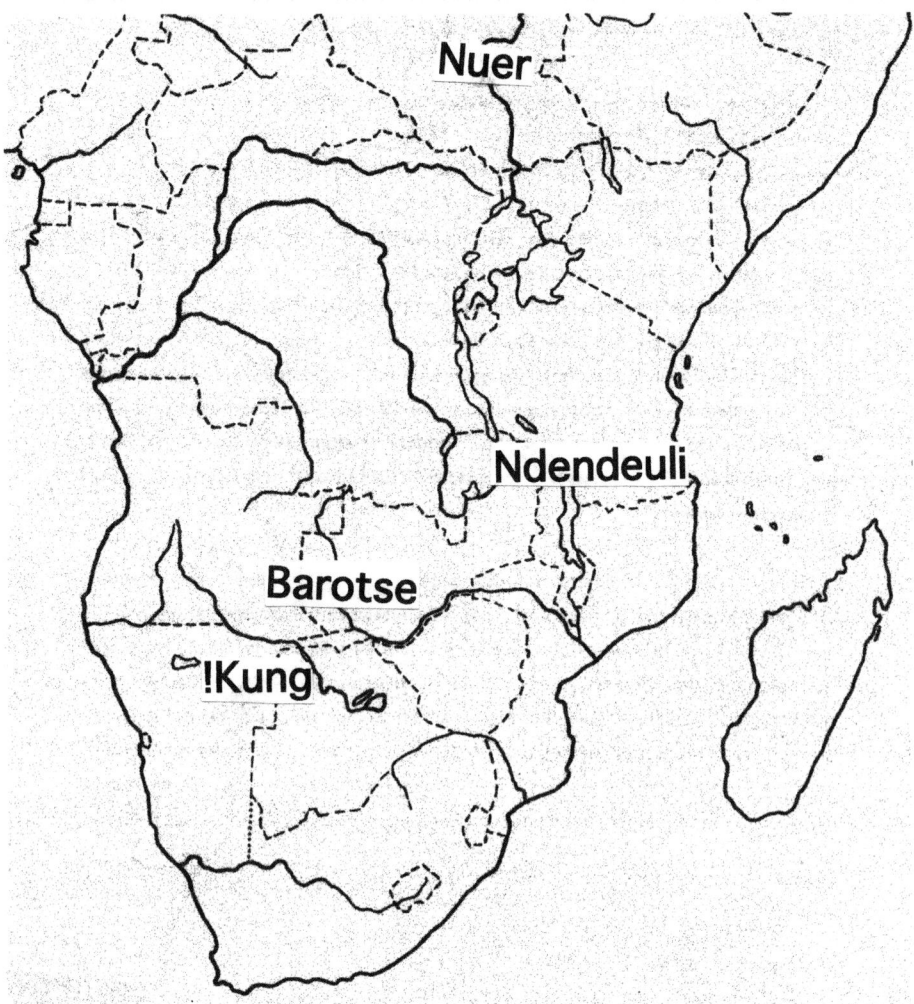

Abb. 1. Karte der Siedlungsgebiete der behandelten Gesellschaften

Ethnographische Fallbeispiele aus Afrika

!Kung-Buschleute

Die !Kung-Buschleute (Marshall 1976, Lee 1979) lebten gegen Ende des 20. Jahrhunderts in der Halbwüste der Kalahari im heutigen Botswana und Namibia. Ihre Nahrungsmittelversorgung beruhte auf dem Sammeln von pflanzlichen Nahrungsmitteln und der Jagd mit vergiftetem Pfeil und Bogen. Die Frauen sammelten in kleinen Gruppen, während die Männer allein oder mit einigen Gefährten auf die Jagd gingen. Die Sammeltätigkeit der Frauen erbrachte einen höheren Ertrag als die Jagd, nämlich zwischen 60 % und 80 % der Nahrungsmittel. Die Jagdbeute – vor allem Antilopen – war zwar eine willkommene Bereicherung des Speisezettels, aber für das Überleben nicht notwendig. Denn die Frauen sammelten auch so viele proteinhaltige Nahrungsmittel, dass sogar in dieser Hinsicht auf die Jagd hätte verzichtet werden können.

Die !Kung waren in Jagd- und Sammelscharen organisiert, die 30 bis 50 Personen umfassten. Jede Schar beanspruchte ein Jagd- und Schweifgebiet, in dem in der Regel mindestens eine beständige Wasserstelle zu finden war. Die Jagdschar bestand aus mehreren Familien, die in der Regel aus einem Mann und einer Frau mit deren Kindern bestanden. Zuweilen kam indessen auch Polygynie vor, d. h. ein Mann konnte mehr als eine Frau heiraten. Es bestanden Heiratsregeln, die zur Folge hatten, dass selten innerhalb einer Jagdschar geheiratet wurde. So entstanden zahlreiche Verschwägerungsverhältnisse zwischen benachbarten Jagdscharen. Jede Familie besaß einen Windschirm und eine Feuerstelle. Die Windschirme waren um einen kreisförmigen Platz herum angelegt. Je nach Jahreszeit, d. h. je nachdem, wo insbesondere pflanzliche Nahrungsmittel und Wasser zu finden waren, zerstreuten sich die Familien über das Schweifgebiet oder versammelten sich an einer beständigen Wasserstelle. Eine Kerngruppe von Geschwistern – also eine Gruppe von Brüdern und Schwestern – galten als Eigentümer des Schweifgebiets einer Jagdschar. Von Personen aus einer benachbarten Jagdschar wurde erwartet, dass sie sich bei dieser Geschwisterkerngruppe die Erlaubnis einholten, wenn sie im Schweifgebiet sammeln, jagen oder Wasser holen wollten. In der Regel wurde solchen Bitten stattgegeben, weil man insbesondere bei Dürre oder Nahrungsmittelmangel vom eigenen auf ein anderes Schweifgebiet ausweichen musste. Wenn man selbst zu einem späteren Zeitpunkt Mangel litt, konnte man auf das Entgegenkommen der Bittsteller angewiesen sein.

Innerhalb der Jagdscharen entstanden soziale Spannungen. Diese drehten sich in der Regel um die Verteilung von Nahrungsmitteln und das Schenken sowie um Ehestreitigkeiten. Die Jagdbeute der Männer wurde nach bestimmten Regeln an Verwandte innerhalb der Jagdschar verteilt, so dass bei entsprechendem Jagderfolg jedes Mitglied der Jagdschar einen Anteil erhielt. Der Sammelertrag dagegen wurde von der jeweiligen Sammlerin nach eigenem Gutdünken an die Mitglieder ihrer Familie sowie an Freunde oder Bekannte verteilt.

Die !Kung selbst unterschieden drei Ebenen der Streitfälle: 1. das Streitgespräch oder die verbale Auseinandersetzung, 2. den Kampf ohne Waffen oder die tätliche Auseinandersetzung und 3. den Kampf mit Waffen oder das Töten. Der Kampf mit Waffen wurde von den !Kung besonders gefürchtet; denn man war sich durchaus bewusst, dass dabei jemand umkommen konnte. Nach manchen Berichten kam es auch relativ häufig zu Tötungsdelikten im Streitfall; aber Ethnologen haben derartige Streitfälle nicht beobachtet, sondern nur vom Hörensagen über sie erfahren. Auch die tätliche Auseinandersetzung ohne Waffen wurde abgelehnt. Häufig griffen dabei zunächst Unbeteiligte ein, um den Streit beizulegen.

Wie ein Gespräch als Streitlösungsverfahren eingesetzt wurde, zeigt folgender Fall: Aus Anlass der Verlobung ihres Sohnes war die Mutter verpflichtet, dem Brautvater ein Geschenk zu machen. Sie überreichte aber das erhoffte Geschenk - ein Messer - einem ihrer eigenen Verwandten. Hierauf tat die Schwester der Brautmutter lautstark ihre Meinung über dieses unziemliche Verhalten kund. Sie sagte, sie könne eine Ehe der Tochter ihrer Schwester nur dulden, wenn die Mutter des Bräutigams den Fehler wieder gutmachen und das erwartete Geschenk dem Brautvater geben würde. Andere Personen mischten sich in das Gespräch ein. Die Familienangehörigen des Bräutigams wehrten sich nur relativ kleinlaut gegen die Vorwürfe. Nach etwa 20 Minuten stand der Bräutigam auf und ging weg. Das Gespräch war beendet. Einige Tage später machte indessen die Mutter des Bräutigams ihr Versäumnis wieder gut, indem sie dem Brautvater ein anderes Geschenk überreichte (Marshall, 1976: 290-1 In: Weise, 1983: 11).

Derartige Streitgespräche über Geschenke, Verteilung von Nahrungsmitteln sowie Ehestreitigkeiten wurden häufig geführt. Oft wurden sie durch eine witzige Bemerkung beendet. Manchmal führten sie wie im oben geschilderten Fall zu einer Beilegung des Streites. In anderen Fällen konnte das Ergebnis sein, dass die Mitglieder einer Partei, sich von ihrer Jagdschar abspalteten und einer anderen anschlossen. Überraschend häufig kam es dazu, dass die Personen, die nach einem Streit eine Jagdschar verlassen hatten, später zu dieser zurückkehrten. Wir können festhalten, dass die !Kung-Buschleute zwei Formen der Streitlösungsverfahren im Gegensatz zur Streitaustragung kannten und praktizierten, nämlich, das Streitgespräch und die gegenseitige Meidung.

Ndendeuli

In den fünfziger Jahren des vorigen Jahrhunderts siedelten die eine Bantusprache sprechenden Ndendeuli (Gulliver, 1969, 1971, Rieder, 1983) im Trockenwald im Südosten des britischen Mandatsgebietes Tanganjika, das 1961 in die Unabhängigkeit entlassen wurde und heute als Tansania bekannt ist. Diese aus verschiedenen Bevölkerungsgruppen bestehende Gesellschaft betrieb aufgrund der Umweltbedingungen mit der Hacke Wanderfeldbau und baute Mais, Bohnen, Hirse, Maniok, Erdnüsse und Süßkartoffeln an. Nur wenige Männer hielten einige Ziegen. Die je nach Bedarf von Einzelpersonen zu Arbeitsgruppen zusammengerufenen Männer bewältigten den Hauptteil der Bodenbauarbeiten aber auch anderer Arbeiten wie den Hüttenbau etwa. Manche meist unverheiratete junge Männer suchten als Wanderarbeiter an der Küste oder anderswo oft kurzfristig Lohnarbeit oder beteiligten sich am Straßenbau. Bargeld brauchte man unter anderem für den Brautpreis. Allerdings war es die Regel, dass heiratswillige Männer meistens in anderen Gemeinden bei den Eltern der Braut Brautdienst leisteten. Um die Verwandtschaftsbindungen auszuweiten, war es wichtig, eine Frau aus einer entfernteren Gemeinde zu heiraten.

Die, zwischen 150 und 200 Einwohner umfassenden örtlichen Gemeinden bestanden aus in einer gewissen Entfernung voneinander liegenden Weilern, in denen eine Reihe von Haushalten zusammengeschlossen war. Um die eng beieinander stehenden Hütten dieser Haushalte herum befanden sich die Felder der Hackbauern. Es wurde keine höhere politische Instanz anerkannt. Bei diesen Gemeinden handelte es sich um auf Heiratsschwägerschaft und Blutsverwandtschaft gründende Einheiten, in denen indessen auf die genaue Berechnung des Verwandtschaftsgrades kein großer Wert gelegt wurde. Die Gemeinde besaß kein Oberhaupt und keinen institutionalisierten Gemeinderat. Für den sozialen Zusammenhalt spielte die Reziprozität, die Gegenseitigkeit, eine Schlüsselrolle.

Bei Streitfällen rekrutierten der Kläger und der Beklagte Parteigänger, die zwei Aktionsgruppen bildeten. Meist berief der Kläger, zuweilen der Beklagte oder auch eine andere angesehene Persönlichkeit, eine öffentliche Streitfallschlichtungsversammlung (moot – *mkutano*) ein, an der jedermann, nicht nur die Parteigänger, mit Rederecht teilnehmen konnte.

Zu den Parteigängern gehörten in der Regel einige Personen mit hohem Ansehen oder Notabeln, die Beziehungen sowohl zur gegnerischen Partei als auch zu anderen Gruppierungen hatten. Häufig übernahmen nach einiger Zeit diese Notabeln die Leitung des Streitgesprächs in der Streitfallschlichtungsversammlung. Insbesondere sie, aber keineswegs nur sie, achteten darauf, dass Verfahrensregeln eingehalten wurden, die gewährleisteten, dass Vertreter beider Parteien ausreichend zu Wort kamen. Diese Notabeln fällten niemals Entscheidungen, weil das ihrem Ansehen schaden konnte. Andererseits konnte eine gelungene Schlichtung ihrem Ruf nützlich sein. Deshalb schlugen sie häufig Kompromisslösungen vor, wobei sie ihre persönlichen Interessen im Auge behielten. Es kam allerdings auch vor, dass ein Notabler bewusst einer Streitschlichtungsversammlung fernblieb, wenn er die Möglichkeit fürchtete, an Prestige zu verlieren.

Häufig war ein Mann, der als Parteigänger von einem der Streitbeteiligten rekrutiert worden war, in ähnlicher Weise dem anderen Streitbeteiligten verpflichtet. Solche Männer gerieten in eine schwierige Lage. Häufig blieb ihnen nur der Ausweg gezwungener Maßen als Vermittler aufzutreten und Vorschläge zur Beilegung des Streitfalles zu unterbreiten. Das war insbesondere dann der Fall, wenn kein Notabler als Vermittler die Wortführung ergriff.

Grundsätzlich hatten alle Anwesenden bei einer Streitfallschlichtungsversammlung Rederecht. In der Regel begann der Kläger seine Sicht des Streitfalles darzustellen. Darauf antwortete der Beklagte ebenso ausführlich. Danach nahm jeder Anwesende, der Interesse daran hatte, zuweilen ausführlich, ja sogar ausschweifend,

Stellung. Es durften und wurden auch häufig Angelegenheiten angeführt, die nach unserem Verständnis von Gerichtsprozessen nicht zur Sache gehört hätten; trotzdem ließ man jedermann zu Ende sprechen. Nicht selten wurden frühere Streitfälle angeführt, an denen Anwesende oder die Streitfallbeteiligten selbst beteiligt gewesen waren.

Wenn das öffentliche Streitgespräch einen gewissen Höhepunkt erreicht und beide Standpunkte den Anwesenden ausreichend klar waren, griff häufig entweder ein Notabler oder einer der beiden Seiten verpflichteten Männer mit Ausgleichsvorschlägen ein. Daraus entwickelte sich ein weiteres Gespräch. Dieses führte in fast allen Fällen zu einem Kompromiss, der dann als Lösung von beiden Parteien akzeptiert wurde. Oft wurden die Forderungen aus diesem Kompromiss von der einen oder anderen Partei, aber auch von beiden Parteien sofort erfüllt. In vielen Fällen wurde die Streitfallschlichtungsversammlung mit einem Umtrunk beendet, an dem alle teilnahmen. Daraus geht hervor, dass insbesondere die Partei, die die Streitfallschlichtungsversammlung veranlasst hatte von vornherein eine einvernehmliche Vereinbarung zur Lösung des Konflikts anstrebte. Einschränkend muss man jedoch hinzufügen, dass Forderungen aus dem Kompromiss häufig nur teilweise erfüllt wurden.

Nuer

In den dreißiger Jahren des vorigen Jahrhunderts siedelte das nilotische Rinderhirtenvolk der Nuer (Evans-Pritchard, 1940a 1940b, 1950) am oberen Weißen Nil im heutigen Sudan. Während der Regenzeit ist die Ebene überflutet, sodass die Nuer sich auf Anhöhen zurückzogen, wo sie feste Siedlungen errichteten. Sie ernährten sich vom Hackbau, Sammeln, Fischen, aber vor allem von Rinderherden, die als Brautpreis und Opfertiere eine wesentliche gesellschaftliche Rolle spielten. Die einzelnen Familien in den Gehöften schlossen sich zu Nachbarschaften zusammen. Während der Trockenzeit mussten die Nuer ihre Rinder auf weit entfernte Weideplätze treiben, wo sie in lagerähnlichen Siedlungen bis zum Beginn der Regenzeit lebten. Nur wenige ältere Menschen sowie Kleinkinder und Mütter blieben in den festen Siedlungen zurück.

Den Kern sowohl der festen Siedlungen als auch der Trockenzeitlager bildete eine Gruppe agnatischer Verwandter, eine *Lineage*. Diese patrilinearen Lineages konnten ihre tatsächliche Deszendenz einige Generationen zurückrechnen. Einem solchen agnatischen Kern von Verwandten oder einer Lineage schlossen sich zahlreiche angeheiratete Verwandte, aber auch Blutsverwandte an. Auch völlig fremde Personen konnten durch eine rechtliche Fiktion in eine patrilineare Lineage der Nuer eingebunden werden. In jeder, mehrere feste Siedlungen umfassenden Nachbarschaft, galt jeweils eine patrilineare Lineage als die ranghöchste. Mehrere Nachbarschaften waren zu größeren Territorialeinheiten zusammengefasst, in denen ebenfalls eine bestimmte Lineage als führend betrachtet wurde. Diese Struktur setzte sich auf den höheren Ebenen der territorialen Organisation bis hinauf zur Stammesebene fort. Die Nuer waren in eine Reihe von Stämmen unterteilt. In jedem Stammesterritorium galt ein *patrilinearer Klan*, also eine übergeordnete agnatische Abstammungsgruppe, gegenüber allen anderen als ranghöchster. Diese patrilinearen Klans setzten sich aus patrilinearen Lineages zusammen. Allerdings konnte in den Klans die Abstammung nicht mehr im Einzelnen nachvollzogen werden wie in den Lineages. Aber die Zugehörigkeit zum Klan wurde nur in der männlichen Linie weitergegeben. Die Klans waren exogam, d.h. Mitglieder eines Klans durften untereinander nicht heiraten. Bei jeder Eheschließung übergab die Familie des Bräutigams der Familie der Braut eine Anzahl Rinder als Brautpreis.

Der ranghöchste Klan in einem Stamm stellte keineswegs einen Stammesfürsten. Seine Mitglieder galten nur als eine Art Aristokratie. Den Nuer fehlte ein zentralisiertes Stammesfürstentum. Kennzeichnend für die Lineages der Nuer war die Neigung zur Spaltung. Bereits die Söhne eines Vaters konnten sich bei Konflikten gegen diejenigen ihres Vaterbruders zusammenschließen. Bei einer polygynen Ehe schlossen sich zuweilen auch die Söhne einer Ehefrau gegen diejenigen einer anderen zusammen, obwohl alle den gleichen Vater hatten. Je größer der jeweilige Deszendenzverband war, desto leichter fand bei Streitfällen die Spaltung zwischen kollateralen Lineages statt. Ge-

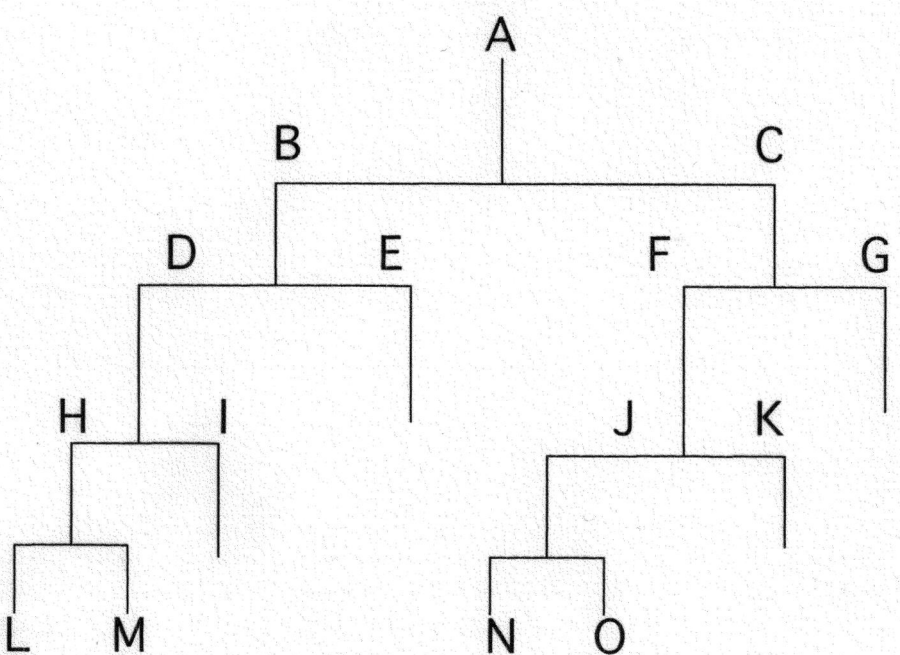

Abb. 2. Das Lineagesystem der Nuer: Erläuterung: *L* und *M* schließen sich gegen *I* zu *H* zusammen; *H* und *I* schließen sich gegen *E* zu *D* zusammen; *D* und *E* schließen sich gegen *C* zu *B* zusammen. Geriet also ein Mitglied von *L* mit einem Mitglied von *O* in Streit, dann entstand ein Streit zwischen *B* und *C*.

rieten indessen größere Deszendenzverbände in Streit, dann schlossen sich auf den darunter liegenden Ebenen die jeweils dazugehörenden Lineages wiederum zusammen, um bei der Austragung oder Lösung eines Streitfalles eine größere Einheit zu bilden. Es handelte sich bei dem Lineagesystem der Nuer also stets sowohl um Spaltung als auch um Verschmelzung. Auf diese Weise wurde im politischen System der Nuer, dessen Gerüst das Lineage-system bildete, Recht und Ordnung aufrechterhalten.

Bei einem Streit gab es verschiedene Möglichkeiten für ein Streitlösungsverfahren. Eine Möglichkeit war, dass die Ältesten einer Lineage sich mit den Ältesten einer an-deren Lineage trafen, um einen Streit beizulegen. Bei weniger gravierenden Streitfäl-len gelang das wohl auch relativ häufig. Bei schwerwiegenderen Fällen jedoch wie bei Totschlag oder Mord etwa konnte eine Fehde zwischen der Lineage des Totschlägers oder Mörders und derjenigen entstehen, dem der Erschlagene angehört hatte. Das heißt, Angehörige der Lineage des Erschlagenen übten Blutrache, indem sie ihrerseits einen Angehörigen der Lineage des Totschlägers töteten, und zwar keineswegs not-wendigerweise den Totschläger selbst. Es drohte also eine langwierige Blutfehde zu entstehen.

Als Vermittler zwischen sich streitenden oder miteinander in Fehde lie-genden Lineages betätigten sich die *Leopardenfellhäuptlinge* (Evans-Pritchard 1940a: 152–5, 162–176, 1940b: 291–294). Diese stellten keine Zentralinstanz dar, die ein Richteramt innehatten. Sie konnten keine Entscheidungen fällen. Aber sie standen gleichsam außerhalb des Lineagesystems und hatten des-halb eine „neutrale" Stellung inne. Bei der Auseinandersetzung zwischen zwei sich streitenden Lineages konnte dieser Leopardenfellhäuptling oder Ver-mittler zwischen ihren Ältesten mit seiner Hacke eine Furche aufwerfen und so einen gewaltsamen Streit verhindern. Ein Totschläger konnte beim Gehöft eines Leopardenfellhäuptlings vor den Nachstellungen der Angehörigen der Lineage des Erschlagenen Zuflucht suchen. Er erhielt so etwas wie ein be-fristetes Asyl, bis es dem Leopardenfellhäuptling gelungen war, zwischen den Ältesten der beiden in den Streitfall verwickelten Lineages eine Übereinkunft über die Entrichtung einer Entschädigungszahlung zu erzielen. Eine solche Entschädigungszahlung bestand meistens aus einer Anzahl von Rindern. Leo-pardenfellhäuptlinge konnten allenfalls bei einem Fall von Mord oder Tot-schlag etwa Möglichkeiten zur Beilegung einer aus einem solchen Fall ent-standenen Fehde aufzeigen. Der Leopardenfellhäuptling schlug zum Beispiel den Vertretern der beiden Parteien die Höhe des Wergeldes, also der Sühne-zahlung in der Form von Rindern für eine getötete Person, vor. Er war indes-sen nicht befugt zu entscheiden, ob ein solcher Vorschlag angenommen wer-den sollte oder nicht. Es handelte sich beim Leopardenfellhäuptling der Nuer um einen Vermittler, der zwischen streitenden Parteien einen Kompro-miss oder einen Ausgleich herbeizuführen suchte. Immerhin gelang es den Nuer mit Hilfe solcher Streitfallregelungsverfahren auch ohne Zentralinstan-zen oder Gerichte ein erstaunlich hohes Maß an Recht und Ordnung zu ge-währleisten, sodass man von einer „regulierten Anarchie" sprechen kann.

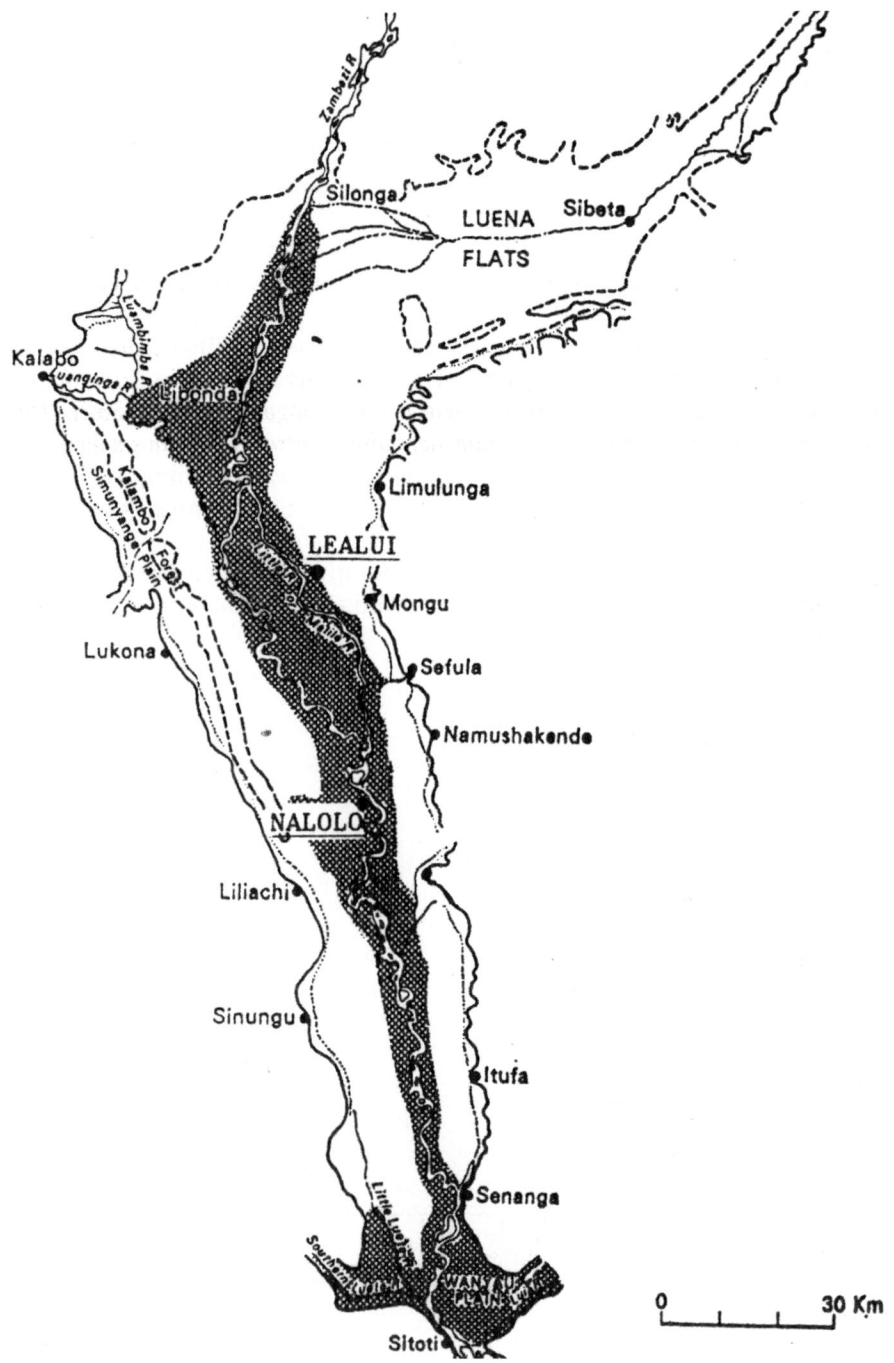

Abb. 3. Karte des Barotse-Reiches (nach Mainga 1973)

Barotse

Die Barotse (Gluckman, 1972, 1973 Mainga, 1973) siedeln in einem Gebiet mit alljährlichen Überschwemmungen am oberen Sambesi, wo sie über Splittergruppen herrschten, die zu einem Königreich zusammengefasst waren. Die einzelnen bilateralen Familien siedelten in Gehöften auf den niedrigen Hügeln in der Überflutungsebene. Jedes Jahr, wenn die Überschwemmungen kamen, zog die gesamte Gesellschaft von der Überflutungsebene auf die höher gelegenen Gebiete am Rande des Sambesi-Tals. Meine Ausführungen beziehen sich auf die Jahrzehnte vor der endgültigen Entlassung Sambias in die Unabhängigkeit 1964.

Bei diesem Königreich handelte es sich um eine Gesellschaft mit einer zentralisierten politischen Struktur, mit gerichtsähnlichen Instanzen. Jedes Gehöft war einem der beiden Hauptstädte des *Barotse*-Reiches zugeordnet. Jedem Gehöft stand ein Gehöftoberhaupt vor, der einen mit dem jeweiligen Gehöft verbundenen erblichen Titel trug. Der Nachfolger eines verstorbenen Gehöftoberhauptes wurde derjenige seiner väterlichen oder mütterlichen männlichen Verwandten, der von seinen Erben sowie vom Gerichtshof des Königs bestätigt wurde. Ein Gehöftoberhaupt, der gegen das Recht verstieß, konnte von den Gerichten oder vom König seines Amtes enthoben und ersetzt werden.

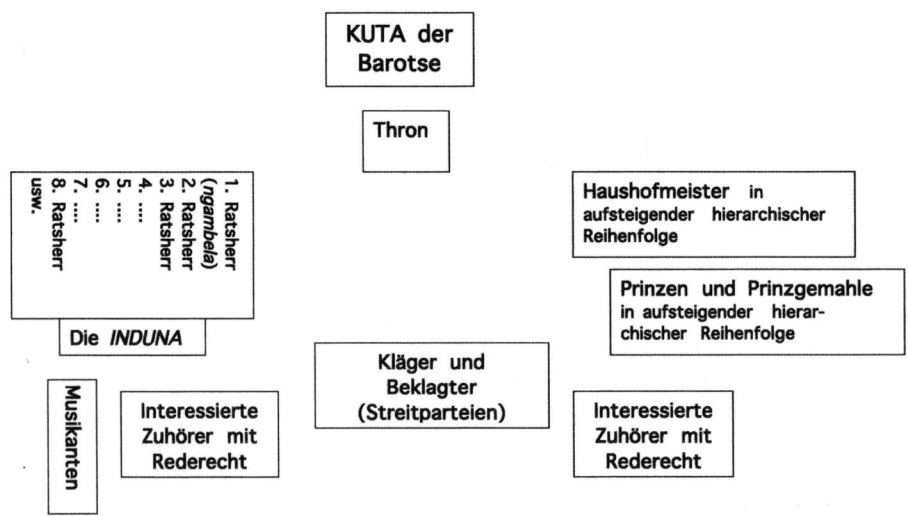

Abb. 4. Der Staatsrat (Kuta) der Barotse

Der König residierte in der nördlichen Hauptstadt *Lealui* und eine Prinzessin in der südlichen Hauptstadt *Nalolo*. Den Mittelpunkt jeder Hauptstadt bildete ein freier Platz zwischen der Residenz des Königs und dem Gebäude des Staatsrates, des *kuta*. Dieser Staatsrat versammelte sich in dem nach Außen hin offenen Staatsratsgebäude, um Streitfälle zu entscheiden. Der Staatsrat nahm auch Aufgaben der Gesetzgebung sowie Verwaltung wahr. In der Mitte hinten im Staatsratsgebäude befand sich ein Thron, auf dem der König saß, wenn er anwesend war. Auf allen Ebenen des Reiches gab es *kuta*, die ähnlich wie der Staatsrat organisiert waren.

Die Ratsherren oder Richter im *kuta* waren in drei Gruppen gegliedert. Die mächtigste Gruppe der Ratsherren, der *induna*, war diejenige, die zur Rechten des Königsthrons saß. Deren ranghöchstes Mitglied, der *ngambela*, war der Vorsitzende des *kuta*. Er war so mächtig, dass er im Verhältnis zum König als „eine andere Art König" beschrieben wurde. Er durfte kein Prinz sein, der Anspruch auf die Nachfolge im Königsamt hätte erheben können. Zur Linken des Königsthrones saßen die Haushofmeister. Neben den Haushofmeistern befand sich der Platz der Prinzen und der Prinzgemahlen der Prinzessinnen, vor den *induna* auf der anderen Seite des Gerichtshofes dagegen derjenige für die Gerichtsdiener und königlichen Musikanten. In der Mitte vor dem Thron befand sich ein freier Platz für Bittsteller, aber auch für die beiden Parteien in einem Rechtsstreit.

Die Parteien in einem Rechtsstreit saßen mit ihren Zeugen und den Verwandten, die sie unterstützen wollten, auf dem Platz vor dem Thron. Zuerst nahm der Kläger ausführlich zur Streitsache Stellung, wobei er mancherlei anführte, das nach unseren Vorstellungen nicht zur Sache gehörte. Er wurde jedoch ebenso wenig wie der Beklagte unterbrochen, der anschließend ebenfalls ausführlich seine Sicht der Angelegenheit vortrug. Danach kamen die Zeugen, die beide Aussagen gehört hatten, zu Wort. Die Mitglieder des kuta, aber auch jeder Anwesende, konnte dann sowohl Kläger und Beklagten als auch die Zeugen ins Kreuzverhör nehmen. War die Beweisaufnahme beendet, sprach zuerst der rangniedrigste induna und begründete sein Urteil. Danach folgten die anderen Richter jeweils in der aufsteigenden Reihenfolge ihrer Rangordnung mit ihren Urteilssprüchen, bis schließlich der ranghöchste Richter zur rechten Hand, also der ngambela, sein endgültiges Urteil abgab. Sein Urteil wurde dem König zur Bestätigung vorgelegt, der eine erneute Verhandlung anberaumen konnte.

Die Richter in diesen Gerichtshöfen gingen ähnlich wie europäische Richter vor. So legten sie mehr Gewicht auf Aussagen von Augenzeugen als auf Indizienbeweise. Es musste für einen Schuldspruch die Schuld eines Angeklagten nachgewiesen werden, auch wenn die Richter ihr Kreuzverhör so durchzuführen schienen, als setzten sie die Schuld des befragten Angeklagten voraus. Da die *Barotse* keine Gesetzesbücher kannten, spielte die Vorstellung eines vernunftbegabten und brauchtumstreuen Menschen bei der Urteilsfindung eine grundlegende Rolle.

Zur Veranschaulichung der Anwendung dieses Prinzips will ich ein Gerichtsverfahren darstellen (Gluckman, 1973: 37–51). Oberflächlich betrachtet ging es um einen bei den *Barotse* wesentlichen Rechtsgrundsatz: Ein Mann, der sein Gehöft verließ, verlor seinen Rechtsanspruch auf die Ländereien dieses Gehöfts. Wenn die *Barotse*-Richter einen derartigen Fall entschieden, bezogen sie indessen die Nichteinhaltung vieler anderer Verpflichtungen auch durch andere Personen mit ein.

In diesem Fall klagten drei Neffen ihren Vater-Bruder, das Gehöftoberhaupt ihres Gehöfts, sowie dessen Söhne auf die Herausgabe bestimmter Ländereien an. Sie plädierten, dass das Gehöftoberhaupt bei seiner Entscheidung nicht unparteiisch vorgegangen sei, sondern sich auf die Seite seines eigenen Sohnes gegen seine Neffen gestellt habe, die zu ihm in demselben Verhältnis wie Söhne zu einem Vater stünden.

Der älteste Sohn hatte mit der Ehefrau einer seiner Vettern die Ehe gebrochen. Er gab das zu, erwiderte jedoch, dass früher einer seiner Vettern die Ehe mit der Ehefrau eines anderen Verwandten gebrochen hatte. Er erzählte dann eine lange Geschichte, wie knauserig seine Vettern seinen Vater behandelt hätten, indem sie ihm keine Fische nach ihren Fischzügen und kein Geld von ihrem Verdienst als Wanderarbeiter abgegeben hätten. Außerdem hätten sie seinem Vater Pfosten und Deckgraß weggenommen, die der alte Mann einem der Neffen abgenommen hatte, um eine Hütte zu bauen. Die Neffen antworteten, dass sie den alten Mann nicht knauserig behandelt hätten, bis dieser es unterlassen habe, seinen Sohn wegen des Ehebruchs zu tadeln. Sie gestanden zu, dass ihr Vater-Bruder ihnen Rinder für die Zahlung eines Brautpreises gegeben hatte. Sie behaupteten, das Gehöftoberhaupt (ihr Vater-Bruder) habe ihnen während der Nacht befohlen, das Gehöft zu verlassen. Sie hätten sich zu einem verlassenen Gehöft begeben, worauf ihre Vettern ihre ehemaligen Ländereien zu bearbeiten begonnen hätten, die sie jetzt einklagen wollten; denn, so formulierten sie es: „Wie kann ein Mann, der kein Unrecht getan hat, sein Land verlieren?" Es gab eine Fülle an verwirrenden Einzelheiten über die Handlungen aller Einwohner des betreffenden Gehöfts.

Die Richter entschieden, dass es sinnlos sei, den Wahrheitsgehalt aller Vorwürfe und Gegenvorwürfe festzustellen. Es wurde klar, dass das Gehöft und die damit verbundenen Verwandtschaftsgruppen auseinander brechen würden, wenn die Richter keinen Druck auf die jungen Männer ausübten, um sie zu bewegen, nach Hause zurückzukehren, und auf das Gehöftoberhaupt, um sie willkommen zu heißen. Als der ranghöchste Richter ihn fragte, ob er seine Neffen in seinem Gehöft zurückhaben wollte, bejahte das Gehöftoberhaupt dies. Die Neffen sagten den Richtern, dass sie zurück zu kehren wünschten, wenn die Angelegenheit der Ländereien geregelt werden könne. Hier unterbrachen sie die Richter, um ihnen mitzuteilen, dass das Gericht die Sache der Ländereien regeln könne. Auch der Ehebrecher wünschte die Rückkehr seiner Vettern.

Die Richter stimmten alle überein: Das Recht war eindeutig: Wenn ein Mann sein Gehöft verließ, verlor er seine Ansprüche auf die Ländereien des Gehöfts. Wenn die Neffen es ablehnten, nach Hause zurückzukehren, würden sie ihre Länderein verlieren. Kehrten sie zurück, würden ihnen ihre Ländereien zurückgegeben werden. Der alte Mann wurde angewiesen, seine Neffen in ihre alten Rechte im Gehöft einzusetzen. Er wurde gewarnt, dass er bei der Entscheidung von Streitfällen zwischen seinen Söhnen und anderen Gehöfteinwohnern unparteiisch verfahren müsse. Es wurde ihm gesagt, dass er seinen Sohn hätte tadeln müssen, als dieser die Ehefrau seines Neffen

*verführte, und dass er den Ahnen ein Rind hätte opfern und einen Versöhnungsritus
hätte durchführen müssen.*

*Die Richter schalten die streitenden Parteien für Handlungen, die sie für Unrecht
hielten, und sagten dem Ehebrecher, dass er Schwierigkeiten verursache. Als ältester
Sohn des Gehöftoberhauptes könne er nicht so überheblich handeln, als würde er
notwendigerweise die Nachfolge seines Vaters antreten; die Verwandten und das Gericht könnten einen seiner Vettern als nächstes Gehöftoberhaupt bestimmen. Einer
der Neffen wurde getadelt, weil er seine Brüder aufgestachelt hatte, das Gehöft zu
verlassen, weil er hoffte, das Oberhaupt eines unabhängigen Gehöftes zu werden.
Schließlich drohte das Gericht allen Parteien mit einer Geldstrafe, falls sie wieder mit
Streitigkeiten vor Gericht erscheinen sollten. Die Parteien verließen das Gericht und
schienen miteinander versöhnt zu sein.*

In diesem Fall erkennt man, wie das Gericht versuchte, die streitenden
Parteien miteinander zu versöhnen. Gleichzeitig stellte es die Grundsätze
fest, nach denen Verwandte miteinander umgehen sollten. Aber das Gericht
fällte auch eine klare Entscheidung über die vorliegende Streitsache, darüber nämlich, wer Rechtsansprüche auf die Ländereien hatte. Das endgültige Urteil indessen zog die ganze Fülle der Streitereien der Parteien mit
in Betracht. Entsprechend dem Rechtsgrundsatz über Rechtsansprüche auf
Ländereien musste das Gericht entscheiden, ob das Gehöftoberhaupt seine
Neffen vertrieben oder diese in ungerechtfertigter Weise das Gehöft verlassen hatten. Um diese strittige Frage zu entscheiden, fragten die Richter,
ob der alte Mann über einen längeren Zeitraum als ein vernunftbegabter
Stiefvater und ein unparteiisches Gehöftoberhaupt gehandelt hätte. Sie
fragten, ob der älteste Sohn sich als ein vernünftiger Vetter verhalten hätte.
Und schließlich fragten sie, ob die Vettern sich als vernünftige Neffen gegenüber dem alten Mann verhalten hätten. Der größte Teil der Gerichts-
verhandlung bestand darin, festzustellen, ob die Parteien sich als vernünftige Inhaber ihrer jeweiligen Positionen im Verhältnis zueinander verhalten hatten. Kurzum, die Untersuchung der Frage der Rechtsansprüche auf
Ländereien verwandelte sich in eine Untersuchung der Erfüllung von Verpflichtungen, die mit bestimmten gesellschaftlichen Stellungen verbunden
waren.

Auffallend ist bei diesem Fall, dass die Richter darauf aus waren, früher
bestehende Verhältnisse, die durch den Streit gestört worden waren, wieder
herzustellen. Dieser Grundsatz war bei den Barotse, aber wohl auch bei vielen, wenn nicht sogar den meisten anderen uns bekannten Stammesgesell-
schaften von entscheidender Bedeutung (Raum, 1993).

Schluss

Eine unmittelbare Übertragung der Vorgehensweisen der Afrikaner, die hier
knapp und bruchstückhaft vorgestellt worden sind, ist unzulässig! Es darf
niemals übersehen werden, dass alle Streitfallschlichtungs- oder Konflikt-
lösungs- oder Rechtsverfahren unzertrennbar in das jeweilige gesellschaft-

liche und kulturelle Gefüge eingebettet sind. Diese Fallbeispiele können und dürfen daher höchstens dazu anregen, über die Vorgehensweisen zur Konfliktlösung in unseren eigenen Gesellschaften und Kulturen nachzudenken. Als Modelle taugen sie nicht! Dennoch sollten wir indessen versuchen, uns vorsichtig und behutsam die Weisheit der Menschen im Mutterkontinent des *homo sapiens* zunutze zu machen. Sie haben eine Vielfalt an diffizilen und beeindruckend scharfsinnigen Rechts- sowie Streitschlichtungssystemen entwickelt. Viele von ihnen sind begabte und der Gerechtigkeit verpflichtete Richter und Schlichter gewesen und sind es auch heute noch. Man denke nur an Kofi Annan!

Literatur

Chanock M (1985) Law, Custom and Social Order, the colonial experience in Malawi and Zambia, Cambridge University Press, Cambridge

Evans-Pritchard E (1940a) The Nuer. A description of the modes of Livelihood and political institutions of a Nilotic People. Clarendon Press, Oxford

Evans-Pritchard E (1940b) The Nuer of the Southern Sudan. In: Fortes M Evans-Pritchard E (ed) African Political Systems. Oxford University Press, London, pp 272–296

Evans-Pritachard E (1950) Kinship and the local community among the Nuer. In: Radcliffe-Brown A R, Forde D (eds) African systems of kinship and marriage, Oxford University Press, London, pp 360–391

Gluckman M (1972) The ideas in Barotse Jurisprudence. Verb. Neudruck mit neuem Vorwort. Manchester University Press, Manchester

Gluckman M (1973) The Judicial Process among the Barotse of Northern Rhodesia (Zambia). Neudruck der 2. Aufl. Manchester University Press, Manchester

Gulliver P H (1969) Dispute Settlement without Courts: the Ndendeuli of Southern Tanzania. In: Nader L (ed) Law in Culture and Society. Aldine, Chicago, pp 24–68

Gulliver P H (1971) Neighbours and networks. The Idiom of Kinship in Social Action among the Ndendeuli of Tanzania. University of California Press, Berkeley, Los Angeles

Iliffe J (2003) Geschichte Afrikas. 2. brosch. Aufl. Beck, München

Lee R (1979) the !Kung San. Men, women and work in a Foraging Society. Cambridge University Press, Cambridge

Mainga M (1973) Bulozi under the Luyana Kings. Political evolution and state formation in Pre-colonial Zambia. Longman, London

Marshall L (1976) The !Kung of Nyae Nyae. Harvard University Press, Cambridge, Mass

Moore S u. a. (1997) Law: customary law; Anglophone Western Africa; Francophone Western Africa; Anglophone Eastern Africa; Anglophone Central Africa; Congo, Zaire, Rwanda, Burundi; Lusophone Africa. In: Middleton J (ed) Encyclopedia of Africa South of the Sahara, 4 vols. Charles Scribner's Sons, New York 2: 526–559

Oliver R Atmore A (1994) Africa since 1800. Cambridge University Press, Cambridge

Raum J (1993) Rechtsethnologie. In: Schweizer T Schweizer M Kokot W (Hrsg) Handbuch der Ethnologie. Dietrich Reimer Verlag, Berlin

Rieder S (1983) Die Schlichtung von Streitfällen bei akephalen Gesellschaften Ostafrikas: Die Ndendeuli und die Arusha-Masai. Seminararbeit, Ludwig-Maximilians-Universität, München

Sagner A (1985) Das System des Konfliktmanagements im gesellschaftlichen Zusammenhang bei den Südöst-Bantu im ländlichen Afrika. Magisterarbeit, Ludwig-Maximilians-Universität, München

Weise D (1983) Konfliktlösungsverfahren bei den San der Kalahari. Seminararbeit, Ludwig-Maximilians-Universität, München

C H R I S T I N E   H U B K A

Ansprache anlässlich der Übersiedlung der Flüchtlingsberatung

Wie es die Arbeit einer Pfarrerin beeinflusst, wenn es keine Flüchtlingsberatung gibt:

Ein Flüchtling klopft an die Türe des Pfarrhauses und bittet um rechtliche Auskunft.
    Die Pfarrerin lernt österreichisches Asylrecht.

Zwei Flüchtlinge klopfen an die Türe des Pfarrhauses und bitten um Unterkunft.
    Die Pfarrerin sperrt den Gemeindesaal auf.

Vier Flüchtlinge klopfen an die Türe des Pfarrhauses und bitten um Essen.
    Die Pfarrerin geht einkaufen.

Sechs Flüchtlinge klopfen an die Türe des Pfarrhauses und bitten um rechtliche Auskunft.
    Die Pfarrerin lernt mehr österreichisches Asylrecht.

Acht Flüchtlinge klopfen an die Türe des Pfarrhauses und bitten um Unterkunft.
    Die Pfarrerin sperrt den Gemeindesaal auf.

Zehn Flüchtlinge klopfen an die Türe des Pfarrhauses und bitten um Essen.
    Die Pfarrerin geht einkaufen.

Zwanzig Flüchtlinge klopfen an die Türe des Pfarrhauses und bitten um rechtliche Auskunft.
    Die Pfarrerin lernt noch mehr österreichisches Asylrecht.

Dreißig Flüchtlinge klopfen an die Türe des Pfarrhauses und bitten um Unterkunft.

Die Pfarrerin sperrt die Kirche auf.

Vierzig Flüchtlinge klopfen an die Türe des Pfarrhauses …

Das Presbyterium fragt: Wann machst du die Gemeindearbeit?

Das Presbyterium schreibt einen Brief an die Kirchenleitung …

Wie es die Arbeit einer Pfarrerin beeinflusst, wenn es die Flüchtlingsberatung gibt:

Menschen rufen im Pfarrhaus an und bieten ihre Hilfe an.

Menschen rufen im Pfarrhaus an und beschimpfen die Pfarrerin, weil sie das Gesindel unterstützt.

Menschen rufen im Pfarrhaus an und wollen Geld spenden.

Menschen rufen im Pfarrhaus an und wollen aus der Kirche austreten.

Menschen rufen im Pfarrhaus an und sind bereit, für Flüchtlinge zu kochen.

Menschen rufen im Pfarrhaus an und bedrohen die Pfarrerin und ihre Kinder.

Das Fernsehen kommt und berichtet.

Menschen beschimpfen eine Presbyterin in der Sauna. Sie sagen: in diese Kirche gehen wir nicht mehr. Dort stinkt es. Dort holt man sich ja alles Mögliche.

Menschen kommen in den Gottesdienst und sagen: Wir sind eigentlich keine Kirchgänger, aber ab nun werden wir hier her kommen am Sonntag. Und sie tun es auch.

Menschen läuten an der Türe des Pfarrhauses, und geben ihre Spenden ab. Im Plastiksackerl, das sie der Pfarrerin in die Hand drücken, ist schmutziges altes stinkendes Gewand.

Menschen läuten an der Türe des Pfarrhauses und fragen: Was soll ich bringen? Womit kann ich helfen?

Menschen zahlen keinen Kirchenbeitrag mehr, weil sie so etwas nicht unterstützen wollen.

Menschen treten wieder in die Kirche ein, weil sie mit ihrem Kirchenbeitrag diese Kirche unterstützen wollen.

Menschen spenden Geld für die Flüchtlingsarbeit. Dann sehen sie, dass Flüchtlinge Zigaretten rauchen. Sie sagen: Wenn die rauchen können, brauchen sie meine Spende nicht.

Menschen hören im Fernsehen, dass die Flüchtlinge nur eine warme Mahlzeit am Tag bekommen. Sie rufen im Pfarrhaus an und beschimpfen die Pfarrerin, weil sie das unmenschlich finden.

Am Sonntag müssen die Flüchtlinge ganz früh schon die Kirche verlassen. Sie wird gelüftet und geputzt, damit die Gemeinde Gottesdienst feiern kann. Im Vorraum stapeln sich die Decken. Die Gemeinde ist an jedem Sonntag da. Viele feiern den Gottesdienst mit.

Ein Mann hört im Fernsehen, dass die Flüchtlinge am Sonntag früh auf die Straße müssen, damit die Gemeinde Gottesdienst feiern kann. Er schreibt der Pfarrerin einen bösen Brief. Wenn euch euer Gottesdienst wichtiger ist als die Menschen, seid ihr ein Haufen Heuchler.

Die Pfarrerin beantwortet den Brief. Sie schreibt dem Mann, dass der Gottesdienst die Kraftquelle für die Gemeinde und für die Pfarrerin ist, damit sie unter der Woche die Situation ertragen können.

Der Mann schreibt einen Antwortbrief. Er entschuldigt sich und schickt eine Spende. Noch Jahre danach sind die Pfarrerin und der Mann in Kontakt.

Die Gemeinde teilt den Gemeindesaal mit der Flüchtlingsberatung. Am Montag ist zuerst Beratung. Danach probt der Chor. Es ist halb acht. Die Probe soll beginnen. Aber der Gemeindesaal ist noch immer voller Asylwerber, die Beratung suchen. Draußen vor der Türe steht der Chor. Drinnen sind die Mitarbeiterinnen der Beratung und die Flüchtlinge. Dazwischen steht die Pfarrerin. Sie drängt, dass die Beratung Schluss macht. Sie mahnt den Chor zur Geduld. Sie steht dazwischen. Alle sind unzufrieden.

Es ist Winter. Zwanzig Flüchtlinge sind im Gemeindesaal. Immer wenn ein Kreis der Gemeinde den Saal braucht, müssen die Flüchtlinge hinausgehen. Für zwei, drei Stunden. Egal, wie das Wetter ist. Die Leute in der Gemeinde sagen: Wenn wir wissen, dass sie wegen uns hinaus müssen, macht das keinen Spaß. Dann kommen wir nicht mehr her.

Die Pfarrerin sagt: Wenn sie gar nicht da sind, sind sie immer auf der Straße. Nur seht ihr sie dann nicht. Ist das dann besser? Die Kreise bleiben und ertragen die Situation.

Am Sonntag im Gottesdienst ist die Gemeinde da. Aber nicht nur die Gemeinde. An jedem Sonntag kommen auch Flüchtlinge in den Gottesdienst. Orthodoxe Christen. Sie gehen nach vorne. Sie bekreuzigen sich. Sie kommen zum Abendmahl. Die Gemeinde nimmt sie in ihren Kreis auf.

Am Sonntag kommen manchmal auch Muslime in den Gottesdienst. Einmal stellen sie sich in den Abendmahlskreis. Die Pfarrerin gibt ihnen nicht das Abendmahl. Die Pfarrerin segnet sie. Nach dem Gottesdienst fragen Gemeindeglieder, warum die Männer kein Abendmahl bekommen haben. Es wird ein langes Gespräch über Taufe und Abendmahl.

Ein Paar meldet seine Trauung im Pfarrhaus an. Sie sagen: Hier wollen wir nicht heiraten. Wir gehen in eine andere Kirche. Wenn man das ganze Elend sieht, kann man gar nicht mehr richtig feiern.

Ein Paar meldet seine Trauung im Pfarrhaus an. Sie sagen: Hier wollen wir unbedingt heiraten. Hier sieht man, wie wichtig die Kirche ist.

In der Stadt Traiskirchen werden die Bänke aus den Parks entfernt. Die Gemeindepost schreibt: „Auf unseren Bänken sollen die Ausländer nicht sitzen."

Das Presbyterium beschließt, aufs Platzl vor die Kirche Bänke aufzustellen. Damit auch die Flüchtlinge was zum Sitzen haben.

Ein Flüchtling stirbt. Jiri Kratochvil. Er bekommt ein Armenbegräbnis. Er war evangelisch. Die Pfarrerin beerdigt ihn. Eine handvoll Flüchtlinge ist dabei. Das Innenministerium schickt einen Kranz mit letzten Grüßen. Sonst nimmt niemand Notiz davon.

Der Hund der Pfarrerin stirbt. Die halbe Stadt ist in Aufruhr. Im Lokalblatt wird der Tod des Hundes besprochen.

Die Gemeinde feiert ihr Sommerfest. Viele sind gekommen. Auch eine große Gruppe der Partnergemeinde in Erlangen. Es gibt viel und gutes Essen. Viel zu viel. Als alle satt sind, wird im Pfarrgarten der Tisch gedeckt für die Flüchtlinge die in diesem Sommer auf der Straße leben. Gemeinsam mit den Gästen aus Erlangen bewirten die Mitarbeiterinnen und Mitarbeiter die Obdachlosen.

Manchen in der Gemeinde und auch im Presbyterium wird das ganze zu viel. Das Presbyterium beschließt: Alle Flüchtlinge müssen weg. Auch die Flüchtlingsberatung muss weg. Die Pfarrerin sagt: Ihr habt mit Mehrheit entschieden. Ich akzeptiere das. Wer wird die Flüchtlinge hinaus werfen? Wer setzt die Beratung vor die Tür? Niemand meldet sich.

Anmerkungen zu Ländern und Volksgruppen

Aus folgenden Ländern, Regionen und Volksgruppen finden Sie Angaben zu kulturellen Besonderheiten:

Sachregister

SpringerPsychologie

Gerda Mehta (Hrsg.)

Die Praxis der Psychologie

Ein Karriereplaner

2004. XXIX, 557 Seiten. 11 Abbildungen.
Gebunden **EUR 39,80**, sFr 68,–
ISBN 3-211-20426-1

Dieses umfangreiche Buch bietet eine verlässliche Orientierung auf dem weitverzweigten Gebiet der psychologischen Anwendungsfelder. Insgesamt werden etwa 50 traditionelle wie auch neuere Berufsfelder vorgestellt.

Wie vielfältig die Tätigkeitsfelder der Psychologen in der Praxis sind, und wie interessant das Berufsbild der Psychologen ist, wie hilfreich, professionell und sorgsam Psychologen arbeiten, ohne dabei den Blick für das Machbare, das Menschliche und das Zwischenmenschliche zu verlieren, das zeigt die Lektüre dieses Werkes. Denn psychologisches Handwerkszeug hat nicht nur in der Forschung seinen adäquaten Platz gefunden. Das Know-how des Erkennens, Analysierens, Implementierens, Reflektierens und Evaluierens hat sich auch in der Gestaltung und Veränderung der Möglichkeiten der individuellen Lebensführung und der Entwicklung von Umwelten von Menschen für Menschen bestens bewährt. Fachlich fundiert vermittelt dieses Übersichtswerk eine breite Wissensbasis für Studenten, Psychologen und Laien.

SpringerWienNewYork

P.O. Box 89, Sachsenplatz 4–6, 1201 Wien, Österreich, Fax +43.1.330 24 26, e-mail: books@springer.at, **springer.at**
Haberstraße 7, 69126 Heidelberg, Deutschland, Fax +49.6221.345-4229, e-mail: orders@springer.de, springer.de
P.O. Box 2485, Secaucus, NJ 07096-2485, USA, +1.201.348-4505, e-mail: orders@springer-ny.com
Eastern Book Service, 3–13, Hongo 3-chome, Bunkyo-ku, Tokyo 113, Japan, Fax +81.3.38 18 08 64, e-mail: orders@svt-ebs.co.jp
Preisänderungen und Irrtümer vorbehalten.

SpringerPsychologie

Christina Maslach, Michael P. Leiter

Die Wahrheit über Burnout

Stress am Arbeitsplatz und was Sie dagegen tun können

Aus dem Englischen übersetzt von Barbara Lidauer.
2001. XIII, 185 Seiten. 4 Abbildungen.
Broschiert **EUR 30,40**, sFr 52,–
ISBN 3-211-83572-5

Heutzutage nimmt Burnout in der Arbeitswelt immer größere Ausmaße an. Der heutige Arbeitsplatz wird sowohl in wirtschaftlicher als auch psychologischer Hinsicht oft als ein kaltes, abweisendes, forderndes Umfeld empfunden. Die Menschen fühlen sich emotionell, physisch und geistig erschöpft, unsicher, unverstanden, unterbewertet und ihrer Arbeit fremd.

Das Buch räumt mit dem Mythos auf, dass die Arbeitnehmer allein schuld sind an ihrer Erschöpfung, ihrem Ärger und ihrer „Pfeif drauf"-Haltung, und zeigt, dass die Verantwortung dafür meist beim Unternehmen liegt. Burnout ist ein Zeichen für eine bedrohliche Fehlfunktion innerhalb eines Unternehmens und sagt mehr über den Arbeitsplatz als über die Arbeitskräfte aus.

Die Autoren – Pioniere in der Erforschung von Burnout – stellen die gängigen Meinungen zu diesem Thema in Frage und konzentrieren sich auf die Beschreibung, Vorhersage und Lösung des Problems. Sie zeigen den Arbeitern, Angestellten, Führungskräften und Unternehmensleitern, wie die versteckten Probleme im Unternehmen, die Burnout verursachen, rechtzeitig erkannt und vermieden werden können, schlagen Maßnahmen zur Krisenintervention vor und bieten neue Zielsetzungen an.

Springer Wien New York

P.O. Box 89, Sachsenplatz 4–6, 1201 Wien, Österreich, Fax +43.1.330 24 26, e-mail: books@springer.at, **springer.at**
Haberstraße 7, 69126 Heidelberg, Deutschland, Fax +49.6221.345-4229, e-mail: orders@springer.de, springer.de
P.O. Box 2485, Secaucus, NJ 07096-2485, USA, Fax +1.201.348-4505, e-mail: orders@springer-ny.com
Eastern Book Service, 3–13, Hongo 3-chome, Bunkyo-ku, Tokyo 113, Japan, Fax +81.3.38 18 08 64, e-mail: orders@svt-ebs.co.jp
Preisänderungen und Irrtümer vorbehalten.

SpringerPsychotherapie

Helmut Graf

Psychotherapie in der Arbeitswelt

2003. XIII, 213 Seiten. 4 Abbildungen.
Broschiert **EUR 35,–**, sFr 59,50
ISBN 3-211-00824-1

Spezialisierungen innerhalb der Psychotherapie werden in den nächsten Jahren immer mehr an Bedeutung gewinnen. Dieser Herausforderung muss sich die Psychotherapie auch von Seiten der Wirtschafts- und Arbeitswelt stellen, zumal die psychosozialen Belastungen mittlerweile die größten Hürden zur Entfaltung der Kreativität und partnerschaftlichen Zusammenarbeit am Arbeitsplatz darstellen.

In fundierter Weise wird erstmalig ein Beitrag zur Legitimierung und Etablierung der Wirtschafts- und Arbeitspsychotherapie geleistet, wobei präventive und kurative Leistungsangebote integriert in die Organisations- und Personalentwicklung sowie in die betriebliche Gesundheitsförderung dargestellt werden. Ein besonderer Schwerpunkt wird der Fragestellung „Sinn und Motivation in der Arbeit" aus dem Blickwinkel der Logotherapie und Existenzanalyse nach Viktor Frankl gesetzt, die durch eine Studie in einem Industrieunternehmen dokumentiert wird.

SpringerWienNewYork

P.O. Box 89, Sachsenplatz 4–6, 1201 Wien, Österreich, Fax +43.1.330 24 26, e-mail: books@springer.at, **springer.at**
Haberstraße 7, 69126 Heidelberg, Deutschland, Fax +49.6221.345-4229, e-mail: orders@springer.de, springer.de
P.O. Box 2485, Secaucus, NJ 07096-2485, USA, Fax +1.201.348-4505, e-mail: orders@springer-ny.com
Eastern Book Service, 3–13, Hongo 3-chome, Bunkyo-ku, Tokyo 113, Japan, Fax +81.3.38 18 08 64, e-mail: orders@svt-ebs.co.jp
Preisänderungen und Irrtümer vorbehalten.

Springer-Verlag
und Umwelt

ALS INTERNATIONALER WISSENSCHAFTLICHER VERLAG
sind wir uns unserer besonderen Verpflichtung der
Umwelt gegenüber bewusst und beziehen umwelt-
orientierte Grundsätze in Unternehmensentschei-
dungen mit ein.

VON UNSEREN GESCHÄFTSPARTNERN (DRUCKEREIEN,
Papierfabriken, Verpackungsherstellern usw.) verlangen wir, dass sie sowohl beim Herstellungsprozess
selbst als auch beim Einsatz der zur Verwendung
kommenden Materialien ökologische Gesichtspunkte berücksichtigen.

DAS FÜR DIESES BUCH VERWENDETE PAPIER IST AUS
chlorfrei hergestelltem Zellstoff gefertigt und im
pH-Wert neutral.